INCLUSÃO

E BIOPOLÍTICA

Elí T. Henn Fabris
Rejane Ramos Klein
(Organizadoras)

INCLUSÃO

E BIOPOLÍTICA

Estudos Foucaultianos

autêntica

COORDENADOR DA COLEÇÃO ESTUDOS FOUCAULTIANOS
Alfredo Veiga-Neto

CONSELHO EDITORIAL DA COLEÇÃO ESTUDOS FOUCAULTIANOS
Alfredo Veiga-Neto (UFRGS); Walter Omar Kohan (UERJ); Durval Albuquerque Jr. (UFRN); Guilherme Castelo Branco (UFRJ); Sílvio Gadelha (UFC); Jorge Larrosa (Univ. Barcelona); Margareth Rago (Unicamp); Vera Portocarrero (UERJ)

CAPA
Alberto Bittencourt
(Sobre imagem de Stock.schng)

DIAGRAMAÇÃO
Tristelune Production

REVISÃO
Aline Sobreira
Kátia Trindade
Lúcia Assumpção

EDITORA RESPONSÁVEL
Rejane Dias

Dados Internacionais de Catalogação na Publicação (CIP)
(Câmara Brasileira do Livro, SP, Brasil)

Inclusão e biopolítica / Elí T. Henn Fabris, Rejane Ramos Klein, (organizadoras). -- Belo Horizonte : Autêntica Editora, 2013. -- (Coleção Estudos Foucaultianos)

Vários autores.
ISBN 978-85-8217-142-4

1. Biopolítica 2. Educação - Filosofia 3. Educação inclusiva 4. Ensino 5. Foucault, Michel, 1926-1984 6. Inclusão escolar 7. Sociologia educacional I. Série.

13-10698 CDD-370.1

Índices para catálogo sistemático:
1. Filosofia francesa 194

AUTÊNTICA EDITORA LTDA.

Belo Horizonte
Rua Aimorés, 981, 8º andar . Funcionários
30140-071 . Belo Horizonte . MG
Tel.: (55 31) 3214 5700

Televendas: 0800 283 13 22
www.autenticaeditora.com.br

São Paulo
Av. Paulista, 2073 . Conjunto Nacional
Horsa I . 23º andar . Conj. 2301 . Cerqueira César
01311-940 . São Paulo . SP
Tel.: (55 11) 3034 4468

Sumário

Apresentação – *Minimæ parabolæ*

Alfredo Veiga-Neto

Mas será que dispomos de novos termos
para caracterizar tantas situações novas?
(Touraine, 2009, p. 9)

Ensinam os etimologistas que, de um mesmo radical indo-europeu – *gweld* –originaram-se, na língua portuguesa, palavras aparentemente tão diferentes como *balística, diabo, emblema, símbolo, discóbolo, problema, comparar, parábola* e *palavra*. Chegando até nós ora pelo latim, ora diretamente do grego, o que elas têm em comum é que todas carregam o sentido de "lançar", "jogar". Assim, por exemplo, um *emblema* tanto pode ser um objeto – insígnia, distintivo – quanto uma figura simbólica que transporta, coloca ou lança "para fora" uma ideia que representa alguma coisa que já estava em algum outro lugar. De modo semelhante, se uma *palavra* pode ser entendida como uma unidade linguística que lança determinados significados (de um lado para outro, de uma posição para outra), uma *parábola* é uma unidade narrativa que faz a mesma coisa: ela cria uma história que serve para *comparar* situações aparentemente distintas. Mais um exemplo, também bastante conhecido: *diabo –di(a)-*: que separa ou dissocia + *-bol-*: lançar adiante, jogar para longe – é aquele que, lançando em duas direções diferentes, desune, separa, divide; ao contrário, a palavra *símbolo – sin-*: com, ao mesmo tempo, junto + *-bol* – designa aquele ou aquilo que, lançando num mesmo sentido, une, junta, aproxima.

Não é meu objetivo, neste capítulo introdutório ao *Inclusão e biopolítica* e nem mesmo nestes comentários iniciais, levar muito adiante um estudo etimológico. Não me autorizo a isso e nem mesmo a etimologia está no centro destas *minimæ parabolæ*. Se faço tais comentários iniciais é porque me interessa, ao mostrar as relações íntimas entre palavras aparentemente distantes, descrever a atmosfera intelectual em que se situa este livro. Ele se situa numa atmosfera em que muitas das palavras utilizadas no campo da educação passam a assumir significados não triviais e levam o discurso para sentidos pouco usuais nas Ciências Humanas. Talvez esse seja o maior diferencial entre o que está nos capítulos deste livro e as outras abordagens sobre a inclusão que hoje estão presentes na bibliografia brasileira sobre o assunto.

Continuemos recorrendo às palavras que provêm daquele mesmo radical indo-europeu a que já me referi – *gweld* –, a fim de caracterizar melhor este *Inclusão e biopolítica*. Podemos dizer que ele é o produto de um ambiente acadêmico compartilhado por um grupo de pessoas que há vários anos vem se *lançando* no estudo dos *problemas* relacionados às políticas e práticas da inclusão social e, mais especialmente, da inclusão educacional. Reunidas semanalmente por um objetivo comum e pela adesão a uma mesma perspectiva teórica, essas pessoas têm buscado pensar e compreender o que vem sendo dito sobre a inclusão social e educacional – bem como o que vem sendo feito em nome dela – nas pesquisas e práticas pedagógicas brasileiras.

Até aí, a novidade seria pouca, pois, afinal, estamos diante de um assunto em moda... O diferencial, no entanto, deriva do fato de que esse "pensar e compreender", exercitado pelas autoras deste livro, parte de posições epistemológicas pouquíssimo usuais no campo da pesquisa educacional em nosso país. Quais *discóbolos* do discurso, as pesquisadoras que temos pela frente se *lançam* ao uso de palavras *emblemáticas* para a educação – como, por exemplo, *poder*, *governo* e *resistência* –, mas ditas, aqui, com significados que pouco têm a ver com o uso que a pedagogia costumeiramente faz delas.

Diferentes posições epistemológicas expressam-se com vocabulários também diferentes; tal situação torna-se mais complicada e sutil quando esses vocabulários compõem-se de palavras que são aparentemente as mesmas. Aliás, morfológica e prosodicamente elas *são* as mesmas, mas logo se vê que denotam "coisas" bem diferentes.

É esse diferencial que torna importante a leitura deste livro. Os textos que seguem constituem-se num apreciável esforço no sentido de pensar outramente. Recorro à conhecida expressão cunhada por Alain Touraine (2009, p. 13) que, na síntese que faz sobre sua própria obra, diz: "As ideias que, num passado recente, foram as mais difundidas não nos esclarecem mais nada, soam vazias e nada mais fazem do que alargar o fosso que separa o mundo político e social do mundo intelectual". Para dizer de outra maneira: devem-se buscar outros modos de pensar que permitam enxergar melhor o que se passa no mundo presente. As palavras de Touraine, escritas há pouco mais de cinco anos, parecem mais oportunas do que nunca. Particularmente nos cenários do Brasil contemporâneo, a situação social, política e econômica vem se mostrando cada vez mais difícil de compreender. Muitos analistas e intelectuais têm insistido: *ou* partimos para novos enfrentamentos teóricos no campo das Ciências Humanas – aí incluída, obviamente, a pedagogia – *ou* continuaremos atônicos, impotentes e meio imobilizados frente às transformações profundas, rápidas e de toda ordem que ocorrem à nossa volta.

Mas não basta dizer que este livro coloca um diferencial teórico diante de nós. Não basta dizer que, em termos metodológicos, operacionais e conceituais, cada capítulo trata da inclusão de modos (digamos...) não ortodoxos. É necessário caracterizar melhor a não ortodoxia; explicar em que consistem as diferenças entre a perspectiva em que se situa este livro e as outras que são comuns na bibliografia nacional; comentar a abrangência e a profundidade de tais diferenças. Para isso, o caminho que me parece mais simples e produtivo é justamente chamarmos a atenção para as diferenças do repertório vocabular utilizado pelas autoras.

De saída, vale lembrar duas coisas. De uma parte, comentar que palavras bastante diferentes podem participar de um mesmo campo semântico. De outra parte, e inversamente, referir que uma mesma palavra pode participar de diferentes campos de significação e sentido. Ainda que pareça banal, vejamos isso com um pouco mais de detalhe.

As palavras não falam por si; elas se inserem em redes discursivas complexas e dinâmicas, nas quais os significados e os sentidos são sempre instáveis e sujeitos a mudanças. As palavras significam aquilo que os usos levam a que signifiquem. Mas os usos não são livres ou caóticos; eles seguem determinadas regras implícitas, estabelecidas em cada cultura ao longo do tempo. Quando entramos numa comunidade linguística, em uma cultura, apreendemos "automática" e implicitamente tais regras, de modo que não nos damos conta de que tudo o que dizemos segue tais regras. No processo de imersão cultural, naturalizamos aquilo que não é natural, mas sim inventado ao longo de uma história complexa e longa que se desenvolveu antes da nossa chegada...

Se usarmos o Segundo Wittgenstein como referência, podemos dizer que tais regras formam uma "gramática profunda", segundo a qual as coisas podem ser ditas dessa ou daquela maneira. O dizível ou o dito que faça sentido sustenta-se na "gramática profunda" da linguagem. Em cada grupo cultural, a gramática profunda (sobre a qual se assentam o dizível e o dito) guarda uma relação inextricável com aquilo que o filósofo chamou de "forma de vida". Para usarmos uma expressão que vem de outra tradição filosófica, deleuzianamente diríamos que "gramática profunda" e "forma de vida" mantêm, entre si, uma relação de imanência. Se usarmos Michel Foucault como referência, poderemos dizer que o dizível e a(s) verdade(s) que o dito diz (ou contém) situa-se em determinadas ordens do discurso e correlatos regimes de verdade. A gramática profunda e a ordem do discurso não são bem a mesma coisa, é claro; mas se inserem no mesmo entendimento do neopragmatismo e da virada linguística.[1]

Como disse Wittgenstein, "as palavras só têm significado na corrente do pensamento e da vida" (Wittgenstein *apud* Spaniol, 1989, p. 141). Na mesma direção vai Sheridan (1980, p. 75), ao comentar as ideias de Franz Bopp, tido como o pai da Linguística Histórica: "A linguagem está enraizada não na coisa percebida, mas no sujeito ativo. É mais o produto de desejo e energia do que de percepção e memória". Assim, Lyotard (1993, p. 55) se expressou sobre o assunto: a linguagem "não existe como armazém de artigos, do qual os 'locutores' (geralmente humanos) se servem para se exprimirem e comunicarem".

Na esteira de Wittgenstein (1979), pode-se entender que as palavras têm determinados significados (*Bedeutung*) a partir dos usos que delas se fazem. Nesse sentido, é bastante conhecida a formulação do filósofo: "A significação de uma palavra é seu uso na linguagem" (Wittgenstein, 1979, p. 28). Condé (2004, p. 51) vai mais longe: "O uso é condição suficiente para a significação". Mas, mesmo assim, as palavras por si só não fazem sentido (*Sinn*). O sentido é dado pelas proposições, pelos enunciados em que se alojam as palavras. Desse modo, para apreender os sentidos e captar os conceitos, é sempre preciso examinar as redes discursivas em que se situam as palavras que "falam" sobre tais conceitos.

Considero importantes os comentários acima na medida em que este *Inclusão e biopolítica* movimenta-se num campo de teorizações em que muitas palavras não carregam os mesmos significados da linguagem comum e, nem mesmo, das "linguagens técnicas" usuais em outros campos. Soma-se a isso que as águas por onde se *lançam* as autoras deste livro não são as mesmas águas por onde viaja a imensa maioria da bibliografia brasileira sobre educação. A nau em que elas viajam é a própria oficina construída por Michel Foucault ao longo da sua imensa produção intelectual. Trata-se de uma oficina envolta numa atmosfera e composta por certas ferramentas muito particulares (Veiga-Neto, 2006). Cada capítulo tem de ser lido tendo-se em mente que se está navegando por águas que não fazem parte da corrente principal dos discursos pedagógicos que inundam a paisagem educacional em nosso país.

[1] Para discussões mais detalhadas, vide, entre outros: Veiga-Neto; Lopes (2007), Veiga-Neto (2004), Rorty (1990) e Arruda; Bezerra Jr.; Tedesco (2008).

Mesmo que muito já se tenha escrito sobre a pedagogia e a educação numa perspectiva foucaultiana, em termos quantitativos a produção nacional ainda é modesta (Aquino, 2013). Resulta daí que, às vezes, se fica diante de situações que podem causar alguma confusão. Ora uma mesma palavra refere-se a conceitos completamente diferentes ou, até mesmo, antagônicos; ora palavras diferentes apontam para conceitos comuns ou quase comuns. Outras vezes, mesmo sem se constituírem como sinônimas, algumas palavras de certa maneira se afinam entre si, aproximam seus significados ou evocam ideias próximas.

Por tudo isso, aproveitei a noção de campo semântico como uma quase-*parábola*, de modo a iniciar esta apresentação que, uma vez *lançada* aos leitores e às leitoras, possa servir como um alerta para quem estiver menos familiarizado com as *palavras* que circulam no campo dos estudos foucaultianos. Para esses menos familiarizados, dois comentários finais no âmbito da semântica, da pragmática e da história das palavras.

Em primeiro lugar, as poucas obras de referência acessíveis entre nós. Na bibliografia hoje circulante no Brasil já existem alguns vocabulários foucaultianos de qualidade. O maior e mais detalhado de todos eles é, sem dúvida, o monumental *Vocabulário de Foucault* (Castro, 2011), de autoria do colega argentino Edgardo Castro. Editado primeiramente em castelhano e depois traduzido no Brasil e lançado pela Editora Autêntica, pela sua abrangência, profundidade, rigor e detalhamento, o *Vocabulário de Foucault* continua sendo uma obra ímpar na bibliografia mundial. Vale citar, também, o acessível e prático livro de Judith Revel – *Michel Foucault: conceitos essenciais* (Revel, 2005), cuja tradução brasileira é cuidadosa. Além desses, há pequenos glossários foucaultianos distribuídos em alguns livros escritos e/ou publicados no Brasil, bem como referências ao pensamento de Foucault, em alguns bons dicionários de Filosofia.

Em segundo lugar, a questão dos neologismos e das ressignificações. É preciso compreender por que Michel Foucault inventou algumas palavras novas – como, por exemplo, *governamentalidade* e *episteme* – ou ressignificou velhas palavras – como *poder*, *resistência*, *sujeito* e *biopolítica*. Não se trata, absolutamente, de algum preciosismo ou recurso estilístico por parte do filósofo; trata-se, sim, de uma necessidade epistemológica. Quanto a isso, volto à pergunta de Touraine (2010, p. 9), que usei como epígrafe a esta Apresentação: "Mas será que dispomos de novos termos para caracterizar tantas situações novas?". Justamente porque as situações são novas é que precisamos criar palavras novas – ou ressignificar algumas antigas –, de modo a descrever e problematizar com maior acuidade e pertinência tais situações. Para usar a conhecida máxima de Alain Touraine (2009, 2010) – respectivamente: "para pensar outramente" e "para pensar de outros modos" –, vale aqui dizer que Foucault dirigiu boa parte de seus esforços intelectuais no sentido de fazer de seu pensamento e de seus livros uma caixa de ferramentas. Dessa caixa, ele retirava seus "conceitos-ferramenta" para, vendo aquilo que outros não tinham até então visto, poder pensar e dizer de modos até então jamais pensados e ditos por alguém.

Trabalhar com Michel Foucault, pensar a partir dele, implica, necessariamente, estar atento aos conceitos-ferramenta do filósofo, bem como ter sempre em mente que é preciso exercitar a crítica. Para ele, a crítica consiste em desentocar o pensamento, "tornar difíceis os gestos fáceis demais" e ensaiar a mudança (Foucault, 2006, p. 180). E só se desentoca o pensamento se ressignificarmos algumas velhas palavras e criarmos algumas palavras novas.

Em suma, este livro nos leva não apenas a pensar a inclusão educacional de outros modos, mas também e talvez principalmente, permite nos qualificarmos no sentido de sairmos do lugar-comum da celebração fácil das políticas e práticas inclusivas e, de fato, conseguirmos promover algumas mudanças sociais.

Referências

AQUINO, Julio Groppa. A difusão do pensamento de Michel Foucault na educação brasileira: um itinerário bibliográfico. *Revista Brasileira de Educação*, Rio de Janeiro: ANPEd, v. 18, n. 53, p. 301-324, 2013.

ARRUDA, Arthur; BEZERRA Jr; TEDESCO, Sílvia (Org.). *Pragmatismos, pragmáticas e produção de subjetividades*. Rio de Janeiro: Garamond, FAPERJ, 2008.

CASTRO, Edgardo. *Vocabulário de Foucault: um percurso pelos seus temas, conceitos e autores*. Belo Horizonte: Autêntica, 2011.

CONDÉ, Mauro Lúcio L. *As teias da razão: Wittgenstein e a crise da racionalidade moderna*. Belo Horizonte: Argvmentvm, 2004.

FOUCAULT, Michel. "Est-il donc important de penser?" Entrevista com Didier Éribon. Libération, n. 15, 30-31, p. 21, mai. 1981. In: FOUCAULT, Michel. *Dits et écrits IV* (1980-1988). Paris: Gallimard, 2006. p. 178-182.

LYOTARD, Jean-François. *O pós-moderno explicado às crianças*. Lisboa: D. Quixote, 1993.

REVEL, Judith. *Michel Foucault: conceitos essenciais*. São Carlos: Claraluz, 2005.

RORTY, Richard. *El giro linguístico: dificultades metafilosóficas de la filosofía linguística*. Barcelona: Paidós, 1990.

SHERIDAN, Allan. *Michel Foucault: The will to truth*. London: Tavistock, 1981.

SPANIOL, Werner. *Filosofia e método no segundo Wittgenstein: uma luta contra o enfeitiçamento do nosso entendimento*. São Paulo: Loyola, 1989.

TOURAINE, Alain. *Pensar outramente.* Petrópolis: Vozes, 2009.

TOURAINE, Alain. *Pensar de outro modo.* Lisboa: Instituto Piaget, 2010.

VEIGA-NETO, Alfredo. Nietzsche e Wittgenstein: alavancas para pensar a diferença e a pedagogia. In: GALLO, Sílvio; SOUZA, Regina Maria (Org.). *Educação do preconceito: ensaios sobre poder e resistência.* Campinas: Átomo & Alínea, 2004. p. 131-146.

VEIGA-NETO, Alfredo. Na oficina de Foucault. In: GONDRA, José; KOHAN, Walter (Org.). *Foucault 80 anos.* Belo Horizonte: Autêntica, 2006. p. 79-91.

VEIGA-NETO, Alfredo; LOPES, Maura Corcini. Identidade, cultura e semelhanças de família: as contribuições da virada linguística. In: BIZARRO, Rosa (Org.). *Eu e o outro: estudos multidisciplinares sobre identidade(s), diversidade(s) e práticas interculturais.* Porto: Areal, 2007. p. 19-35.

WITTGENSTEIN, Ludwig. Investigações filosóficas. In: *Os pensadores: Wittgenstein.* São Paulo: Abril Cultural e Industrial, 1979.

O GEPI e como nos tornamos o que somos

Maura Corcini Lopes
Elí T. Henn Fabris

> *O que faz o interesse principal da vida e do trabalho é que eles permitem transformar-se em algo diferente daquilo que se era ao princípio. Se você soubesse, quando começa a escrever um livro, o que vai dizer ao fim, você acredita que teria coragem de escrevê-lo? O que é válido para a escritura e para uma relação amorosa é válido também para a vida. O jogo somente vale a pena na medida em que se ignora como acabará.*
> (FOUCAULT, 2005, p. 15-16)

Iniciar este capítulo fazendo alusão às palavras de Foucault não tem nenhuma finalidade exaltativa ou de tributo ao autor. Marcamos uma filiação a uma forma de pensar, de entender, de questionar e de se fazer pesquisa no campo das humanidades, mais especificamente, no campo da Educação. Trata-se de apresentar e, ao fazê-la, tensionar os caminhos percorridos desde 1999, por pessoas que se reúnem para estudar e pensar juntas a temática da *diferença,* da *integração* e da *in/exclusão.* É importante dizer, nessa rápida "contação" de acontecimentos que acabaram por constituir o denominado, desde 2006, Grupo de Estudo e Pesquisa em Inclusão (GEPI), que nem sempre a inclusão foi a temática central que mobilizou o grupo. Nossa preocupação[2] ao iniciarmos o empreendimento de reunir pessoas para assistirem a filmes que trouxessem a temática da *diferença* e inicialmente articulada a essa, a temática da *integração,* era criar um espaço de discussão e de formação de docentes mais atentos

[2] Na época, Elí Henn Fabris pesquisava como no cinema brasileiro eram produzidas imagens de mulheres-professoras e eu pesquisava como em fotografias (instantâneos) arquivadas em uma escola especial para surdos durante cinco décadas, os surdos, sua educação e a surdez constituíram verdades sobre tais sujeitos. Somados nossos interesses de pesquisa, bem como tendo em comum a presença no Serviço de Avaliação Interdisciplinar (SAI) e as aulas ministradas no curso de Pedagogia, unimos forças para promover quinzenalmente "O olhar do cinema sobre a diferença".

às muitas práticas de discriminação negativa que constituíam a atmosfera e o pensamento educacional daquele momento. Mobilizadas pela vontade de criar um espaço onde seria possível ler e discutir aquilo que nos interpelava como docentes e pesquisadoras do campo da Educação[3], primeiramente nos associamos ao Serviço de Avaliação Interdisciplinar (SAI) da Universidade do Vale do Rio dos Sinos (Unisinos), que posteriormente passou a ser chamado de Serviço Interdisciplinar de Atendimento e Pesquisa em Ensino e Aprendizagem (SIAPEA), para propor atividades quinzenais denominadas *O olhar do cinema sobre a diferença*. Acadêmicas dos cursos de Pedagogia e de Psicologia, entre outros em menor número, mostraram interesse pelas discussões que, embora enriquecessem muito sua formação, não contavam horas no currículo. A proposta para aquela atividade não era torná-la um espaço oficial de formação, mas de simplesmente reunir pessoas dispostas a pensar o presente e a fazer diferente o que faziam no cotidiano de sala de aula. Assim sendo, pensar as práticas que constituem e são constituídas na sala de aula era pensar sobre posições de sujeitos e formas de condução das condutas individuais e coletivas. Tratava-se de explicitar as conduções escolares com a finalidade de tensionar mentalidades que orientam tanto a condução e a articulação de muitas conduções quanto a condução de si próprio (Dussel; Caruso, 2003).

Embora mobilizadas por autores que nos faziam entender a escola como uma maquinaria escolar moderna que possuía um caráter eminentemente disciplinar e, portanto, de enquadramento e correção dos indivíduos de uma população, ainda estávamos dentro do grupo, mantendo um olhar salvacionista para a Educação. De certa forma, ao olhar para o passado e fazer uma analítica a partir de *antropotécnicas* (Sloterdijk, 2012), vemos que aquele olhar binário e salvacionista que nutria as pessoas daquele grupo (mesmo que não o assumissem e acreditassem que estavam fazendo outra coisa), fez operar sobre cada um em particular uma *tensão vertical* (Sloterdijk, 2012) em que a vontade de mudança das condições do presente e a crença nessa possibilidade foi maior do que o desânimo com as condições da Educação, da escola e da Pedagogia, como campo específico de saber e como profissão. Víamo-nos em um paradoxo, pois paralelamente às problematizações e às analíticas do presente, cada vez mais ácidas e sombrias, pois não nos mostravam as luzes de um outro mundo, tínhamos de inventar práticas pedagógicas que possibilitassem outras experiências para as acadêmicas que compunham o grupo.

[3] Buscávamos tensionar verdades que inscreviam a integração na pauta das práticas de governo sobre a população, naquele momento, denominada de "pessoas com necessidades educativas especiais".

A tensão paradoxal explicitada acima conduziu o desejo daqueles que compunham o grupo a realizarem projetos de pesquisa e de atuação nos espaços onde trabalhavam. Assim, o grupo mudou seu eixo articulador do cinema para a necessidade de criação de projetos de pesquisa e de atuação. Nessa linha, em 2003, o grupo passou a se chamar de *Tecendo Projetos*. Inicialmente, investimos junto com as leituras de textos dos campos dos estudos culturais e dos estudos foucaultianos, na estruturação de trabalhos de conclusão de graduação das acadêmicas que acompanhavam o grupo desde o início das atividades. Também trabalhávamos em projetos de mestrandas e doutorandas que faziam a sua formação no Programa de Pós-Graduação em Educação da Universidade Federal do Rio Grande do Sul (UFRGS). Essas últimas procuravam o grupo para poderem pensar a diferença de outras formas e não mais pelo viés reabilitador típico de pedagogias corretivas. Portanto, aquelas acadêmicas que iniciaram o grupo do *Olhar do cinema sobre a diferença* agora tinham outras necessidades. Elas precisavam aprender a fazer pesquisa. Investimos de forma mais aprofundada nas leituras e discutíamos os projetos de pesquisa que circulavam no grupo, mas que não eram do grupo[4].

A partir do ano de 2002, a temática da inclusão passa a constituir, juntamente com as discussões sobre a integração, a atenção do grupo que escrevia sobre o caráter excludente das práticas de inclusão. As pesquisadoras questionavam *o estar junto* (Fabris; Lopes, 2003) como sinônimo de inclusão, bem como problematizavam o deslocamento, observado nas políticas de Estado voltadas para a Educação e para a Assistência Social, da integração para a inclusão. Estavam no foco as discussões sobre o caráter corretivo-disciplinar das práticas escolares, bem como o caráter de *in/exclusão* observado nas políticas de inclusão (Lopes, 2004). Lopes escrevia que inclusão e exclusão "estão tão imbricadas que, talvez, devessem compor uma única palavra ou uma única unidade de sentido 'in/exclusão'" (2004, p. 10). Naquela época, para abordarmos o tema visando fazer uma crítica a ele, era preciso se justificar. Era comum, nas produções coletivas do grupo ou nos artigos individuais dos pesquisadores que o compunham, iniciar os escritos afirmando que ao tensionarmos a inclusão não nos posicionávamos a favor ou contra ela, mas queríamos mostrar o caráter produtivo das práticas ditas inclusivas.

4 Por vezes, tínhamos a participação dos orientadores das mestrandas e das doutorandas que incentivavam suas orientandas a se manterem no grupo, pois este passou a ser conhecido tanto nos espaços da Universidade Federal do Rio Grande do Sul quanto nos espaços da Universidade do Vale do Rio dos Sinos pela formação diferenciada dada a graduandos, mestrandos e doutorandos no campo da Educação.

Fazia-se necessário, como ainda hoje o faz, esclarecermos nossa posição e referencial utilizado para problematizarmos as práticas que constituíam a inclusão. Muito fortemente conduzidas pelas teorizações de Veiga-Neto (2001), que pontuava as práticas de *incluir para excluir*, o grupo estabelecia elos entre as discussões foucaultianas e as discussões travadas no campo da Educação e da Pedagogia. O autor, entre outros[5], além de nos fornecer ferramentas conceituais para teorizarmos sobre o *anormal*, a *normação*, os processos de *incluir para excluir*, também nos possibilitava olhar para o próprio grupo.

Em 2006, o grupo fez dois grandes movimentos. O primeiro movimento foi o de iniciar avaliando a constituição do grupo – que desde o ano de 2002 crescia em número de doutores; o segundo movimento foi o de trazer as comunidades acadêmica e escolar para participarem, no segundo semestre, nas últimas quintas-feiras de cada mês, das reuniões do grupo. Do primeiro movimento caracterizado como sendo de avaliação, tornou-se explícita a necessidade de não mais atuarmos como grupo de formação que apoiava, no que se referia à temática da inclusão, o desenvolvimento das dissertações e das teses dos componentes do grupo, bem como se tornou explícita a necessidade de mudança do nome do grupo que passou a se chamar *Grupo de Estudo e Pesquisa em Inclusão* (GEPI). Ficou decidido que a partir de 2006, o grupo se subdividiria, ou seja, o GEPI manteve seus encontros semanais na Unisinos, vinculados ao Programa de Pós-Graduação em Educação e ao curso de Pedagogia; e o grupo de interessados em iniciar discussões no campo dos estudos foucaultianos e nos estudos da inclusão passou a se reunir no EDUCAS – antigo SIAPEA, que desde o ano de 2006 passou a integrar o Programa de Educação e Ação Social da Unisinos e a se chamar EDUCAS.

O segundo movimento decorrente das ações de avaliação do GEPI, em 2006, foi o de fazer circular e dar retorno às comunidades acadêmica e escolar dos estudos e pesquisas realizadas no grupo. Durante o segundo semestre de 2006, nas últimas quintas-feiras de cada mês, as reuniões do grupo eram abertas para quem quisesse participar. Reunimos, mensalmente, ao longo de um semestre, cerca de 300 pessoas interessadas na temática da inclusão. Derivado da abertura para a participação das comunidades anteriormente citadas, o grupo se abastecia de questionamentos do cotidiano das escolas e da própria universidade.

Em 2007 o GEPI produziu seu primeiro livro, intitulado *In/Exclusão nas tramas da escola*, organizado por Maura e por Maria Cláudia Dal'Igna

[5] Citamos alguns deles: Márcio Fonseca, Julia Varela, Carlos Skliar, Nikolas Rose, Jorge Larrosa, Tomaz Tadeu da Silva, Nuria Perez de Lara-Ferré.

e apresentado por Alfredo Veiga-Neto, que, mais tarde, no ano de 2012, torna-se oficialmente membro do grupo. Ele era uma forma de reunião de discussões feitas anteriormente, bem como um retorno para aqueles que estiveram conosco em 2006, ao longo de um semestre, das investigações realizadas nas escolas da região. Até aquele momento, as pesquisas reunidas no livro e que estavam voltadas para as práticas escolares sobre a inclusão ainda não tinham financiamento próprio, pois encerravam um ciclo formativo dos pesquisadores do grupo. Naquele livro, o grupo assumiu para si a noção de *in/exclusão*, já utilizada por alguns pesquisadores do Grupo, mas de forma individual, para marcar o entendimento de que a inclusão se constituía também pelas práticas de exclusão. O grupo assumiu ainda que a inclusão e a exclusão são invenções de nosso tempo (Lopes, 2004). Isso significa que inclusão e exclusão guardam em si uma relação de dependência que inscreve os sujeitos em tramas sociais desenhadas por distintas práticas no tempo e no espaço.

> Para poder estar dentro do desejado, foi preciso inventar o lado de fora. Não há fronteiras nítidas, não há regras definitivas, não há razões que sustentem a metanarrativa da inclusão diante de bons questionamentos sobre as delimitações das fronteiras. No entanto, há uma necessidade vital, considerando-se um tipo de racionalidade moderna, de que as fronteiras da in/exclusão sejam mantidas (Lopes, 2007, p. 18).

A mudança do perfil dos pesquisadores do GEPI, a partir do aumento considerável do número de doutores, de mestres e da incorporação de graduandos de iniciação científica, passou a imprimir a necessidade de uma pesquisa do grupo. Então, nós coordenamos pesquisas nas quais a equipe do projeto era composta por colegas doutores e outros ainda em processos de mestrado e de doutorado orientados por nós e por alguns colegas da UFRGS. Iniciamos outra fase no grupo, agora com recursos do Conselho Nacional de Desenvolvimento Científico e Tecnológico (CNPq) para as pesquisas. Semanalmente mantínhamos as reuniões de estudo no grupo, com temática definida a partir de nossas necessidades na pesquisa e, em outro horário, com o grupo reduzido, fazíamos reuniões de pesquisa para análise de dados. Resultante desse processo, em 2009, publicamos o segundo livro do GEPI intitulado *Inclusão escolar: conjunto de práticas que governam*, organizado por Maura Corsini Lopes e Morgana Domênica Hattge e apresentado por Silvio Gallo. O livro reuniu textos produzidos individualmente pelos pesquisadores com a finalidade de marcar as discussões realizadas no grupo. Diferentemente do primeiro livro, o público-alvo do segundo livro não era de professores de escolas, mas pesquisadores interessados na temática da inclusão, mais especificamente, nas muitas práticas de governamento da população. No fechamento do livro foi publicada uma entrevista feita por Alfredo Veiga-Neto com Jorge Larrosa, intitulada *Educação e governamento*. A intensão era desenvolver um pouco mais o entendimento sobre *governamentalidade*, ferramenta teórico-metodológica utilizada nas pesquisas. Partíamos do entendimento de que a escola ocupava "um espaço importante no processo de governamentalização do Estado, isto é, no processo de tornar o Estado mínimo em suas ações diretas, mas mais potentes em suas funções, agora governamentalizadas, isto é, expandidas e ampliadas para todo o corpo social." (Fabris, 2009, p. 52). Entendendo que a escola moderna se constitui em *locus* privilegiado que põe em funcionamento "táticas de governo que permitem a cada instante o que deve ou não competir ao Estado [...]" (Foucault, 1992, p. 292). Nas palavras de Veiga-Neto (2000, p. 190),

> [...] a escola organizou-se enquanto instituição capaz não apenas de gerar novos saberes [...], como também de funcionar como *locus* de acontecimentos acessível ao controle e à aplicação dos novos saberes e, principalmente, de preparar as massas a viverem num Estado governamentalizado.

No processo de governamento dos sujeitos, "não apenas o poder disciplinar atua, mas o biopoder, que tem na população o seu alvo" (Fabris, 2009, p. 53). Sob essa ótica, para que o Estado possa se disseminar na cultura da população, foi necessário criar espaços onde muitos se submetem a um tipo específico de condução, um exemplo de espaços profícuos para tal investimento é a escola. Todos devem ir à escola ou todos devem estar incluídos na escola, pois "Inclusão na contemporaneidade passou a ser uma das formas que os Estados, em um mundo globalizado, encontraram para manter o controle da informação e da economia" (Lopes, 2009, p. 129). Porém, para que a escola passe a funcionar orientada pelo imperativo de inclusão, ela precisará "ser gerenciada de outra forma [...]. A gestão escolar pressupõe participação efetiva de todos os segmentos da comunidade escolar no gerenciamento da instituição" (Hattge, 2009, p. 137).

O acento foucaultiano do livro foi retrato dos investimentos aprofundados em leituras dos cursos ministrados por Michel Foucault no Collège de France – *A Hermenêutica do sujeito* (2004); *Segurança, território e população* (1978); *O nascimento da Biopolítica* (1979). Os estudos de tais cursos eram feitos tanto nas reuniões semanais do GEPI quanto na Universidade Federal do Rio Grande do Sul (UFRGS), nos cursos intensivos ministrados por Alfredo Veiga-Neto, juntamente com seu Grupo de Estudo e Pesquisa em Currículo e Pós-Modernidade. A parceria entre os grupos era intensa, pois muitos dos pesquisadores que constituíam o grupo da UFRGS também integravam o GEPI/Unisinos, inclusive o coordenador daquele grupo.

Em 2010, por ocasião do convite feito ao GEPI para apresentar seu trabalho no Instituto Humanitas Unisinos (IHU), as pesquisadoras Maura Corcini Lopes, Kamila Lockmann, Morgana Domênica Hattge e Viviane Klaus, todas do GEPI, escreveram o caderno intitulado *Inclusão e biopolítica*, publicado[6] pelo IHU. Nesta publicação as pesquisadoras, apoiadas pelos demais integrantes do grupo, assumem entendimentos que já circulavam nas discussões e textos individuais publicados pelos pesquisadores do grupo. Passam a tensionar e a tomar como orientador o conceito de in/exclusão, já assumido, mas ainda pouco desenvolvido no livro publicado em 2007. Também assumem que a inclusão pode ser entendida como um *imperativo do Estado* brasileiro materializada em práticas observáveis em distintos *gradientes de inclusão*. Nessa publicação as autoras reafirmam que tanto a exclusão quanto a inclusão são invenções deste mundo.

> Seus usos tanto podem ser associados à miséria vivida por um número muito grande de pessoas dentro do território brasileiro quanto podem ser associadas às situações de discriminação negativa por razões de raça/etnia, gênero, religião, deficiência, trabalho/emprego, educação, etc. Da mesma forma pode ser associados a um simples não estar juntos em um mesmo espaço e/ou lugar definido por alguns representantes de grupos sociais específicos, como sendo ideal, significativo [...] (Lopes; Lockmann; Hattge; Klaus, 2010, p. 6).

Ao chamarem a atenção para o esmaecimento do sentido político das palavras inclusão e exclusão, mostram a produtividade do que já vinham anunciando anteriormente, ou seja, do uso da *in/exclusão*. As pesquisadoras afirmam que a *in/exclusão* caracteriza aquilo que é "peculiar ao nosso tempo, ou seja, entender a provisoriedade determinada pelas relações pautadas pelo mercado e por um Estado neoliberal desde a perspectiva do mercado" (Lopes; Lockmann; Hattge; Klaus, 2010, p. 6)

Ainda em 2010, mais uma obra é publicada. Trata-se do livro *Aprendizagem e inclusão: implicações curriculares*, organizado por nós[7]. Nesse livro as autoras participantes, a partir de suas pesquisas, se voltam a pensar desdobramentos e implicações no espaço do currículo escolar, trazendo a sempre candente questão das aprendizagens escolares, atravessada pela

[6] Disponível em: <http://www.ihu.unisinos.br/cadernos-ihu-ideias/58503-inclusao-e-biopolitica>. Acesso em: 17 jun. 2013.

[7] Maura Corcini Lopes e Elí Henn Fabris.

temática da inclusão. O livro, apresentado por Alfredo Veiga-Neto, deixa explícito que, apesar de não indicar "soluções", possibilita, com a discussão de resultados de várias pesquisas sobre currículo, aprendizagem, representações, políticas e práticas de inclusão social e escolar, outras maneiras de pensar e conduzir o trabalho nas escolas. É um livro cujo foco são as temáticas que preocupam professores inseridos na complexa realidade da escola contemporânea – espaço no qual a inclusão funciona como um imperativo impondo às escolas funções cada vez mais complexas e pouco voltadas à aprendizagem dos alunos.

Chegamos ao ano de 2013. Com a ênfase dada à inclusão[8], somada aos investimentos do GEPI em investigar desdobramentos das práticas de inclusão no Brasil, as pesquisas voltaram a atenção para os temas da *governamentalidade*, mais especificamente sobre a noção de *biopolítica*, ou seja, sobre os investimentos da nação no corpo espécie da população que se quer governar. Assim, o presente livro – *Inclusão e biopolítica* – encerra mais um ciclo de estudos e de pesquisas do GEPI. Nele estão discussões derivadas das investigações que os pesquisadores do Grupo desenvolvem, abrangendo distintas perspectivas e dimensões da inclusão. Portanto, os esforços reunidos para a realização deste novo livro estão ancorados nas perguntas: Como podemos entender a inclusão na Contemporaneidade? No que se refere à inclusão, como práticas biopolíticas são articuladas de forma a atingirem o conjunto da população?

Os artigos que seguem buscam responder às questões colocadas acima. Partimos do entendimento que vivemos na Contemporaneidade, caracterizada como um processo complexo em que a vida humana é governada de múltiplas formas e incidem sobre ela diferentes forças que a capturam para os fins de um Estado governamentalizado, em que tudo se coloca a serviço da segurança das populações. O livro expressa o momento atual de nossas pesquisas, ao olharmos para processos de in/exclusão educacionais problematizamos a maneira em que estratégias e práticas biopolíticas agem sobre essa população, abrindo o debate a respeito de processos de inclusão social e educacional – analisando a institucionalização do anormal –, até processos mais específicos de inclusão, como a digital e aquela que envolve o ensino superior. Outro conjunto de textos analisa práticas escolares que funcionam como estratégias biopolíticas:

[8] A palavra inclusão teve sua emergência no Brasil no governo do presidente Fernando Henrique Cardoso (1995 a 1998 e de 1999 a 2002). Para uma maior discussão sobre tal emergência, sugere-se a leitura da dissertação de mestrado de Tatiana Luiza Rech, defendida no Programa de Pós-Graduação da Unisinos, no ano de 2010. A pesquisa mostrou como a inclusão escolar foi constituída por meio de práticas que visam à mobilização social.

avaliação escolar, ensino fundamental de nove anos, aprendizagem, desenvolvimento e conhecimento escolar, entre outras.

Com essa nova publicação, o GEPI, além de encerrar um ciclo de pesquisas, também se consolida tendo como marca a pesquisa e a formação de pesquisadores no campo da educação. As investigações realizadas pelo grupo continuam sendo financiadas pelo CNPq e os seus resultados, socializados com a comunidade acadêmica e escolar. Com a finalidade de anunciar nossos próximos passos, o investimento do grupo está em submeter à crítica radical o conceito de "subjetividade inclusiva", criado por uma das pesquisadoras do grupo, Eliana Menezes (2011), para se referir a um tipo de sujeito aberto para outras experiências e para o outro. Portanto, entramos em outro ciclo em que os conceitos-ferramenta centrais de nossas investigações são a *governamentalidade* e a *subjetivação*.

Enfim, o GEPI se tornou um Grupo de Estudo e de Pesquisa após uma ininterrupta trajetória, que permitiu o amadurecimento de pesquisadores recém-doutores. Permitiu, também, a criação de uma forma particular de fazer pesquisa de modo articulado com o ensino e a extensão.

Referências

DUSSEL, Inês. CARUSO, Marcelo. *A invenção da sala de aula: uma genealogia das formas de ensinar.* São Paulo: Moderna, 2003.

FABRIS, Elí Henn; LOPES, Maura Corcini. Quando o "estar junto" transforma-se numa estratégia perversa de exclusão. In: *Anais* do Seminário Internacional: Educação, gênero e movimentos sociais. Florianópolis: UFSC, 2003. Disponível em: <http://www.rizoma.ufsc.br/html/911-of3-st3.htm>. Acesso em: 17 set. 2013.

FABRIS, Elí Henn. A produção do aluno nos pareceres descritivos: mecanismos de normalização em ação. In: LOPES, Maura Corcini; HATTGE, Morgana Domênica. (Org.) *Inclusão escolar: conjunto de práticas que governam.* Belo Horizonte: Autêntica, 2009. p. 51-68.

FOUCAULT, Michel. *Microfísica do poder.* 10. ed. Rio de Janeiro: Graal, 1992.

FOUCAULT, Michel. *Sexo, poder e indivíduo: entrevistas selecionadas.* Desterro/SC. Nefelibata, 2005.

HATTGE, Morgana Domênica. Empresariamento da educação e autonomia escolar: estratégias de governamento na escola inclusiva. In: LOPES, Maura Corcini; HATTGE, Morgana Domênica. (Org.) *Inclusão escolar: conjunto de práticas que governam.* Belo Horizonte: Autêntica, 2009. p. 131-148

LOPES, Maura Corcini. A inclusão como ficção moderna. In: *Pedagogia: a revista do curso.* v. 3, n. 6. p. 7-20. São Miguel do Oeste: Editora da UNOESC, 2004.

LOPES, Maura Corcini. Inclusão escolar: currículo, diferença e identidade. In: LOPES, Maura Corcini; DAL'IGNA, Maria Cláudia. (Org.) *In/exclusão nas tramas da escola.* Canoas: ULBRA, 2007. p. 11-34.

LOPES, Maura Corcini. Inclusão como prática política de governamentalidade. In: LOPES, Maura Corcini; HATTGE, Morgana Domênica. (Org.) *Inclusão escolar: conjunto de práticas que governam*. Belo Horizonte: Autêntica, 2009. p. 107-130.

LOPES, Maura Corcini; LOCKMANN, Kamila; HATTGE, Morgana Domênica; KLAUS, Viviane. *Inclusão e biopolítica*, São Leopoldo: IHU, ano 8, n. 144, 2010.

SLOTERDIJK, Peter. *Has de cambiar tu vida*. Valência: Pré-textos, 2012.

VEIGA-NETO, Alfredo. Educação e governamentalidade neoliberal: novos dispositivos, novas subjetividades. In: CASTELO-BRANCO, Guilherme; PORTOCARRERO, Vera (Org.). *Retratos de Foucault*. Rio de Janeiro: Nau, 2000. p. 179-217.

VEIGA-NETO, Alfredo. Incluir para excluir. In: LARROSA, Jorge; SKLIAR, Carlos (Orgs.). *Habitantes de Babel: políticas e poéticas da diferença*. Belo Horizonte: Autêntica, 2001. p. 105-118.

A inclusão educacional como estratégia biopolítica

Tatiana Luiza Rech

A palavra *inclusão*, por ela mesma, remete-nos a um movimento que pode ser pensado de diferentes formas, se levarmos em conta as diferentes épocas históricas das quais fez e ainda hoje faz parte. Para alguns, falamos de um processo, de um conceito, de uma ideia que denota salvação. Já a meu ver, falamos em práticas, em um movimento[9] que tem se (re) configurado no Brasil, mais especificamente nas últimas décadas, e tem se tornado um grande imperativo educacional. Lopes (2009, p. 129), ao perceber a inclusão como um imperativo de um Estado neoliberal, explica que a "inclusão na contemporaneidade passou a ser uma das formas que os Estados, em um mundo globalizado, encontraram para manter o controle da informação e da economia". Atualmente, a inclusão adquire novas posições nas diferentes esferas sociais.

Ao pensar e (re)pensar as várias formas de inclusão educacional e, por que não dizer, as várias formas de in/exclusão[10], afirmo que este texto é escrito sob minha encomenda e endereçado, primeiramente, a mim mesma, como uma forma de pensar o meu próprio pensamento e de ir além, de transcender o que já foi por mim pensado, falado e escrito. Quero, com este empreendimento, utilizar meus esboços passados para, com e por meio deles pensar o presente. Meu objetivo primeiro é problematizar.

Foucault utiliza o termo *problematização* nos seus últimos anos de trabalho e por ele entende "o conjunto das práticas discursivas ou não

[9] Proponho pensar a inclusão como um *movimento* a partir do estudo que realizei com a escrita da dissertação de mestrado intitulada *A emergência da inclusão escolar no governo FHC: movimentos que a tornaram uma 'verdade' que permanece*. A pesquisa foi defendida em 2010, no Programa de Pós-Graduação em Educação da Universidade do Vale do Rio dos Sinos (Unisinos), sob a orientação da professora Maura Corcini Lopes.

[10] Utilizo a expressão "in/exclusão" ancorada nos estudos realizados pelo Grupo de Estudos e Pesquisa em Inclusão (GEPI/Unisinos), do qual faço parte. Ela é utilizada porque compreendemos que tanto a inclusão quanto a exclusão fazem parte de uma mesma lógica, em que um movimento ganha sentido e potência a partir do outro.

discursivas que faz qualquer coisa entrar no jogo do verdadeiro e do falso e a constitui [a problematização] como objeto para o pensamento (seja sob a forma da reflexão moral, do conhecimento científico, da análise política etc.)" (Revel, 2005, p. 70). Pretendo mostrar como a inclusão, pensada como uma estratégia *de circulação,* pode ser também pensada como uma estratégia *biopolítica de fluxo-habilidade.*

Neste momento, olho para alguns documentos produzidos pelo Ministério da Educação (MEC) durante os dois mandatos do governo Lula[11]. Mais especificamente, faço uso da Política Nacional de Educação Especial na Perspectiva da Educação Inclusiva, de exemplares da *Revista Inclusão* e de exemplares da série *Indagações sobre currículo.* Considerando que esse pensamento se movimenta no campo dos estudos foucaultianos, utilizo como ferramentas analíticas os conceitos de dispositivo e normalização. Com o mesmo cuidado interessado, faço uso, ainda, da noção de biopolítica – a partir de Foucault e de outros autores – para sustentar a argumentação central. Cabe salientar desde já que não utilizo a noção de biopolítica como ferramenta metodológica, pois não a vejo com a operatividade necessária para tal; ao pensar a biopolítica[12], consigo enxergar um conceito caro para os nossos estudos e com potência para contribuir na operatividade de outros conceitos-ferramenta, como, por exemplo, quando fazemos uso das noções de normalização e de governamentalidade. No decorrer do texto, explicarei o meu entendimento com relação a cada um dos conceitos e aprofundarei as discussões prometidas. Na próxima seção, mostro – mesmo que de maneira sintética – o porquê de meu interesse na aproximação da inclusão com o conceito de biopolítica e como, dessa forma, consigo visualizar aproximações com a educação.

Biopolítica e inclusão: algumas razões para este encontro

> *La noción de biopolítica remite a la idea de una política de la vida.*
> (Edgardo Castro, 2011, p. 15)[13]

Ao propor uma aproximação da noção de biopolítica – elaborada por Michel Foucault – com a noção de inclusão e com o pensamento

[11] O governo Lula corresponde ao período da história política brasileira que se inicia com a posse de Luiz Inácio Lula da Silva na Presidência, em 1° de janeiro de 2003. Reeleito em 2006, Lula manteve o seu mandato até 1° de janeiro de 2011.

[12] Para Revel (2005, p. 55), ela implica "não somente uma gestão da população, mas um controle das estratégias que os indivíduos, na sua liberdade, podem ter em relação a eles mesmos e uns em relação aos outros".

[13] A noção de biopolítica remete à ideia de uma política da vida (tradução minha).

educacional, penso que uma ressalva é de suma importância. A partir do que nos mostra Gadelha (2009), temos que levar em consideração que Foucault, em seus estudos, não tomou a educação para falar da biopolítica. Segundo o autor, Foucault não utilizou a educação "como um dos mecanismos estratégicos privilegiados para o exercício de biopoderes e da biopolítica nas sociedades ocidentais modernas" (Gadelha, 2009, p. 15). Para desenvolver a noção de biopolítica, o filósofo iniciou os seus estudos por volta do ano de 1974 – mesmo período em que ministrou as aulas do curso *O poder psiquiátrico*[14], no Collège de France –, referindo-se ao "modo como a medicina social, em meados do século XIX, serviu como estratégia de controle e regulação da vida das populações" (Gadelha, 2009, p. 21).

Seguindo a cronologia dos estudos de Foucault, no curso *Em defesa da sociedade,* ministrado no Collège de France no ano 1976, podemos encontrar explicações importantes acerca da noção de biopolítica. Michel Foucault explica que é possível perceber, ainda no final do século XVIII, essa nova tecnologia de poder dirigida ao "homem vivo, ao homem ser vivo". Para o filósofo, a biopolítica é uma tecnologia que "se instala, se dirige à multiplicidade dos homens, não na medida em que eles se resumem em corpos, mas na medida em que ela forma, ao contrário, uma massa global" (Foucault, 2005, p. 289). A meu ver, essa tecnologia age como um dispositivo[15], a fim de introduzir mecanismos muito mais sutis e economicamente muito mais racionais do que os mecanismos que visam, fundamentalmente, à assistência, por exemplo.

Em outro curso, chamado *Segurança, território, população,* durante os anos 1977 e 1978, Foucault vai estudar – entre alguns tópicos chave – a emergência da população. Para ele, caberia estudar "a correlação entre a técnica de segurança e a população, ao mesmo tempo como objeto e sujeito desses mecanismos de segurança, isto é, a emergência não apenas da noção, mas da realidade da população" (2008, p. 15). Como sabemos, a partir do século XVIII, as sociedades ocidentais passam por diversos acontecimentos, que "imprimem aos estados administrativos

[14] O curso foi ministrado por Michel Foucault entre os anos 1973 e 1974.

[15] Entendo o *dispositivo,* a partir de Foucault, como o "objeto da descrição genealógica" (CASTRO, 2009, p. 124). A genealogia, de acordo com Veiga-Neto (2007, p. 56), faz um tipo especial de história. "Como a palavra sugere, trata-se de uma história que tenta descrever uma gênese no tempo" (VEIGA-NETO, 2007, p. 56). Ela não busca pela origem (*Ursprung*) das coisas, no sentido de encontrar a verdade absoluta, primeira, em estado de perfeição. Entendo a genealogia como um "conjunto de procedimentos úteis não só para conhecer o passado, como também, e muitas vezes principalmente, para nos rebelarmos contra o presente" (VEIGA-NETO, 2007, p. 59).

dificuldades para que estes se mantenham vigentes" (Menezes, 2011, p. 91). Com isso, surgem os interesses na reconfiguração da cidade, ou seja, no "desencravamento espacial, jurídico, administrativo, econômico" (Foucault, 2008, p. 17), com o objetivo de recolocá-la num espaço, agora, de circulação. Assim, podemos ver a necessidade de governar os habitantes do território, muito mais do que governar o próprio território, o que faz com que se criem formas de governar a massa de indivíduos, levando em consideração o objetivo de manter a circulação na cidade, a circulação das pessoas – "circulação das ideias, circulação das vontades e das ordens, circulação comercial, também" (Foucault, 2008, p. 20).

Com o aumento da circulação da massa, vista como massa global, surge a necessidade de apelar para toda uma "série de técnicas de vigilância, de vigilância dos indivíduos, de diagnóstico do que eles são, de classificação de sua estrutura mental, da sua patologia própria, etc." (Foucault, 2008, p. 10). Inicia nesse período um maior investimento nos dispositivos de segurança: já que a "soberania se exerce nos limites de um território, a disciplina se exerce sobre o corpo dos indivíduos e, por fim, a segurança se exerce sobre o conjunto de uma população" (Foucault, 2008, p. 15-16). Isso não quer dizer que os dispositivos de segurança sejam superiores aos dispositivos disciplinares[16], por exemplo. Cabe lembrar que tanto a soberania quanto a disciplina e a segurança só se colocam em funcionamento justamente por lidarem com multiplicidades. E é ao olhar para essas multiplicidades que podemos compreender melhor a epígrafe que abre esta seção, quando ela afirma que a noção da biopolítica remete à ideia de uma política da vida, a qual, segundo Edgardo Castro (2009, p. 60), "persegue o equilíbrio da população, sua homeostase, sua regulação".

Ao retomar esses aspectos históricos, como podemos pensar na necessidade de uma escola de massas? De forma bem condensada, podemos pensar que esse tipo de escola surge justamente para dar conta de uma parcela da população que precisa ser normalizada[17], regulada e, principalmente,

[16] Foucault fala em *dispositivos disciplinares* com base nos seus estudos sobre a Sociedade Disciplinar. Esse tipo muito especial de sociedade, adjetivada de disciplinar; na medida em que "a permanência na escola é diária e se estende ao longo de vários anos, os efeitos desse processo disciplinar de subjetivação são notáveis" (VEIGA-NETO, 2007, p. 71). Portanto, a partir da emergência da Sociedade Disciplinar, foi possível perceber o funcionamento dos mecanismos e dispositivos disciplinares.

[17] A normalização pode ser vista a partir dos estudos sobre a norma. Ao pensar o conceito de norma, Canguilhem (2006) mostra que a norma serviria para retificar, para endireitar, e só poderia ser estabelecida através de uma medida, de um valor. "Normalizar seria, então, o mesmo que impor uma exigência a uma existência cuja variedade e disparidade se apresentariam como algo estranho".

vigiada. A educação, que era destinada a uma parcela mínima de indivíduos, aos poucos foi sendo reorganizada para dar conta de uma massa, de uma parte da população que necessitava de maior condução. De acordo com Popkewitz (2008, p. 200-201), a escola de massas foi "uma invenção do século XIX que emergiu de diferentes movimentos na sociedade, os quais, em um determinado ponto, agiram de forma autônoma entre si". Para Varela e Alvarez-Uria (1992), essa escola pode ser pensada como uma "maquinaria de governo da infância" que não apareceu de "súbito, mas, ao invés disso, reuniu e instrumentalizou uma série de dispositivos que emergiram e se configuraram a partir do século XVI" (Varela; Alvarez-Uria, 1992, p. 69). Assim, como explica Veiga-Neto (2007, p. 70), a escola pode ser pensada por nós como uma instituição de sequestro por onde todos devem passar. Para isso, a escola "encarregou-se de operar as individualizações disciplinares, engendrando novas subjetividades e, com isso, cumpriu um papel decisivo na constituição da sociedade moderna". Ela subjetiva para regular, vigiar e, na sequência, normalizar.

Essa forma de garantir a vigilância de todos nos mesmos tempos e espaços pode ser vista até hoje nas escolas que temos – escolas que não perderam as características, os objetivos e a roupagem postos pela Modernidade. Trata-se de um estilo de educação que vem sendo reivindicado desde o século XVII, quando Comenius, com o seu ideal pansófico de "ensinar tudo a todos", já defendia a necessidade de partir-se de um "homem naturalmente educável, que ao nascer já possui toda a potencialidade própria e exclusiva de sua condição humana, mas cujo entendimento ainda se encontra num estágio rudimentar" (Veiga-Neto, 2007, p. 108). Sendo assim, caberia à educação, ou melhor, à escola, a tarefa de proporcionar experiências para que fosse possível a evolução esperada.

Com o passar dos séculos, mais diretamente nas últimas décadas do século XX, passamos a mobilizar a necessidade de garantir a tão proclamada "escola para todos". O grande auge – na década de 90 – abasteceu a sociedade com o desejo de garantia, de conquista da obrigatoriedade e da posterior permanência de todos na escola regular. Como diz Menezes (2011, p. 29), mais do que uma questão de adequação de espaços, "a escola inclusiva passou a ser nomeada como uma questão de direitos humanos, e sua concretização representaria um passo importante em direção à efetivação do conclamado direito universal à igualdade entre os homens". O movimento pela inclusão de todos – para alguns, aparentemente tão ingênuo – fez uso de uma série de técnicas de subjetivação que, colocadas em funcionamento, contribuíram para a mobilização da sociedade, para a luta coletiva pelos direitos das minorias, e que até hoje funcionam com o intuito de assegurar as condições de permanência de todos os "ditos incluídos".

Nessas práticas que subjetivam os sujeitos, podemos ver muito presentes estratégias que também seduzem, que fazem uso de dispositivos de segurança, que "buscarão estabelecer uma regulação dos acontecimentos tendo em conta o elemento da liberdade" (Castro, 2011, p. 175). É nesse sentido que, na próxima seção, mostro como a inclusão educacional, primeiramente, pode ser pensada por meio de um dispositivo de segurança que utiliza a sedução como uma estratégia e adquire caráter irreversível na Contemporaneidade. Adianto que esse dispositivo de segurança se torna fundamental para que, posteriormente, possamos perceber a inclusão como uma estratégia biopolítica de fluxo-habilidade. A escolha do governo Lula para tal análise justifica-se porque é nesse período que a inclusão é potencializada no Brasil, com a criação de uma política específica e a multiplicação de programas e bolsas assistenciais.

A inclusão educacional e o uso da sedução como uma estratégia potente

Podemos pensar a inclusão educacional movida por meio de um dispositivo que, no governo Lula, está envolvido por um conjunto de práticas; na intenção de alcançar seus diversos objetivos, colocam-se em funcionamento diversas estratégias, entre elas, as que agem através da sedução. Esta pode ser percebida nas práticas do governo, não entendido apenas no sentido de instância suprema, mas em "sentido amplo e antigo de mecanismos e procedimentos destinados a conduzir os homens, a dirigir a conduta dos homens, a conduzir a conduta dos homens" (Foucault, 2007, p. 283). Essas estratégias de sedução – como, por exemplo, o aumento no repasse de verbas, o uso da estatística para modificar índices, etc. – reafirmam a veracidade da proposta de inclusão e geram, na população, um sentimento de pertencimento, de cumplicidade e de mobilização, sentimentos úteis quando se almeja governar a conduta através de uma racionalidade neoliberal. Apresentar a proposta e transformá-la em uma grande verdade é intencional, pois "onde é preciso que exista poder, onde se quer mostrar efetivamente que é ali que reside o poder, então é preciso que exista o verdadeiro" (Foucault, 2007, p. 279).

A inclusão educacional, vista como uma grande "verdade" [18], como um imperativo, é um dos objetivos das estratégias de sedução. Ao olharmos para os materiais produzidos pelo MEC, vamos encontrar diversas

[18] Para Foucault (2010, p. 35), "o exercício do poder se acompanha bem constantemente de uma manifestação de verdade entendida no sentido mais amplo".

expressões que contribuem para esse sedutor convencimento. Frases como "Escola de todos: é o Brasil aprendendo e crescendo com as diferenças" (Brasil, 2005, p. 1) ou, ainda, "[...] ajude a fazer do Brasil um país de todos!" (Brasil, 2006, p. 3), alimentam o enunciado que sustenta a ideia de educação para todos e repassam à sociedade o compromisso com a difusão desse ideal. Porém, onde e como podemos perceber a sedução? Esta pode ser percebida, muitas vezes de maneira sutil, nas práticas cotidianas que estimulam o ideal democrático de contemplar a todos, já que não há um único lugar de onde extraímos o "discurso verdadeiro"; ao contrário, essas verdades que seduzem tornam-se verdadeiras a partir dos diferentes discursos que circulam em nossa sociedade. Na *Revista Inclusão*, por exemplo, encontramos a educação inclusiva proferida como "um meio privilegiado para alcançar a inclusão social" (Inclusão, 2005, p. 14). Em outro momento, é dito que "a escola inclusiva assegura a igualdade entre alunos diferentes, e este posicionamento lhes garante o direito à diferença na igualdade de direito à educação" (Inclusão, 2010, p. 13). Em ambos os excertos, a sedução está exposta, fortificando o compromisso social de todos e justificando a necessidade das nossas ações em prol do movimento.

Como sabemos, a inclusão pode ser pensada por diferentes vieses. Neste texto, ao compreender a inclusão educacional como uma forma econômica de poder, justifico que ela possa ser pensada por meio de um dispositivo de segurança, já que transforma esse ideal tanto numa exigência política quanto numa exigência econômica. Tal dispositivo suscita estratégias que, ao seduzirem a população, promovem a participação de todos e potencializam ainda mais a proposta de inclusão. Conforme Foucault (2008, p. 28), "os dispositivos de segurança trabalham, criam, organizam, planejam um meio antes mesmo de a noção ter sido formada e isolada". A segurança tem "por função apoiar-se nos detalhes que não vão ser valorizados como bons ou ruins em si, que vão ser tomados como processos necessários, inevitáveis, como processos naturais no sentido lato [...]" (Foucault, 2008, p. 60). O alto investimento em programas e ações em prol da educação inclusiva – direcionados às Secretarias de Educação, aos professores, aos alunos, às famílias, etc. –, o cuidado estético na produção dos materiais distribuídos às escolas e a necessidade de capacitação docente contribuem para a proliferação da proposta de inclusão.

São várias as estratégias que utilizam a sedução para convencer a população da necessidade de incluir a todos na escola regular. Uma delas é a utilização da estatística como forma de convencimento. A estatística utilizada para apresentar a proposta de inclusão educacional proporciona certa realidade, que passa a ser considerada uma construção social, ou seja, é vista como algo conquistado a partir do envolvimento e das mudanças da população, porém apresenta-se como algo que ainda está longe de ser ideal. De acordo com Popkewitz e Lindblad (2001, p. 112), "o conhecimento da estatística é uma ficção, pois as categorias não são reais, mas representações elaboradas para identificar e ordenar relações e permitir planejamentos sociais, como mostra a história de classificações como emprego/desemprego, 'de risco' e socialmente desfavorecido". A partir disso, podemos pensá-la como uma estratégia que utiliza mecanismos de segurança, pois, segundo Foucault (2008a), a segurança vai apoiar-se em certos números de dados e trabalhar sobre algo dado. Nesse caso, trata-se "simplesmente de maximizar os elementos positivos, de poder circular da melhor maneira possível e de minimizar, ao contrário, o que é risco e inconveniente" (Foucault, 2008a, p. 26). A estatística pode ser entendida como um tipo de saber do Estado, o que faz com que o governo conheça as leis, as respeite e busque conhecimentos acerca das diferentes esferas sociais. Para Traversini e Bello (2009), a estatística pode ser analisada como uma tecnologia utilizada nas práticas de gestão do risco social: "[...] como um conhecimento científico, torna-se indispensável a um bom governo" (Traversini; Bello, 2009, p. 142). Assim, o caráter atrativo da sedução encontra espaço na estatística, e esta pode agir com diferentes objetivos: tanto para prevenir o caos social quanto para inserir novas realidades desejáveis à população.

Dessa forma, essas práticas sedutoras proliferam nas diferentes áreas. Nas ações realizadas pelo MEC, uma das que mais chamam a atenção diz respeito ao investimento na estrutura física das escolas – investimento para aquelas escolas que se disserem "inclusivas". Ações como a implantação do Programa Escola Acessível e do Programa de Implantação de Salas de Recursos Multifuncionais estão conquistando escolas e professores, que, em troca do selo "escola inclusiva", recebem alguns recursos básicos, recursos que já deveriam constar no cotidiano dos alunos. Segundo o *site* do Ministério da Educação, em 2008, foram disponibilizadas 4.300 salas de recursos multifuncionais em escolas dos diferentes estados do país. Já em 2009, foram priorizadas 27 mil escolas no que diz respeito à adequação física, a fim de promover acessibilidade nas redes públicas de ensino.

No entanto, se os alunos com deficiências, por muitos anos, não foram bem-vindos à escola regular, como garantir sua aceitação? Uma das estratégias utilizadas foi o aumento no repasse de verbas, colocado em vigor no art. 9° do Decreto nº 6.571, de 17 de setembro de 2008. Nesse artigo, admite-se, a partir de 1° de janeiro de 2010, o repasse duplo dos recursos do FUNDEB para os alunos que estejam matriculados na rede pública de ensino e que frequentem o atendimento educacional especializado. O aumento dos recursos financeiros enfraquece a resistência e amplia as possibilidades de adesão à proposta.

Esses exemplos são alguns dos tantos que poderiam ser problematizados nesta seção. Podemos pensar em outras tantas estratégias que estão fazendo parte das práticas postas em ação pelo governo Lula nas questões que envolvem o fortalecimento da proposta de inclusão educacional no Brasil. Isso é possível porque, na racionalidade neoliberal, a inclusão passa a ser pensada por meio de um dispositivo de segurança e a sedução como uma estratégia potente que, através do agenciamento de certas práticas – que almejam dar conta de tudo e de todos –, contribui para que a inclusão opere fortemente como um imperativo. Tal imperativo visa a atingir a conduta de cada indivíduo, de modo que cada um deseje estar em constante fluxo e sair de determinadas posições. Assim, "a conduta humana é concebida como algo que pode ser regulado, controlado, moldado e transformado em determinados fins" (Dean, 1999, p. 11). A seguir, mostro como, na sociedade contemporânea, a ideia de *fluxo* passa a ser pensada conjuntamente com a ideia de *habilidade*, colocando em funcionamento outras estratégias biopolíticas.

Inclusão educacional: práticas de circulação e fluxo

O movimento pela inclusão educacional ganha maior destaque no governo Lula, com a elaboração da nova Política Nacional de Educação Especial na Perspectiva da Educação Inclusiva (2008a), que "assegura a obrigatoriedade da educação escolar regular para todas as crianças, independentemente de suas características, deficiências, condições e possibilidades de permanência" (Rech, 2010, p. 20). Se, no governo Fernando Henrique Cardoso (FHC)[19], os desafios estavam pautados pela necessidade de mobilização social e pela necessidade de reconhecimento do direito, nos dias de hoje, com o direito assegurado, o desafio é outro e está diretamente implicado nas questões que dizem respeito ao currículo escolar. Conforme o MEC, a inclusão é percebida como "[...] um processo de ampliação da circulação social que produza uma aproximação dos seus diversos protagonistas, convocando-os à construção cotidiana de uma sociedade que ofereça oportunidades variadas a todos os seus cidadãos e possibilidades criativas a todas as suas diferenças" (Brasil, 2005a, p. 34).

[19] Fernando Henrique Cardoso foi presidente da República Federativa do Brasil por dois mandatos consecutivos: o primeiro, de 1º de janeiro de 1995 a 1º de janeiro de 1999, e o segundo, de 1º de janeiro de 1999 a 1º de janeiro de 2003.

No governo FHC, a lógica do movimento pela inclusão resumia-se em lutar pela obrigatoriedade da educação e colocar, para dentro da escola regular, todos os alunos que estavam fora dela. O reconhecimento legal e físico estava contemplado na matrícula, ou melhor, na vaga conquistada. Dessa forma, o aluno que por algum momento estava "integrado", a partir das avaliações constantes e das efetivas tentativas de normalização[20], passava a ser "desintegrado" da escola regular e retornava à escola especial. Esse retrocesso dava-se justamente com aqueles que escapavam "da lógica da ordenação (entre eles, os que possuíam deficiência), e para esses fez-se preciso a constituição de espaços de instrução específicos, nos quais métodos, técnicas e profissionais, também específicos, seriam localizados" (Menezes, 2011, p. 23). Nesse período histórico – nas duas últimas décadas do século XX e na primeira década do século XXI –, podemos perceber essa movimentação rotacional, em que os sujeitos são posicionados em um movimento giratório de contínua passagem e retorno, com um objetivo claro: estar incluído na escola regular até o momento em que essa forma de inclusão não seja mais sustentada. É uma forma de integração e, posteriormente, inclusão instantânea e inerme. O sucesso da permanência estava direcionado ao sujeito, que, na maioria das vezes, não possuía as mínimas condições para competir com os demais, "ditos normais". Nessa lógica, podemos pensar na proposta de inclusão como uma *estratégia biopolítica de circulação* que colocava em funcionamento uma série de engrenagens, porém se constituía num movimento circular, em que poucos escapavam do objetivo, que era garantir uma forma de circularidade. Em síntese, essa estratégia capaz de agrupar e realocar uma massa global garantia o seguinte movimento:

Permanência em casa → Escola Especial → Escola Regular → Escola Especial
→ Retorno para casa, ou outro espaço de enclausuramento
↘ Mercado de trabalho

Quadro 1- Estratégia Biopolítica de Circulação

Como vimos, essa lógica resultava na circulação dos sujeitos; poucos conseguiam escapar e chegar ao mercado de trabalho, um local que gerava outras formas de exclusão, bem como exigia outras estratégias de permanência.

[20] Adversamente ao que muitos pensam, a norma não objetiva a exclusão; ela não tem como função excluir ou rejeitar, mas, ao contrário, "ela está sempre ligada a uma técnica positiva de intervenção e de transformação, a uma espécie de poder normativo" (FOUCAULT, 2002, p. 62) que abandona o foco repressivo e se torna produtivo.

Atualmente, na estabilidade da lógica neoliberal brasileira, podemos reconhecer algumas mudanças no campo escolar que obtiveram maior potência nos dois mandatos do governo Lula. Essas mudanças tratam de novas ênfases, pois não temos o apagamento da ideia de circulação; o que temos são novas formas de nos mantermos em constante visibilidade. A partir desse governo, podemos pensar que a inclusão funciona como uma estratégia *biopolítica de fluxo-habilidade,* que busca (re)configurar os espaços escolares e as ações realizadas na escola, mas, principalmente, age sobre o currículo escolar. Nessa mudança de ênfase, vemos que o objetivo principal é justamente movimentar os sujeitos, ou seja, causar um movimento para "fazer sair", para fazer com que o aluno chamado de "aluno incluído" permaneça o menor tempo possível no espaço escolar. Esse "permanecer o menor tempo possível" explica-se quando pensamos que a lógica inicial da proposta de inclusão se inverte, fazendo-se o seguinte movimento[21]:

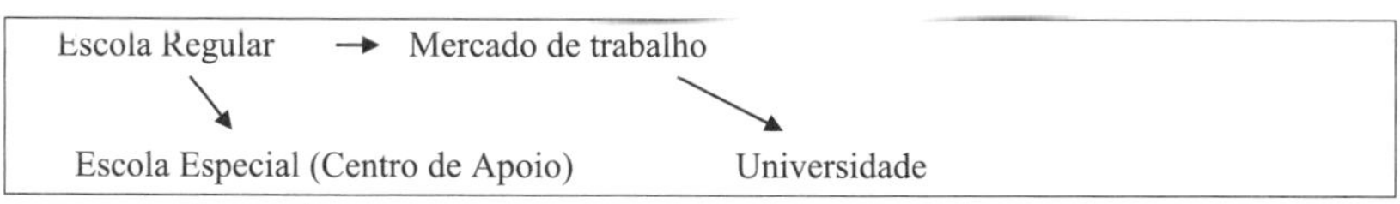

Quadro 2- Estratégia Biopolítica de Fluxo-Habilidade

Parte-se da obrigatoriedade do Ensino na Escola Regular, tendo-se agora a Escola Especial como um local para apoio pedagógico. O objetivo é realizar a inserção no mercado de trabalho e, para aqueles que conseguirem, o ingresso na universidade. De acordo com o Instituto Brasileiro dos Direitos da Pessoa com Deficiência (IBDD), "um dos mais interessantes desafios de hoje para as empresas brasileiras na área de gestão de pessoas é desenvolver uma ação competente para a inclusão das pessoas com deficiência no seu ambiente de trabalho" (IBDD, 2008, p. 13). Para o instituto, essa é uma meta fundamental, pois "as empresas têm potencial para agir em favor da sociedade" (IBDD, 2008, p. 7), o que ocasionaria mudanças positivas e novos padrões de vida. Para isso, uma lógica em modelo circular não seria mais suficiente. Embora por algum tempo eu tenha percebido a inclusão educacional posta somente num movimento de circulação, através dos estudos recentes e das problematizações

[21] Outro exemplo que vem ao encontro dessa lógica é a ideia da não reprovação. Em 2011, o MEC sugeriu que os professores não reprovassem mais os alunos nos três primeiros anos do Ensino Fundamental. Essa lógica de fluxo garante a passagem automática do aluno, o que interferirá visivelmente nos próximos índices com relação às taxas de aprovação, evasão e inclusão, entre outras.

oportunizadas nos grupos de pesquisa[22], passei e enxergá-la também a partir da ideia de fluxo.

A noção de fluxo vem do latim *fluxus* e significa – dentre vários sentidos – "fluido, passageiro, fluxível"[23]. O ato ou efeito de fluir ajuda-nos a pensar em um movimento que não é mais de retorno, mas que adquire *status* quando pensamos que ele está disposto sob uma racionalidade neoliberal[24], que visa não somente ao consumo, mas à competição.

A tentativa de pensarmos a noção de fluxo conjuntamente com a noção de habilidade pode ser justificada se olharmos para algumas palavras-chave do nosso cotidiano atual. Expressões como *autonomia*, *adaptabilidade*, *criatividade*, *competências*, *flexibilidade*, *liderança* e *talento*, sempre combinadas com o desejo de inovação, estão presentes não apenas na atmosfera empresarial, mas também em todo o campo educacional. Na *Revista VOCÊ S/A* – periódico direcionado a executivos –, mais especificamente na edição 124, de outubro de 2008, vemos a manchete "Quer crescer? Dê resultado" abrir uma lista de planejamentos elaborados para cada indivíduo que almeje "obter resultados excelentes". A mesma edição, que traz o lema "seja seu melhor investimento", ainda oferece alguns "hábitos que fazem a diferença" e uma lista com "cinquenta cursos eficientes para você aumentar seu desempenho" (2008, p. 50). O interessante é perceber como a maioria dessas habilidades necessárias para se obter sucesso no mercado de trabalho passa pelas exigências da escola e compõe o currículo escolar – que, numa lógica inclusiva, deve ser de todos e para todos.

Mesmo com o auge da oficialização da inclusão como direito e obrigatoriedade, não podemos deixar de pensar nas muitas práticas de exclusão que decorrem desse ideal pansófico. De acordo com Veiga-Neto e Lopes (2007, p. 1), "as políticas de inclusão – especialmente as políticas de inclusão escolar – são dispositivos biopolíticos para o governamento e o controle das populações" e podem gerar uma "inclusão excludente" e

[22] Atualmente, sou integrante do Grupo de Estudo e Pesquisa em Inclusão (GEPI/CNPQ), na Universidade do Vale do Rio dos Sinos (Unisinos), e também do Grupo de Estudos e Pesquisas em Currículo e Pós-Modernidade (GEPCPós), na Universidade Federal do Rio Grande do Sul (UFRGS).

[23] Disponível em: <http://www.priberam.pt/dlpo/default.aspx?pal=fluxo>. Acesso em: 10 fev. 2012.

[24] O neoliberalismo, conhecido também por "liberalismo avançado" ou "liberalismo tardio", pode ser pensado a partir de uma perspectiva foucaultiana, através de duas tendências: a primeira, alemã, e a segunda, norte-americana. Para Foucault (2007a, p. 157), nessas duas formas, o problema do neoliberalismo "passa por saber como se pode ajustar o exercício global do poder político aos princípios de uma economia de mercado".

contribuir para tal. A biopolítica pode ser compreendida como a relação da "racionalidade do governo com não apenas a soberania, mas também com o imperativo administrativo de otimizar a saúde, o bem-estar e a vida das populações" (Dean, 1999, p. 21).

Por *dispositivo*, Michel Foucault, em seus estudos, mostra-nos que podemos entender "um conjunto decididamente heterogêneo que engloba discursos, instituições, organizações arquitetônicas, decisões regulamentares, leis, medidas administrativas, enunciados científicos, proposições filosóficas, morais, filantrópicas" (2008a, p. 244). Visto como "objeto da descrição genealógica" (Castro, 2009, p. 124), pode ser entendido como "um tipo de formação que, em um determinado momento histórico, teve como função principal responder a uma urgência" (Foucault, 2008a, p. 244). Seguindo essa forma de pensamento, como entender e (re)pensar o currículo escolar?

A urgência atual presente nas escolas – quando o assunto é a inclusão educacional – está ligada diretamente com o currículo e suas implicações e obrigações. A acessibilidade perde o foco central na discussão e divide espaço com temas referentes às adaptações curriculares, ao atendimento educacional especializado e à avaliação da aprendizagem. Esses temas emergem e tornam-se fundamentais quando o objetivo é garantir outros tipos de circulação para os indivíduos, ou seja, investir na ideia de fluxo, do fazer fluir para fazer sair.

Ressaltando essa urgência, em 2006, o Departamento de Políticas de Educação Infantil e Ensino Fundamental da Secretaria de Educação Básica do Ministério da Educação organizou o Seminário Nacional Currículo em Debate, realizado no mês de novembro, em Brasília. O evento discutiu, em versão preliminar, a coleção As indagações sobre currículo, publicada em 2007, em cinco volumes. Os volumes contemplam os seguintes eixos: Currículo e desenvolvimento humano; Educandos e educadores: seus direitos e o currículo; Currículo, conhecimento e cultura; Diversidade e currículo; e, por último, Currículo e avaliação. Outro aspecto importante é o Decreto nº 6.571, de 17 de setembro de 2008, que dispõe sobre o atendimento educacional especializado, ressaltando que esse suporte "deve integrar a proposta pedagógica da escola, envolver a participação da família e ser realizado em articulação com as demais políticas públicas" (Brasil, 2008, p. 1). Com isso, os sujeitos da Educação Especial passam a ocupar os tempos e espaços da escola regular e, consequentemente, o mesmo currículo.

Segundo o Ministério da Educação, o currículo vem conformando "os sujeitos da ação educativa. Conforma suas vidas, produz identidades escolares: quem será o aluno bem-sucedido, o fracassado, o aprovado, o reprovado, o lento, o desacelerado, o especial". Sendo assim, o currículo normaliza, reconhece "como escolarizado ou não e em que nível condiciona até o direito ao trabalho" (Brasil, 2007, p. 22). Para Lopes (2007, p. 13), ao pensarmos no currículo, é necessário compreendê-lo como um "dispositivo escolar criado para determinar percursos, práticas e posições de aprendizagem, pois o currículo é pensado e, ao mesmo tempo, tensionado por aqueles que o constituem e que são constituídos por ele". Ele envolve a construção de espaços tensionados e pode ser visto como um dispositivo biopolítico, na medida em que age na construção de técnicas e práticas[25], a fim de fazer com que os alunos possam entrar na escola para sair e ingressar no mercado de trabalho. Dessa forma, "o dispositivo tem, portanto, uma função estratégica dominante" (Foucault, 2007, p. 244).

A passagem do aluno – da escola para o mercado de trabalho – alimenta a racionalidade neoliberal e contribui para que a sua principal engrenagem (a economia) não perca força e o seu movimento. O neoliberalismo, pensado como um conjunto de ideias políticas e econômicas capitalistas, dentre vários aspectos, visa à competitividade e à "diminuição" do Estado. Ele repassa a cada indivíduo a responsabilidade pela busca de alternativas que permitam a sua inserção na lógica do consumo e, com isso, objetiva o fortalecimento do mercado através do estímulo à competição. Nessa lógica competitiva, cabe à escola muito mais do que ensinar: cabe, agora, aprender a empregar. O aluno considerado "incluído" passa a receber novos rótulos, nesse caso, rótulos que o obrigam a produzir, a ser útil e fazer a sua parte pelo crescimento da sociedade onde vive. Ele é remetido ao rótulo de "indivíduo com potencialidades", o que, na visão de Popkewitz, Olsson e Petersson (2009), faz parte do "cosmopolitismo inacabado", em que o sujeito precisa buscar envolver-se em processos de transformação constante. O cosmopolita atual é um indivíduo em construção, é aquele que tem voz e é responsável por si mesmo para produzir a inovação nos processos de mudança (Popkewitz; Olsson; Petersson, 2009, p. 78).

Em consonância com os ideais neoliberais, a inclusão educacional no governo Lula alcançou, além do *status* de política nacional, um *status* mundial com o anúncio de novas estatísticas, que revelam, por exemplo, que a participação do atendimento inclusivo cresceu no Brasil, passando dos 24,7% em 2002 para 46,4% em 2006. De acordo com o censo escolar

[25] Entendo o conceito de "técnica" como muito ligado ao conceito de "prática", ou seja, "estudar as práticas como técnicas ou tecnologias consiste em situá-las em um campo que se define pela relação entre meios (táticas) e fins (estratégias)" (CASTRO, 2009, p. 412).

(2006a), o país teve um total de 325.136 alunos matriculados em classes comuns de inclusão, computando um crescimento de 640% nas matrículas em escolas comuns do ensino regular (Brasil, 2008a, p. 5). Esses dados demonstram o quanto a proposta utiliza estratégias que seduzem a população, repassando-lhe cada vez mais responsabilidade por esse ideal. Na visão de Popkewitz e Lindblad (2001, p. 117), "as estatísticas intervêm nos processos de governo, uma vez que os números moldam nossa maneira de 'ver' as possibilidades de ação, de inovação e até nossa 'visão' de nós mesmos". Assim, somos subjetivados e "modificamos nosso comportamento numa incessante tentativa de nos aproximarmos do normal e nesse processo nos tornamos certo tipo de sujeitos" (Oksala, 2011, p. 76).

Para dar continuidade a outras possíveis problematizações

Meu intuito com este texto foi iniciar um esboço analítico e pensar a inclusão educacional em nosso país como uma *estratégia biopolítica de fluxo-habilidade,* que, como afirmei anteriormente, (re)configura os espaços escolares e as ações realizadas na escola, mas principalmente age sobre o currículo escolar. Essa noção de fluxo, de "fazer fluir para fazer sair", pensada conjuntamente com a necessidade contemporânea de desenvolver habilidades, faz da escola um novo espaço de adaptação, de transitoriedade e de estímulo ao desejo de um tempo futuro. Esse futuro do qual falamos, nesta sociedade neoliberal, "é um tipo de futuro que se mobiliza com o intuito de formatar as pessoas no presente, fazendo delas uma espécie de 'sujeito-aprendente'" (Rech, 2010, p. 81). "Esse sujeito, que precisa cada vez mais aprender, transcende os muros da escola e atinge o cenário da antiga fábrica, agora empresa" (Rech, 2010, p. 81). Estamos na era da "educação para a vida toda", que compreende moldar – já na figura do aluno – personalidades sensíveis, flexíveis e polivalentes para que, posteriormente, se tenham profissionais com as mesmas características: sujeitos que saibam, acima de tudo, governar a si mesmos, avaliar suas posturas e regular suas condutas em um espaço e tempo dinâmicos. Nas palavras de Varela (2002, p. 102):

> A educação institucional volta-se cada vez mais à busca de si mesmo, a viver livremente sem coações, sem esforço, no presente. Trata-se de formar seres comunicativos, criativos, expressivos, empáticos, que interajam e comuniquem bem. Essas personalidades flexíveis, sensíveis, polivalentes e "automonitorizadas" – capazes de autocorrigir-se e autoavaliar-se – estão em estreita

> interdependência com um neoliberalismo consumista que tão bem se harmoniza com identidades moldáveis e diversificadas em um mercado de trabalho cambiante e flexível que precisa de trabalhadores preparados e disponíveis para funcionar.

Esse tipo de sujeito, "um sujeito em permanente processo de aprendizagem, em permanente reconfiguração de si, é o que se estaria pretendendo que a escola formasse a partir dessa estratégia pedagógica" (Saraiva; Veiga-Neto, 2009, p. 199). Com relação a esses objetivos, é importante salientar que não temos um currículo diferenciado para aqueles alunos considerados "incluídos", mas contamos com uma série de técnicas e práticas, a fim de fazer com que eles passem pela escola e, o mais rapidamente possível, contribuam para a economia do país, deixando o lugar da assistência e integrando outros espaços sociais. Assim, "mais do que um imperativo legal, a inclusão tem se apresentado como um imperativo moral" (Menezes, 2011, p. 31), vista pelo Ministério da Educação como um "processo mundial irreversível" (Inclusão, 2005, p. 22).

A meu ver, é possível pensar a inclusão – inspirada nos estudos foucaultianos – por meio de um *dispositivo de segurança* que age sobre a população, a fim de alimentar a economia do país, aumentar os índices educacionais e, consequentemente, diminuir o risco social. Por outro lado, acredito que também seja possível pensar a inclusão – fabricada na Contemporaneidade – como uma *estratégia biopolítica de fluxo-habilidade*, pois temos a necessidade de abarcar e proteger uma massa global que precisa ser conduzida, primeiramente, pela escola para que possa conquistar novos espaços sociais e, assim, ser (re)conduzida de outras formas. Com as estratégias biopolíticas, obtendo-se, desse modo, a relação direta da política com a vida, é possível impetrar formas eficientes para se conhecer a fundo a massa que se quer conduzir. Como nos pergunta Foucault (2010, p. 33), "numa palavra, como poder-se-ia governar sem conhecer isso que se governa, sem conhecer esses a quem se governa e sem conhecer o meio de governar esses homens e essas coisas?". Ao pensar nessa necessidade de conhecimento do outro e de si mesmo, temos a escola como uma "instituição de sequestro" (Veiga-Neto, 2007, p. 71) e o sujeito como um "produto" (Veiga-Neto, 2007, p. 82). Além disso, temos a necessidade de continuar investindo na vigilância, na condução e na normalização do outro. Temos que continuar a fazer parte do jogo, pois, como afirma Lopes (2009, p. 109), "todos estamos, de uma maneira, sendo conduzidos por determinadas práticas e regras implícitas que nos levam a entrar e a permanecer no jogo econômico do neoliberalismo".

Já que estamos nesse jogo, já que estamos imbricados nessa lógica, resta-me continuar o exercício da problematização, sugerido por Foucault (2004), perguntando-me: como, a partir dos estudos do filósofo, podemos pensar a inclusão como foco de experiência? E como podemos perceber – através das técnicas de subjetivação – a fabricação de um sujeito moldado na relação estabelecida entre educação e mercado? Penso que, com esses questionamentos e com outros tantos que surgirão, podemos aprofundar este esboço inicial e propor novas discussões, colocando sob suspeita qualquer forma de verdade e também lançando a possibilidade de pensar a inclusão educacional como uma estratégia biopolítica *de fluxo-habilidade*.

Referências

BRASIL. *Escola para todos: é o Brasil aprendendo e crescendo com as diferenças*. Brasília: MEC/SEESP, 2005.

BRASIL. *Documento subsidiário à política de inclusão*. Brasília: MEC/SEESP, 2005a.

BRASIL. *Programa educação inclusiva: direito à diversidade – A fundamentação filosófica*. 2. ed. Brasília: MEC/SEESP, 2006. (Série: Educação Inclusiva; 1).

BRASIL. *Censo escolar*. Brasília: MEC/INEP, 2006.

BRASIL. *Indagações sobre currículo: educandos e educadores: seus direitos e o currículo*. Brasília: MEC/SEB, 2007.

BRASIL. *Decreto nº 6.571, de 17 de setembro de 2008*. Dispõe sobre o atendimento educacional especializado. Brasil, Presidência da República, 2008.

BRASIL. *Política nacional de educação especial na perspectiva da educação inclusiva*. Brasília: MEC/SEESP, 2008a. Disponível em: <http://portal.mec.gov.br>. Acesso em: 12 jun. 2011.

CANGUILHEM, Georges. *O normal e o patológico*. Tradução brasileira. Rio de Janeiro: Forense Universitária, 2006.

CASTRO, Edgardo Manuel. *Vocabulário de Foucault: um percurso pelos seus temas, conceitos e autores*. Belo Horizonte: Autêntica, 2009.

CASTRO, Edgardo Manuel. *Lecturas Foucaulteanas: una historia conceptual de la biopolítica*. 1. ed. La Plata: UNIPE, 2011.

DEAN, Mitchell. *Governmentality: Power and Rule in Modern Society*. Tradução de Ricardo Uebel. London: Sage, 1999. p. 9-27.

FOUCAULT, Michel. *Os anormais: curso no Collège de France (1974-1975)*. São Paulo: Martins Fontes, 2002.

FOUCAULT, Michel. O cuidado com a verdade. In: *Ditos e escritos V. Ética, sexualidade, política*. Rio de Janeiro: Forense Universitária, 2004.

FOUCAULT, Michel. *Em defesa da sociedade: curso no Collège de France (1975-1976)*. São Paulo: Martins Fontes, 2005.

FOUCAULT, Michel. *O poder psiquiátrico: curso no Collège de France (1973-1974).* São Paulo: Martins Fontes, 2006.

FOUCAULT, Michel. Do governo dos vivos. In: VERVE. *Revista Semestral do Nu-Sol.* São Paulo: PUC-SP, 2007.

FOUCAULT, Michel. *Nacimiento de la biopolítica: curso en El Collège de France (1978 -1979).* Buenos Aires: Fondo de Cultura Económica, 2007a.

FOUCAULT, Michel. *Segurança, território e população.* São Paulo: Martins Fontes, 2008.

FOUCAULT, Michel. Sobre a história da sexualidade. In: FOUCAULT, Michel. *Microfísica do poder.* Rio de Janeiro: Graal, 2008a. p. 243-276.

FOUCAULT, Michel. Inclusão como prática política de governamentalidade. In: LOPES, Maura Corcini; HATTGE, Morgana Domênica. (Org.). *Inclusão escolar: conjunto de práticas que governam.* Belo Horizonte: Autêntica, 2009.

FOUCAULT, Michel. *Do governo dos vivos: curso no Collège de France, 1979-1980: excertos.* Tradução, transcrição e notas de Nildo Avelino. São Paulo: Centro de Cultura Social; Rio de Janeiro: Achiamé, 2010.

FOUCAULT, Michel. *O governo de si e dos outros: curso no Collège de France (1982-1983).* Tradução de Eduardo Brandão. São Paulo: Martins Fontes, 2010.

FOUCAULT, Michel. *Inclusão: Revista de Educacão,* Brasília, v. 5, n. 1, jan./jul. 2010.

GADELHA, Sylvio. *Biopolítica, governamentalidade e educação: introdução e conexões a partir de Michel Foucault.* Belo Horizonte: Autêntica, 2009.

INCLUSÃO. *Revista da Educação Especial,* Brasília: SEESP, ano I, n. 01, out. 2005.

INSTITUTO BRASILEIRO DOS DIREITOS DA PESSOA COM DEFICIÊNCIA (IBDD). *Inclusão social da pessoa com deficiência: medidas que fazem a diferença.* Rio de Janeiro: IBDD, 2008. p. 312.

LOPES, Maura Corcini. Inclusão escolar, currículo, diferença e identidade. In: LOPES, Maura Corcini; DAL'IGNA, Maria Claudia (Org.). *In/Exclusão: nas tramas da escola.* Canoas: Editora da Ulbra, 2007. p. 12-33.

MENEZES, Eliana C. P. *A maquinaria escolar na produção de subjetividades para uma sociedade inclusiva.* São Leopoldo: Unisinos, 2011. 189f. Tese (Doutorado em Educação) – Programa de Pós-Graduação em Educação, Universidade do Vale do Rio dos Sinos, São Leopoldo, 2011.

MINISTÉRIO DA EDUCAÇÃO. *Site oficial do MEC.* Desenvolvido pelo Ministério da Educação. Apresenta o portal da Secretaria de Educação Especial (SEESP). Disponível em: <http://portal.mec.gov.br/seesp>. Acesso em: 07 jun. 2011.

OKSALA, Johanna. *Como ler Foucault.* Tradução de Maria Luiza X. de A. Borges. Rio de Janeiro: Zahar, 2011.

POPKEWITZ, Tom; LINDBLAD, Sverker. Estatísticas educacionais como um sistema de razão: relações entre governo da educação e inclusão e exclusão sociais. *Educ. Soc.* [on-line]. v. 22, n. 75, p. 111-148, 2001.

POPKEWITZ, Thomas S. História do currículo, regulação social e poder. In: SILVA, Tomaz Tadeu. (Org.). *O sujeito da educação: estudos foucaultianos*. 6. ed. Petrópolis: Vozes, 2008. p. 173-210.

POPKEWITZ, Thomas S.; OLSSON, Ulf; PETERSSON, Kenneth. Sociedade da aprendizagem, cosmopolitismo, saúde pública e prevenção à criminalidade. In: *Revista Educação & Realidade*. Governamentalidade e educação, Porto Alegre: UFRGS/FACED, v. 34, n. 2, p. 73-96, mai./ago. 2009.

RECH, Tatiana Luiza. *A emergência da inclusão escolar no governo FHC: movimentos que a tornaram uma "verdade" que permanece*. São Leopoldo: Unisinos, 2010. 182f. Dissertação (Mestrado em Educação) – Programa de Pós-Graduação em Educação, Universidade do Vale do Rio dos Sinos, São Leopoldo, 2010.

RECH, Tatiana Luiza. *A inclusão educacional no governo Lula: movimentos de circulação e sedução no currículo escolar.* Trabalho apresentado no 4° Seminário Brasileiro de Estudos Culturais e Educação/ 1° Seminário Internacional de Estudos Culturais e Educação. Canoas: ULBRA, 2011.

REVEL, Judith. *Michel Foucault: conceitos essenciais*. São Carlos: Claraluz, 2005.

REVISTA VOCÊ S/A. São Paulo: Abril. Edição 124, out. 2008.

SARAIVA, Karla; VEIGA-NETO, Alfredo. Modernidade líquida, capitalismo cognitivo e educação contemporânea. *Educação & Realidade*, Porto Alegre, v. 34, n. 2, p. 187-201, mai./ago. 2009.

TRAVERSINI, C. S; BELLO, S. E. L. O numerável, o mensurável e o auditável: estatística como tecnologia para governar. In: *Revista Educação & Realidade*. Governamentalidade e educação, Porto Alegre: UFRGS/FACED, v. 34, n. 2, p. 135-152, mai./ago. 2009.

VARELA, Julia; ALVAREZ-URIA, Fernando. A maquinaria escolar. In: *Teoria e educação*, 6, 1992. p. 69-97.

VARELA, Julia. Categorias espaço-temporais e socialização escolar: Do individualismo ao narcisismo. In: COSTA, M. V. (Org.). *Escola básica na virada do século: cultura, política e currículo*. São Paulo: Cortez, 2002. p. 73-106.

VEIGA-NETO, Alfredo. *Foucault & a educação*. 2. ed. Belo Horizonte: Autêntica, 2007.

VEIGA-NETO, Alfredo, LOPES, Maura Corcini. Inclusão e governamentalidade. *Revista Educação e Sociedade*, Campinas, v. 28, n. 100 – Especial, p. 947-963, out. 2007. Disponível em: <http://www.scielo.br/pdf/es/v28n100/a1528100.pdf>. Acesso em: 28 jun. 2011.

Da institucionalização do anormal à inclusão escolar

Helena Venites Sardagna

O presente texto discute a inclusão escolar num duplo movimento: como uma política de regulamentação da vida e, ao mesmo tempo, como uma prática de regulação da população – composta não apenas pelos sujeitos ditos incluídos, mas por todos os alunos, seus professores, suas famílias, as instituições, os órgãos governamentais, enfim, a sociedade. Entendo que esses movimentos são estratégias biopolíticas direcionadas ao corpo-espécie da população que funcionam como tecnologias de dominação. As políticas educacionais são analisadas como ações voltadas para a população que se utilizam de racionalidades, estratégias e técnicas como instrumentos para dirigir condutas. A noção de governamentalidade é aqui utilizada nos termos biopolíticos, não restrita às práticas de governo no domínio político, mas como uma forma de agir sobre as possibilidades de ação dos outros. É pensada no sentido foucaultiano, como

> [...] o conjunto constituído pelas instituições, os procedimentos, análises e reflexões, os cálculos e as táticas que permitem exercer essa forma bem específica, embora muito complexa, de poder que tem por alvo principal a população, por principal forma de saber a economia política e por instrumento técnico essencial os dispositivos de segurança (Foucault, 2008, p. 143).

Analiso documentos de órgãos governamentais editados a partir da década de 1950 até a atualidade, bem como alguns documentos legais que tratam do tema, desde a primeira Lei de Diretrizes e Bases da Educação Nacional, 4024/1961, até o decreto 6.094/2008, que dispõe sobre a implementação do *Plano de Metas Compromisso Todos pela Educação*. Em âmbito estadual, tem-se a *Revista do Ensino*[26], editada pela Secretaria de

[26] A *Revista do Ensino* teve edições de 1951 até 1989 e foi um importante instrumento utilizado para formação pedagógica devido à sua circulação nacional, com uma tiragem bastante significativa, especialmente na década de 1950.

Educação do Estado do Rio Grande do Sul, que demonstrava a ação do Estado, apontando modelos pedagógicos e novidades para o magistério em um tom de reconstrução da educação, com cunho pacífico e democrático. Trago também alguns excertos de Relatórios Anuais das atividades da Secretaria Municipal de Educação de um município[27] gaúcho da região do Vale do Rio dos Sinos, que evidenciam a ação do Estado, focalizada nas práticas de regulamentação e de regulação da população escolar.

Com base nos documentos, é possível constatar que o período que compreende a segunda metade do século XX e os primeiros anos do século XXI se caracterizou por discursos que foram, aos poucos, intensificando o apelo à democratização da educação e ao combate à exclusão, de modo que as práticas são direcionadas ao coletivo, isto é, à população.

A inclusão escolar marca este texto não como o oposto da exclusão, na medida em que é preciso atentar para a utilização perversa das fronteiras inclusão/exclusão por parte da normalidade como uma forma de administrar a alteridade deficiente (Skliar, 1999). Ao ser incluído, o sujeito também é classificado segundo um conjunto de saberes relacionado com o desenvolvimento cognitivo. Técnicas como a média, o olhar do especialista, os testes, enfim, vão instituir o lugar do aluno normal ou anormal, que deve ser incluído. Elas vão primeiro posicionar o aluno como excluído e, com a operação da norma que estabelece uma média, o posicionam como incluído. Ao estabelecerem as diferenças e exaltarem a homogeneidade, estabelece-se a média.

Segundo Veiga-Neto (2001), as dificuldades com as classes inclusivas não ocorrem tanto porque seus "níveis cognitivos" são diferentes, mas porque a lógica de dividir os estudantes em classes – por níveis cognitivos, por aptidões, por idades, etc. – "foi um arranjo inventado para justamente colocar em ação a norma, através de um crescente e persistente movimento de, separando o normal do anormal, marcar a distinção entre normalidade e anormalidade" (Veiga-Neto, 2001, p. 111).

A política atual de educação inclusiva afirma que "os sistemas de ensino universalizam o acesso, mas continuam excluindo indivíduos e grupos considerados fora dos padrões homogeneizadores da escola" (Brasil, 2009). Nesse sentido, em um exame superficial, parece haver um deslocamento nos apelos que até então visavam a promover uma educação para acesso de todos, para agora convocar todos em favor da educação. O "Todos pela Educação" é um "movimento de diversos setores da sociedade que tem por objetivo o direito à educação de qualidade para

[27] Trata-se de um município com mais de 250 mil habitantes, com uma rede de ensino de 76 escolas e aproximadamente 27 mil alunos.

todos" (Brasil, 2007). No entanto, o que ocorre não é propriamente um deslocamento, mas o aperfeiçoamento das estratégias em favor das medidas de prevenção para a população, pois a responsabilidade de promover a "educação para todos" não é mais apenas atribuição dos órgãos governamentais, mas de todos os setores da sociedade. Esse movimento está em sintonia com as formas de vida contemporâneas, quando "Estado e mercado estão cada vez mais articulados e dependentes um do outro, na tarefa de educar a população para que ela viva em condições de sustentabilidade, de empresariamento, de autocontrole, etc." (Lopes, 2009, p. 155).

As políticas de inclusão escolar passam a ganhar visibilidade global a partir da década de 1990, sendo marcos desse movimento a Declaração Mundial de Educação para Todos (1990) e a Declaração de Salamanca (1994). Tais declarações foram tomadas como referências para documentos oficiais no Brasil, como a Lei de Diretrizes e Bases da Educação Nacional – LDBEN (Brasil, 1996) e o Plano Nacional de Educação – PNE (Brasil, 2001). Desse modo, a LDBEN e o PNE podem ser vistos como documentos legais que introduziram os imperativos da inclusão escolar em nosso país.

No histórico da *Política Nacional de Educação Especial na Perspectiva da Educação Inclusiva*, consta que, antes da Constituição Federal de 1988, "não se efetiva uma política pública de acesso universal à educação, permanecendo a concepção de 'políticas especiais' para tratar da temática da educação de alunos com deficiência [...]" (Brasil, 2009, p. 7). No entanto, os acontecimentos da década de 1990 em favor da inclusão escolar não significaram uma ruptura nas práticas, uma vez que as condições para a emergência desses acontecimentos vêm sendo estabelecidas há muito.

A vinculação histórica dessas práticas está na emergência de uma racionalidade científica inscrita no campo da educação obrigatória para os sujeitos com deficiência, que ocorre mais especificamente na virada do século XIX para o XX, no contexto das pedagogias corretivas. Segundo Varela (1996), essas pedagogias surgem em princípios do século XX sob os discursos da Escola Nova para correção da infância anormal. Com a imposição da escola obrigatória como dispositivo de integração das classes trabalhadoras, há "um programa de regeneração e de profilaxia social baseado nos postulados do positivismo evolucionista" (Varela, 1996, p. 88).

Nesse período, na Europa, são localizados vários movimentos a favor da infância anormal (Muel, 1991). A partir de 1890, surgem múltiplos congressos, associações e intervenções oficiais de médicos em torno do ensino primário, o que caracterizou a instituição do campo médico-pedagógico. As pedagogias corretivas buscam solucionar a questão social, no sentido de neutralizar a luta de classes por meio de uma política de harmonização dos problemas gerados pelo sistema econômico. No contexto dessa política de harmonização, são criadas instituições de correção, as quais já vinham se desenvolvendo desde os séculos XVI e XVII, com pretensões teológicas. Porém, com a revolução industrial, tais instituições mobilizam tecnologias disciplinares para a produtividade. Junto a essas instituições de correção, estão a escola e a família. As infâncias escolares são constituídas com a escola obrigatória. A escola e a família, por sua vez, são instâncias produtoras de normalidade, substituindo instituições como a prisão e o manicômio no controle social (Alvarez-Uría, 1996).

O estudo de Lunardi (2003) também mostra que é no final do século XIX e início do século XX que se organizam as condições de possibilidade para atenção à educação dos sujeitos considerados com deficiência. O movimento em favor da infância anormal nasce oficialmente em 1904 na França, com a instauração da instrução pública, cujo objetivo era "assegurar a instrução primária, não só aos cegos e surdos-mudos, senão também a todas as crianças anormais e retardadas" (Muel, 1991, p. 123).

O exercício de análise da rede discursiva que constitui as práticas educacionais presentes nos documentos possibilita mostrar diferentes ênfases nas práticas voltadas à população durante a segunda metade do século XX e início do século XXI. São evidenciadas pelo menos três ênfases nas práticas educacionais de educação especial e educação inclusiva. Tais práticas foram organizadas em três conjuntos, apresentados em seções. Essas divisões têm o objetivo de melhor mostrar as ênfases discursivas, pois não há uma linha divisória entre esses acontecimentos – eles vão se recombinando e se atualizando. Os conjuntos são: *A institucionalização do anormal*, nas décadas de 1950 e 1960*; A distribuição dos corpos na escola*, nas décadas de 1970 e 1980; e *A inclusão e o controle dos sujeitos na escola comum*, nos anos 1990 e 2000.

A organização sob a forma de conjuntos não mostra uma homogeneização das práticas discursivas, mas uma maneira de organização que aqui foi privilegiada. Trata-se de práticas que vão interpelando os sistemas de ensino, as instituições, em cada um desses períodos, em um enfoque social, de modo que cada sujeito se responsabilize pela educação para todos. No artigo 7° do decreto que institui o *Compromisso Todos pela Educação*, consta o chamamento de colaboradores de entes públicos e privados, em caráter voluntário, "tais como organizações sindicais e da sociedade civil, fundações, entidades de classe empresariais, igrejas e entidades confessionais, famílias, pessoas físicas e jurídicas que se mobilizem para a melhoria da qualidade da educação básica" (Brasil, 2007, p. 3). As políticas educacionais, ao longo dos anos, vão ganhando diferentes contornos, que serviram de condição de possibilidade para que hoje se instale a lógica de responsabilização de todos pela educação.

A seguir, apresento a discussão de cada conjunto, tentando mostrar continuidades e descontinuidades evidenciadas durante o período em análise.

A institucionalização do anormal

As políticas educacionais voltadas à institucionalização do anormal, mais fortemente nas décadas de 1950 e 1960, são discursos engendrados pela ideia de correção e por uma terapêutica do corpo do anormal. Nesse período, é possível identificar os primeiros movimentos de práticas de correção do anormal no campo da educação, a exemplo da implantação do primeiro curso promovido pela Secretaria de Educação do Rio Grande do Sul para professores e outros profissionais, focalizando "processos corretivos de deficiência"[28], com o objetivo de recuperar "crianças retardadas".

A institucionalização funciona também como uma prática preventiva. Em 1968, iniciaram-se as atividades pré-escolares e foram criados "jardins de infância" para alunos de seis anos, visando à "boa preparação para a criança ingressar e evoluir com êxito no decorrer do 1° ano"[29].

No estado do Rio Grande do Sul, em 1954, é criado o Serviço de Orientação e Educação Especial (SOEE), através da Lei nº 2346, focalizando a profilaxia dos desajustamentos, os princípios de higiene mental, a orientação sobre aspectos evolutivos da criança, entre outros. A diretora do SOEE, no ano de 1963, destaca a importância desse serviço, dando a entender que o único caminho para "aquelas crianças" é o espaço terapêutico.

[...] Aqui no Rio Grande do Sul, temos dentro do Serviço de Orientação e Educação Especial, um grupo de elementos que num real trabalho de equipe, trabalho conjunto e estreitamente entrelaçado, consegue fazer com que floresçam esperanças para aquelas crianças que são portadoras de deficiências emocionais, físicas ou mentais. (RE, v. 13, n. 96, set. 1963, p. 9-10)

Quadro 1- Serviço de Orientação e Educação Especial (SOEE)

Para atingir todos e cada um, há necessidade de práticas que funcionam como estratégias de condução das condutas, tanto dos indivíduos

[28] RE, v. 9, n. 31, jun. 1955, p. 28.

[29] Relatório de 1968.

"portadores de deficiências" quanto das instituições. A legislação também evidencia essas práticas.

Em âmbito nacional, a Lei de Diretrizes e Bases da Educação Nacional, Lei nº. 4.024/61 (Brasil, 1961), aponta o direito dos "excepcionais" à educação, "preferencialmente dentro do sistema geral de ensino". O princípio de educação para todos serve de justificativa para a implementação das políticas voltadas ao excepcional, a exemplo da Declaração dos Direitos da Criança, proclamada pelas Nações Unidas em 1959. A política prevê que "o Estado deve prover escolas e classes para todas as crianças, a despeito de raça, credo, situação econômica, condições físicas, sociais ou intelectuais"[30].

Discursos psicológicos, combinados com os discursos médicos e da assistência social, são operados no suporte ao trabalho pedagógico. O Departamento de Psicologia do Centro de Pesquisas e Orientação Educacionais (CPOE) da Secretaria de Educação e Cultura do Rio Grande do Sul teve grande preocupação com "o problema da criança desajustada, da criança que não aprende, da criança problemática"[31], o que levou o setor a auxiliar professores, com um corpo de especialistas. "Psicólogos, médicos, assistentes sociais e técnicos em educação constituem a equipe que faz estudo, diagnóstico e tratamento de crianças e adolescentes com problemas"[32]. É uma prática que avalia, compara e classifica, posicionando o indivíduo em relação à norma como o "aluno excepcional", o "aluno deficiente", a "criança retardada", a "criança subdotada"[33]. O lugar por excelência para essas práticas é a instituição educacional, isto é, a escola, "uma das instituições que vêm produzindo a necessidade de conhecer, diagnosticar, identificar e corrigir, se for determinado por um conjunto de especialistas, as diferenças tidas como indesejadas [...]" (Lopes, 2007, p. 12).

Na lógica do Estado, primeiramente, vê-se desenhar uma política pública para a Educação Especial, enfatizando a institucionalização e a correção. Os saberes especializados, engendrados pela equipe multidisciplinar, funcionam como instrumentos para institucionalizar o indivíduo anormal em relação tanto ao indivíduo quanto ao coletivo.

Os discursos, ao mesmo tempo em que conduzem as práticas à lógica de educação para todos, vão posicionando o sujeito que narram, e as práticas nesse período produzem a posição do "anormal a corrigir", que reúne outras categorias, como o sujeito excepcional e deficiente, a criança retardada e subdotada.

[30] RE, v. 13, n. 100, fev. 1965.

[31] RE, v. 13, n. 96, p. 8, set. 1963.

[32] RE, v. 13, n. 96, p. 10, set. 1963.

[33] RE, v. 13, n. 96, p. 8, set. 1963.

A distribuição dos corpos na escola

Inicialmente, é importante ressaltar que as práticas de institucionalização do anormal também se articulam com as práticas de distribuição dos corpos dos indivíduos nas instituições. De certa forma, embora não utilizando o termo "inclusão", essas práticas vão criando as condições para a proliferação da inclusão escolar, que ocorre com maior força a partir de 1990. Nas décadas de 1970 e 1980, as práticas de distribuição dos corpos ficam mais evidentes nos enunciados, especialmente com a multiplicação dos espaços chamados "classes especiais" e "escolas especiais" para os alunos narrados pelos discursos da Educação Especial. Trata-se de uma maneira de dispor os corpos daqueles que precisam ser normalizados e vigiados de modo mais eficaz. É uma forma de "distribuir os vivos em um domínio de valor e utilidade. Um poder dessa natureza tem de qualificar, medir, avaliar, hierarquizar [...]; opera distribuições em torno da norma" (Foucault, 2003, p. 135).

A própria Lei de Diretrizes e Bases nº 5.692/71 (Brasil, 1971), que altera a LDBEN de 1961, evidencia a necessidade de dispor melhor os sujeitos ao definir "tratamento especial" para os alunos com "deficiências físicas, mentais, os que se encontrem em atraso considerável quanto à idade regular de matrícula e os superdotados". Assim, reforça-se o encaminhamento dos alunos para as classes e escolas especiais.

Nesse conjunto de práticas, a média e a vigilância são recorrentes, dando suporte às técnicas que operam nos discursos. A média classifica, hierarquiza e posiciona o sujeito e está relacionada à norma, ou seja, é um dispositivo da norma. É por meio da média, extraída do saber estatístico, que as normalidades são estabelecidas.

Com o surgimento da população no pensamento político, no sentido instituído a partir do século XVIII, um conjunto de processos, como a proporção dos nascimentos, dos óbitos, das taxas de fecundidade, juntamente com problemas econômicos e políticos, constitui o momento em que "se lança mão da medição estatística desses fenômenos com as primeiras demografias" (Foucault, 1999, p. 290). Nesse sentido, a média escolar assume caráter de valoração no jogo das comparações entre normal e anormal. É uma técnica que pode ser relacionada às práticas fundamentadas na psicologia experimental, que se fortaleceu a partir no início do século XX, com os teóricos da Escola Nova. As práticas de normalização estão sempre referenciadas em uma média, a partir da qual os sujeitos são posicionados em lugares específicos, como nas "classes de aprendizagem lenta" e nas "classes especiais". Nesse processo, a norma é uma medida padrão que se constitui em uma média e opera na própria classificação, inclusão e exclusão dos indivíduos, que, quando comparados e aproximados, são posicionados. A média, portanto, é capaz de excluir, incluir e controlar.

Nas últimas décadas do século XIX, ganhou corpo uma forma de saber associado à profilaxia social por políticos, médicos, higienistas, professores e outros, configurando-se uma crítica aos métodos autoritários da escola dita "tradicional". No Brasil, Anísio Teixeira e Lourenço Filho, baseados principalmente em Claparède, Montessori, Decroly, Binet e Dewey, criaram "uma linguagem nova para individualizar as crianças na escola, categorizando, classificando e calibrando as suas capacidades, aptidões e formas de conduta" (Ó, 2006, p. 290).

Campos de saberes da psicologia e da medicina articulam mecanismos de regulamentação dessa população, assim como práticas de correção. Há exemplos de documentos oficiais, como o Plano Estadual de Educação 1978/1981, em que consta: "Programa de medicina escolar", com cerca de 600 mil atendimentos em 1980; "Programa de reeducação da linguagem", com 106 reeducadoras da língua em 77 clínicas; "Programa de psicologia escolar", com 21 centros de assistência ao educando (CAE), 15 núcleos de assistência psicológica (NAP), 11 centros de assistência ao educando e sete núcleos de assistência ao educando[34]. O Conselho Estadual de Educação (CEED) fixa as normas para classes especiais.

Nesse movimento, são criadas as "Classes de Aprendizagem Lenta (CAL)", constando "aspectos médicos, psicológicos e pedagógicos que influem na aprendizagem de alunos da CAL"[35]. O objetivo foi "atender aos alunos com dificuldades na aprendizagem, o que tem sido apontado como uma das causas do grande número de repetências da primeira série".

Com referência em uma média, "procurou-se detectar os comportamentos esperados do 'aluno padrão' das escolas municipais, a fim de que se pudesse buscar, no ensino, a meta desejada". A média também marca a partilha entre "apto" e "não apto", ou seja, entre o normal e o anormal, em um "quadro demonstrativo do aproveitamento em classe de prontidão para leitura e escrita"[36].

Na *Revista do Ensino*, os alunos com deficiência mental também são classificados, em relação à média escolar, como *treináveis* e *educáveis*[37]. Já no contexto municipal, os alunos com deficiências mentais atendidos

[34] RE, v. 23, n. 167-170, p. 26-27, 1978.

[35] Relatório de 1975.

[36] Relatório de 1980.

[37] RE, v. 23, n. 167-170, p. 32, 1978.

pela Educação Especial são classificados em três categorias: *educáveis*, *treináveis* e *dependentes*[38].

No Relatório de 1984, consta a "avaliação do alunado das primeiras séries e da pré-escola, através da aplicação do Teste Metropolitano de Prontidão – forma R"[39]. A prática de testes e as classificações de cunho comportamental e cognitivista fazem parte de um investimento político sobre os indivíduos visando à sua inserção no coletivo, de modo que o saber extraído dos próprios sistemas comparativos entre eles os torna objetos de descrição e análise para ocuparem posições inventadas nessas mesmas operações. Essas práticas vão constituindo discursos que criam posições. "Os testes materializaram a fronteira do anormal-normal como correspondendo essencialmente a uma diferença de grau" (Ó, 2006, p. 202).

A forma de dispor os corpos em classes ou escolas especiais vai forjando uma arquitetura de vigilância dos alunos posicionados por esses discursos. Para Foucault (2002, p. 126-127), "a primeira das grandes operações da disciplina é então a constituição de 'quadros vivos' que transformam as multidões confusas, inúteis ou perigosas em multiplicadores organizados".

Foucault (1999) chamou de sociedade de normalização a sociedade "em que se cruzam, conforme uma articulação ortogonal, a norma da disciplina e a norma da regulamentação". É no jogo duplo das tecnologias de disciplina e das tecnologias de regulamentação que se produz a norma. A norma é "uma maneira de produzir a medida comum, a regra de um juízo comum a partir do que se dá a possibilidade de um direito nas sociedades modernas" (Ewald, 1993, p. 111). Nas disciplinas, a norma emerge de um modelo, de uma medida padrão para disciplinar o corpo, nos termos do poder disciplinar. É uma norma prescrita pelo agenciamento dos saberes das Ciências Humanas e das disciplinas clínicas.

Nessa operação, exerce-se o controle não só individual e do grupo, mas desse grupo em relação aos outros e desses grupos em relação à população. Ocorre uma vigilância sofisticada, uma ampliação do campo de visibilidades que age não só sobre o corpo que se quer docilizar, mas sobre o grupo que se quer regulamentar.

Vê-se que essa nova "arquitetura" do espaço não ocorre somente no campo de ação dos alunos, mas também no campo dos órgãos oficiais.

[38] Relatório de 1983.

[39] Relatório de 1983, p. 72. Este teste é para "crianças que iniciam a vida escolar, fim do curso pré-primário ou no começo do primeiro ano. O teste visa medir as características e aquisições que contribuem para o grau de prontidão na tarefa que deverão enfrentar, tais como: aptidões e conhecimentos verbais, percepção visual e auditiva, coordenação muscular e habilidades motoras, conhecimentos de números e a capacidade de seguir instruções mantendo a atenção em trabalhos de grupo" (POPPOVIK, 2007, p. 2).

Essas modificações possibilitam melhor gerir a população. Um exemplo é a criação da Fundação Rio-Grandense de Atendimento ao Excepcional (FAERS)[40] em 1973, que tinha como meta a "promoção, coordenação e execução de programas e serviços de atendimento ao excepcional no Rio Grande do Sul" (Rio Grande do Sul, 1973). Nesse mesmo ano, foi criado o Centro Nacional de Educação Especial (CENESP), ligado ao Ministério da Educação, pelo Decreto Federal n° 72.425. Em 1988, é revogada a Lei de 1973, mas é criada a Fundação de Atendimento ao Deficiente e ao Superdotado no Rio Grande do Sul (FADERS), "destinada a dar atendimento no campo da educação, do trabalho, da saúde, da reabilitação, da previdência e da assistência social, às pessoas com deficiência e superdotadas" (Rio Grande do Sul, 1988)[41].

Nesse processo de disposição, o aluno foi sendo nomeado de diferentes formas, mas chama atenção o modo como principalmente a equipe interdisciplinar da Secretaria Municipal define o aluno e, assim, o posiciona na rede discursiva, conforme exemplos extraídos dos relatórios dessa equipe em diferentes anos:

> *[...] Nesse momento, nossa* criança com problema *deverá ser avaliada; triagem de muita responsabilidade, pois "quantas vezes um mau diagnóstico condena o indivíduo a certas condições, muitas vezes irremovíveis.* (Relatório de 1983)
> *[...] prestar assessoramento aos professores na observação avaliativa inicial do* educando-problema. (Relatório de 1984)
> *[...] assessoramento aos professores no manejo aos* alunos-problema, *bem como resultado às avaliações realizadas sempre que necessário.* (Relatório de 1985) *[...] prestar assessoramento ao professor de classe na observação do* aluno-problema. (Relatório de 1986)
> *[...] observar o "*aluno-problema*", orientando o professor e/ou encaminhando o mesmo para estudo de caso à equipe do CADOE. (grifos meus).* (Relatório, 1987)

Quadro 2 - Relatório Equipe Multidisciplinar

40 "Órgão de administração indireta, supervisionado pela Secretaria de Educação e Cultura, a Fundação Rio-Grandense de Atendimento ao Excepcional destina-se à promoção, coordenação e/ou execução de programas e serviços de atendimento ao excepcional no Rio Grande do Sul. 160 entidades que prestam atendimento a excepcionais no Estado estão cadastradas na FAERS" (RE, v. 23, n. 167-170, p. 29, 1978).

41 Essa Legislação vigorou até 2001, quando foi sancionada a Lei 11.666, de 6 de setembro de 2001, havendo novamente mudança na denominação, agora para Fundação de Articulação e Desenvolvimento de Políticas Públicas para Pessoas Portadoras de Deficiência e de Altas Habilidades, vinculada à Secretaria de Educação (RIO GRANDE DO SUL, 2001).

As práticas fazem mais do que dispor os corpos; elas inventam o aluno, criam uma posição para ele, conduzem sua conduta e passam a vigiá-lo através de mecanismos de correção e de regulação. O sujeito posicionado na Educação Especial foi sendo narrado e categorizado como "apto" ou "não apto", "com dificuldades de aprendizagem", "com problema", "educável", "treinável", "dependente" e "portador de deficiência". No entanto, suponho que a posição mais evidente nesse período seja a do "aluno-problema", um forte candidato à classe especial. De certa forma, essa posição abrange também os demais mencionados, já que todos se configuravam um "problema" na relação com o grupo social. Os problemas englobam também questões de comportamento e de aprendizagem aliadas à deficiência. Esse termo foi cunhado nos marcos da Escola Nova, momento em que "passou a utilizar-se o conceito de *criança problema* ou *criança difícil* para designar todo aquele escolar que apresentava problemas de encaixe social ou de aprendizagem" (Ó, 2006, p. 300; grifos do autor).

Diante da analítica, é possível afirmar que as práticas de institucionalização do anormal e as práticas de distribuição dos corpos foram criando as condições para que, na década de 1990, as práticas de in/exclusão se estabelecessem sob a forma de uma política da Educação Especial na perspectiva da inclusão escolar.

A inclusão e o controle dos sujeitos na escola comum

A análise das práticas nas décadas de 1990 e 2000 possibilita visualizar certa descontinuidade em relação às práticas anteriores. No entanto, mantém-se o mesmo princípio da normalização, porque há muito já se instituía um movimento na direção da inclusão escolar. Porém, nas últimas décadas, esses discursos proliferam, independentemente da esfera governamental ou da instituição.

A Conferência Mundial de Educação para Todos de 1990 passou a funcionar como baliza para políticas educacionais. Ela é citada nas principais legislações do país, como a Lei de Diretrizes e Bases (Brasil, 1996) e o Plano Nacional de Educação (Brasil, 2001).

A inclusão vai-se inscrevendo numa operação de ordenamento nos moldes disciplinar da escola moderna, que visa ao processo homogeneizante do espaço. Na articulação científica e política sobre a população, os saberes ocupam-se "das relações entre essas cabeças, suas aproximações, suas diferenças, suas regularidades" (Veiga-Neto, 2001, p. 114). Essa relação permite a união entre os gestores do Estado com os especialistas, no sentido de agir sobre a população.

As políticas de inclusão articulam-se com a regulamentação da vida dos sujeitos aí implicados, na medida em que vão tentar controlar e, se necessário, modificar a probabilidade, a série de acontecimentos da massa viva que é a população. As políticas vão agir sobre o que não é desejado nessa massa viva, como "deficiência mental, lesões neurológicas e outros"[42].

O que era antes um objetivo, ou seja, criar lugares específicos para o anormal em instituições diversas, agora passa a ser evitado. A ordem do discurso é trazer todos para "perto", e as classes especiais passam a ser, de certa forma, marginalizadas, sendo admitidas "quando transitória ou extraordinariamente, o aluno não puder ter acesso ao trabalho desenvolvido na classe comum" (Rio Grande Do Sul, 2002).

A "classe especial" é "um recurso educacional alternativo e temporário à classe comum, atendendo às necessidades educativas especiais dos educandos"[43]. Há a possibilidade de nova organização do espaço da sala de aula, que recebe "alunos incluídos", havendo uma nova conformação desse espaço.

Chegando aos limiares do século XXI, fica evidente o esforço para concretizar a inclusão daqueles que ainda permanecem na classe especial, a qual passa a ser criticada.

Atualmente uma parte desta mesma clientela é atendida através dos serviços denominados como classes de Educação Especial que, apesar do esforço das pessoas envolvidas neste propósito, configuram-se como subsistema dentro do próprio sistema educacional, onde muitas vezes apenas o professor da classe e somente ele encontra-se comprometido com estes educandos (Relatório de 2002).

Quadro 3 - Parâmetros para Educação Especial

O verbo "incluir" supõe colocar algo onde ele não está. Lopes (2006, p. 1835) assinala que "os alunos que resistem à padronização dos tempos e das respostas à aprendizagem escolar são vistos como uma ameaça aos projetos de inclusão". A autora diz que, nessa situação, são acionados mecanismos de dominação e docilização com os serviços de apoio, aparecendo novas necessidades na operação das práticas.

No exercício permanente de controle dos sujeitos e de regulação dos fenômenos da população, novas normalidades apresentam-se, mais

[42] Relatório de 2002.

[43] Relatório de 2002.

alinhadas com um tempo em que "urge a necessidade de uma nova concepção"[44]. Os objetivos de um projeto, sob o título "Redimensionando as classes de Educação Especial", evidenciam algumas formas de ativar o controle no sentido de rearranjar os sujeitos da Educação Especial em outras posições mais desejadas e supostamente melhores para o educando. Essa necessidade de mudança está em sintonia com novas formas de governamentalização presentes nas últimas décadas, nos moldes de cada um por si e, ao mesmo tempo, por todos, em alinhamento com transformações econômicas e sociais. São recorrentes, em projetos educacionais e em legislações atuais, enunciados que implicam o "direito à cidadania", o "respeito às diferenças", a "inclusão social" e a "diversidade cultural", entre outros (Brasil, 2007a).

O atual *Compromisso todos pela educação* incrementa a lógica da educação para todos, ao mesmo tempo em que encarrega todos os setores pela educação. No artigo 2º, prevê a garantia ao "acesso e permanência das pessoas com necessidades educacionais especiais nas classes comuns do ensino regular, fortalecendo a inclusão educacional nas escolas públicas" (Brasil, 2007, p. 2), e convoca a sociedade para "firmar parcerias externas à comunidade escolar, visando à melhoria da infraestrutura da escola ou a promoção de projetos socioculturais e ações educativas" (Brasil, 2007, p. 3). O compromisso que agora é de todos é um preceito próximo da lógica atual que permeia as relações entre Estado e população, na medida em que este recua de muitas das atividades que até bem pouco eram de sua incumbência. Nesse sentido, o Estado transforma-se numa grande empresa e "[...] deve se ocupar só com algumas atividades 'essenciais', como a educação e a saúde; e, assim mesmo, encarregando-se de, no máximo, regulá-las ou provê-las" (Veiga-Neto, 2000, p. 198). Em outro artigo (Sardagna, 2007), analisei as políticas educacionais a partir de documentos elaborados por organismos internacionais cujos discursos também confirmam a maximização do controle sobre todos, ao mesmo tempo em que ocorre a minimização das responsabilidades do Estado.

O terceiro conjunto de práticas, "a inclusão e o controle dos sujeitos na escola comum", abrange uma multiplicidade de sujeitos – com deficiência física, mental e sensorial, com síndrome, com dificuldade de aprendizagem, entre outros –, todos narrados como tendo "necessidades educacionais especiais", posicionados na escola como "alunos incluídos". Essa posição apaga as demais fronteiras e está permanentemente sob o olhar dos serviços de apoio.

[44] Relatório de 2002.

Evidencia-se a operação de uma biopolítica que coloca em funcionamento mecanismos necessários, tanto para a normalização das crianças e jovens posicionados como incluídos quanto para a regulamentação da população e regulação das condutas dos sujeitos de forma permanente.

Algumas considerações finais

Nas primeiras décadas investigadas, são criados os serviços especializados, seja em clínica, seja em centros de reabilitação; na década de 1970, intensificam-se as classes e escolas especiais; na década de 1990, criam-se corpo práticas de inclusão escolar, as quais vão se fortalecer na década de 2000. A criação das salas de recursos e de outros mecanismos mostra a necessidade de se ampliarem os serviços de apoio, visando ao aspecto social dos indivíduos atendidos. Não se trata, portanto, de uma substituição de uns espaços por outros, mas muito mais o resultado de um reposicionamento dos sujeitos, exigindo novos procedimentos de controle, mediante as novas formas de governamentalidade que se apresentam em tempos de inclusão escolar. É evidenciada a necessidade da "formação continuada em educação inclusiva"[45] para professores e equipes diretivas.

Junto com as mudanças de ênfases nessas práticas, os especialistas envolvidos veem-se diante de um imperativo que se traduz tanto no controle dos alunos quanto no controle de sua própria conduta frente às novas demandas. Esse conjunto de práticas vai articulando práticas de regulação da população, que não é apenas composta pelos alunos incluídos ou pela comunidade escolar, mas por toda a sociedade. Documentos oficiais responsabilizam a sociedade, a exemplo das metas do Ministério da Educação, *Todos pela educação*, convocando a sociedade para a "união de esforços, em que cada cidadão ou instituição é corresponsável e se mobiliza, em sua área de atuação, para que todas as crianças e jovens tenham acesso a uma educação básica de qualidade" (Brasil, 2009).

Diante da analítica, é possível mostrar que as políticas de inclusão escolar se inscrevem em uma nova lógica social. Nela, a educação é compromisso de todos. Evolvendo a todos, passa a ser uma política de regulamentação da vida da população que, na articulação das práticas, acaba por regular os fenômenos da população.

[45] Relatório de 2007.

Referências

BRASIL. Ministério da Educação. *Lei de Diretrizes e Bases da Educação Nacional*, LDB 4.024, de 20 de dezembro de 1961.

BRASIL. Ministério da Educação. *Lei de Diretrizes e Bases da Educação Nacional*, LDB 5.692, de 11 de agosto de 1971.

BRASIL. MEC. *Lei de Diretrizes e Bases da Educação Nacional*, LDBEN 9394/96. Brasília, 1996.

BRASIL. MEC. Lei nº 10.172: *Plano Nacional de Educação*, 2001.

BRASIL. Ministério da Educação. Decreto 6.094/2007. *Plano Metas Compromisso Todos pela Educação*. Disponível em: <www.todospelaeducacao.org.br>. Acesso em: 10 out 2013.

BRASIL. Conselho Nacional de Educação. Câmara de Educação Básica. Parecer n. 6, de 1º de fevereiro de 2007. Brasília: CNE/CEB, 2007a.

BRASIL. Ministério da Educação. *Política Nacional de Educação Especial na perspectiva da Educação Inclusiva*. Disponível em: <www.mec.gov.br>. Acesso em: 13 set. 2009.

FOUCAULT, Michel. *Em defesa da sociedade: curso no Collège de France (1975-1976)*. São Paulo: Martins Fontes, 1999.

FOUCAULT, Michel. *Vigiar e punir: nascimento da prisão*. 26. ed. Petrópolis: Vozes, 2002.

FOUCAULT, Michel. *Os anormais*. São Paulo, 2002a.

FOUCAULT, Michel. *História da sexualidade 1 – a vontade de saber*. 15. ed. Rio de Janeiro: Graal, 2003.

LOPES, Maura Corcini. In/Exclusão, diferença e igualdade: a aprendizagem definindo posições no currículo escolar. In: *Actas do VII Colóquio sobre Questões Curriculares (III Colóquio Luso-Brasileiro) Globalização e (des)igualdades: os desafios curriculares*. Braga: Portugal, 2006.

LOPES, Maura Corcini. Inclusão escolar: currículo, diferença e identidade. In: LOPES, Maura Corcini; DAL'IGNA, Maria Cláudia. (Orgs.). *In/Exclusão nas tramas da escola*. Canoas: Ed. Ulbra, 2007. p. 11-33.

LOPES, Maura Corcini. Políticas de inclusão e governamentalidade. *Educação & Realidade*, Porto Alegre, v. 34, n. 21, p. 153-169, mai./ago. 2009.

LUNARDI, Márcia Lise. *A produção da anormalidade surda nos discursos da Educação Especial*. Porto Alegre: UFRGS, 2003 (Tese de Doutorado).

MUEL, Francine. La escuela obligatoria y la invención de la infancia anormal. In: VARELA, Julia; ALVAREZ-URÍA, Fernando (Orgs.). *Espacios de poder*. Buenos Aires: La Piqueta, 1991. p. 123-142.

Ó, Jorge do. A criança transformada em aluno: a emergência da psicopedagogia moderna e os cenários de subjetivação dos escolares a partir do último quartel do século XIX. In: SOMER, Luís H.; BUJES, Maria I. E.. *Educação e cultura contemporânea: articulações, provocações e transgressões em novas paisagens*. Canoas: Ed. Ulbra, 2006. p. 281-304.

POPPOVIK, Ana M. *Teste metropolitano de prontidão* (manual, caderno de aplicação e crivo de correção). Disponível em: <http://www.magopsi.com.br/infantil.htm>. Acesso em: 18 ago. 2007.

RIO GRANDE DO SUL. Lei nº. 6.616, de 23 de outubro de 1973. Autoriza a instituição da Fundação Rio-Grandense de Atendimento ao Excepcional, 1973.

RIO GRANDE DO SUL. Lei nº. 8.535, de 20 de janeiro de 1988. Cria a Fundação de Atendimento ao Deficiente e ao Superdotado no Rio Grande do Sul - FADERS, revoga a Lei nº 6.616, de 23 de outubro de 1973 e dá outras providências, 1988.

RIO GRANDE DO SUL. Lei nº. 11.666, de 6 de setembro de 2001. Introduz modificações na Lei nº. 8.535, de 21 de janeiro de 1988, e alterações, que cria a Fundação de Atendimento ao Deficiente e ao Superdotado no Rio Grande do Sul – FADERS e dá outras providências, 2001.

RIO GRANDE DO SUL. Resolução/CEED/RS nº 267/2002. Fixa os parâmetros para a oferta da Educação Especial no Sistema Estadual de Ensino, 2002.

SARDAGNA, Helena Venites. Políticas de educação para todos: um imperativo nos sistemas de ensino. In: LOPES, Maura Corcini; DAL'IGNA, Maria Cláudia. (Orgs.). *In/Exclusão nas tramas da escola*. Canoas: Ed. Ulbra, 2007. p. 173-188.

SKLIAR, Carlos B. A invenção e a exclusão da alteridade "deficiente" a partir dos significados da normalidade. In: *Educação e Realidade*, Porto Alegre, v. 24, n. 2, p. 15-32, jul./dez. 1999.

VARELA, Julia. Categorias espaço-temporais e socialização escolar: do individualismo ao narcisismo. In: COSTA, Marisa V. (Org.). *Escola Básica na virada do século*. São Paulo: Cortez, 1996.

VEIGA-NETO, Alfredo. Educação e governamentalidade neoliberal: novos dispositivos, novas subjetividades. In: CASTELO BRANCO, Guilherme; PORTOCARRERO, Vera (Orgs.). *Retratos de Foucault*. Rio de Janeiro: Nau, 2000. p. 179-217.

VEIGA-NETO, Alfredo. Incluir para excluir. In: LARROSA, Jorge; SKLIAR, Carlos (Orgs.). *Habitantes de Babel: políticas e poéticas da diferença*. Belo Horizonte: Autêntica, 2001. p. 105-118.

A inclusão e o sujeito empresário de si[46]

Iolanda Montano dos Santos
Viviane Klaus

Para começar

> *[...] as análises de Foucault, acerca das relações de poder que entram em jogo na atualidade, representam, antes, a preparação de um espaço em que a problemática da constituição do sujeito pode colocar-se em toda sua complexidade. As análises das relações de forças são meio e não fim.*
> FONSECA, 2003, p. 142

> *As ideias que eu gostaria de discutir aqui não representam nem uma teoria nem uma metodologia. Eu gostaria de dizer, antes de mais nada, qual foi o objetivo do meu trabalho nos últimos vinte anos. Não foi analisar o fenômeno do poder nem elaborar os fundamentos de tal análise. Meu objetivo, ao contrário, foi criar uma história dos diferentes modos pelos quais, em nossa cultura, os seres humanos tornam-se sujeitos.*
> FOUCAULT, 1995, p. 231

Optamos por iniciar este capítulo com excertos que nos remetem a duas demarcações importantes na obra de Michel Foucault: a primeira é que a questão do sujeito é um tema pertinente na obra do filósofo, na medida em que é tratada segundo os termos da problemática da sua constituição, ou seja, na medida em que o sujeito não é um dado, não é algo transcendental, mas se constitui no interior de práticas históricas – o único *a priori* nos estudos foucaultianos é o *a priori* histórico; a segunda demarcação é o âmbito do presente, de forma que a constituição do sujeito se dá no presente e fabrica para o presente um tipo específico de indivíduo (FONSECA, 2003). No caso deste artigo, nosso destaque é para um tipo de indivíduo

[46] Este artigo constituiu-se a partir de um recorte de um dos capítulos das pesquisas realizadas no Programa de Pós-graduação em Educação da Universidade Federal do Rio Grande do Sul (KLAUS, 2011; SANTOS, 2010).

que, mesmo estando incluído socialmente, deve ser um empreendedor de seu próprio desenvolvimento, de sua própria educação. Tal ideia também nos leva a pensar sobre os sentidos que têm sido dados à inclusão como algo hegemônico, universal e não problemático, principalmente quando se trata da inclusão de todos na escola ou na sociedade.

A inclusão é um imperativo da sociedade contemporânea. Ela é uma estratégia que está implicada diretamente na nova ordem social neoliberal e sua decorrente fragmentação social. Nessa nova ordem, criam-se as condições de possibilidade para o gerenciamento dos sujeitos, tornando-os autônomos e empresários de si mesmos (Santos, 2010), bem como para a reconfiguração do papel do Estado.

No contexto atual, é importante criar o interesse de todos em permanecer no jogo econômico, mantendo-os em redes sociais e de mercado e, assim, incluídos. Permanecer incluído seria uma das condições de participação, o que torna as pessoas alvos fáceis das ações do Estado. Dessa forma, parece que o neoliberalismo acaba sustentando os processos de ensino e de aprendizagem como algo que deve ser permanente na sociedade atual – "um sujeito aprendente por toda a vida".

Nessa perspectiva, a inclusão é entendida como "[...] uma forma de romper com práticas e relações sociais discriminatórias, ao longo de um processo de mudanças cotidianas de atitudes de uns em relação aos outros" (Santos, 1998, p. 448). É dentro dessa mesma perspectiva que a igualdade de valores e direitos se reafirma, enfatizando-se também que a possibilidade de aprender deve atingir a todos indiscriminadamente.

Isso implica que o sistema educacional terá de reconhecer a diversidade como uma fonte de riqueza para o convívio social e para a aprendizagem dos sujeitos (Stoer; Cortesão, 2004) – em outras palavras, reconhecer a inclusão como uma importante estratégia, tanto para o convívio social quanto para a aprendizagem de todos. Por isso, investe-se cada vez mais no cidadão, independentemente de suas deficiências. O cidadão é transformado em produtor-consumidor. O que importa é que se torne um consumidor de produtos, de ideias, de informação.

Importa dizer que as políticas de inclusão neoliberais exigem maior mobilidade dos sujeitos para mantê-los sempre em atividade e incluídos, ainda que em diferentes níveis de participação. Com a mobilização e a flexibilização, aumenta-se a capacidade de aproveitar as oportunidades oferecidas pelo mercado. Tal excesso de oportunidade para consumir e/ou participar refere-se não tanto a uma "emancipação", mas a uma "redistribuição de liberdades" (Bauman, 2000, p. 106). Assim sendo, analisamos a inclusão como uma estratégia para produzir determinadas práticas que governam sujeitos cada vez mais regidos por uma lógica neoliberal.

Conforme anunciamos anteriormente, a constituição do sujeito dá-se no presente e fabrica no presente um determinado tipo de indivíduo. Desse modo, a ontologia histórica do presente possibilita: problematizar as evidências e as universalidades; colocar em questão o habitual, aquilo que se naturalizou diante de nós como se estivesse *desde sempre aí no mundo*; desconstruir historicamente aquilo que somos e estamos deixando de ser, de forma que as questões "O que estão fazendo de nós? O que estamos fazendo de nós mesmos? Como podemos fazer diferente?" são cruciais neste tipo de analítica.

Na entrevista intitulada *Compreensão e rebeldia sobre nós mesmos*, Veiga-Neto (2006, p. 5) diz que: "Assim, mais do que inspirar, o filósofo nos dá ferramentas para compreendermos o nosso presente e aquilo que somos ou aquilo que estamos nós ou estão os outros fazendo conosco e, se for o caso, nos rebelarmos contra isso". Foi justamente tendo como mote principal a história do presente – principalmente a partir da noção de como nos constituímos como *sujeitos de ação sobre os outros* (ser-poder) – que construímos este artigo. Procuramos compreender alguns elementos importantes da lógica neoliberal, entre os quais destacamos: o empresariamento da sociedade, a produção de sujeitos empreendedores (sujeitos empresários de si mesmos) e a reconfiguração do papel do Estado na atualidade. É importante ressaltar que a inclusão social de todos na atualidade é uma estratégia fundamental para o funcionamento da governamentalidade neoliberal. A mobilidade de uma população e a capacidade que ela tem de fazer opções de mobilidade, que são consideradas opções de investimento para obter uma melhoria na renda e também na sua vida, permitem analisar os comportamentos contemporâneos em termos de empreendimento individual, de empreendimento de si mesmo com investimento e renda (Foucault, 2008a). O mercado não é mais um princípio de autolimitação do governo, mas será uma espécie de tribunal econômico permanente em face do governo. Segundo Foucault (2008a, p. 339), "[...] no liberalismo clássico, pedia-se ao governo que respeitasse a forma do mercado e se 'deixasse fazer'. Aqui, transforma-se o *laissez-faire* em não deixar o governo fazer, em nome de uma lei do mercado que permitirá aferir e avaliar cada uma das suas atividades". No interior desse "novo" jogo neoliberal de constituição e dissolução da sociedade civil, os sujeitos de interesse precisam buscar de maneira isolada um sentido às suas vidas.

Para contextualizarmos alguns dos elementos que constituem aquilo que dizemos ser o tempo presente, principalmente este sujeito empresário de si e a fragmentação do social, dividimos o artigo em duas seções.

Na primeira seção, *Sociedade moderna e o poder sobre a vida*, discorremos de forma breve sobre os três modelos de exercício de poder que são centrais na obra de Michel Foucault: o *poder de soberania*, o *poder disciplinar* e o *biopoder*. Esta discussão é fundamental, pois possibilita uma maior compreensão da constituição do "sujeito moderno", da noção de população e do contrato social que coloca em funcionamento a sociedade moderna através de um jogo permanente entre *liberdade* e *segurança*. Ao longo da seção, problematizamos a constituição daquilo que dizemos ser a sociedade moderna. Importa dizer que, num primeiro momento da Modernidade, foi plausível imaginar a sociedade em função de uma rede de deveres e obrigações em que os sujeitos eram apanhados à medida que cresciam e conquistavam seus direitos de adultos (Bauman, 2000). Já na atualidade, o que está em jogo é o "hiperinvestimento do privado" (Lipovetsky, 1983, p. 41), ou seja, um processo de "individualização exacerbada". Como falar em igualdade (segurança) em um cenário de maximização da liberdade individual?

Na segunda seção, *Contemporaneidade, neoliberalismo e o sujeito empresário de si*, constatamos que a transformação do Estado numa grande empresa é algo muito mais econômico, eficiente, produtivo e lucrativo. Discutimos que a forma contemporânea de viver requer um sujeito aprendente por toda a vida que pode recriar continuamente o seu eu ao se tornar um agente de resolução de problemas; um sujeito que seja responsável pelo progresso social e pela realização pessoal de sua própria vida, ou seja, um sujeito empresário de si, um sujeito "gestor". É nessa esteira que este artigo se articula com o tema da inclusão, que tem provocado muitas discussões e interesse por parte de educadores e diferentes *experts*.

Sociedade moderna e o poder sobre a vida

> *Diante da justiça do soberano, todas as vozes devem-se calar.*
>
> Foucault, 2002, p. 3

> *[...] (a população diz respeito, então, à "espécie humana", noção nova na época que se deve distinguir de "gênero humano") e, por outro, pode dar vazão a intervenções articuladas (por intermédio das leis, mas também das mudanças de atitude, de maneiras de fazer e de viver que podem ser obtidas pelas "campanhas").*
>
> Foucault, 1997, p. 84-85

Em suas análises históricas, Foucault apresenta-nos três modelos de exercício de poder: o de *soberania*, o *disciplinar* e o *biopoder*. Tais poderes não se excluem – eles se complementam. Tanto que as tecnologias disciplinares são construídas no âmbito da soberania como uma forma de sujeitar o corpo do indivíduo, tornando-o dócil e manipulável.

Resumidamente, pode-se dizer que, na teoria clássica da soberania, o direito de vida e de morte era um de seus elementos fundamentais. Em tal lógica, o fato de o soberano ter direito de vida e de morte sobre seus súditos significa que ele pode fazê-los morrer ou deixá-los viver. Aqui, vida e morte não são fenômenos naturais, nem "se localizariam fora do campo do poder político" (Foucault, 2005, p. 286). Em relação à vida e à morte, o súdito é neutro, e é por causa do soberano que o súdito tem o direito de estar vivo ou morto. Assim, o "efeito do poder soberano sobre a vida só se exerce a partir do momento em que o soberano pode matar" (Foucault, 2005, p. 286). Portanto, o direito de soberania é o *de fazer morrer ou deixar viver.* "Diante da verticalidade do poder 'soberano', a violência era utilizada como uma prática exemplar a fim de manter sob controle determinada população considerada indesejável. Tal poder referia-se ao direito de 'dispor' da vida dos súditos; podia-se retirar-lhes a vida, uma vez que ela lhes tinha sido dada".

Nos séculos XV e XVI, ocorrerá uma busca por novas maneiras de "governar", ou seja, de conduzir a própria conduta e de conduzir a conduta dos outros (Foucault, 1997). A questão central será "como se governar, como ser governado, como governar os outros, por quem devemos aceitar ser governados, como fazer para ser o melhor governador possível" (Foucault, 2008b, p. 118). Veiga-Neto (2003) diz que, em seus estudos, Foucault analisa de que forma o significado amplo de *governo* e *governamento* foi sendo apropriado pelo Estado e ficando restrito às suas instituições, de modo que "o que há de importante para a nossa modernidade, isto é, para a nossa atualidade, não é, portanto, a estatização da sociedade, mas o que eu chamaria de 'governamentalização' do Estado" (Foucault, 2008b, p. 144-145).

Mesmo partindo do pressuposto de que o Estado tem uma natureza e racionalidade próprias, as artes de governar não conseguem entrar em funcionamento de modo efetivo antes do século XVIII, de forma que, nos séculos XVII e XVIII, o foco de governo foi a urbanização do território com o objetivo de tornar o reino uma grande cidade. A polícia será fundamental nesse contexto, pois atuará no nível da regulamentação, da ordenação – ela se ocupará dos detalhes (Foucault, 2008b). Nesse cenário, a polícia engloba a justiça, as finanças, o exército e, assim, homens e coisas são considerados em suas relações. Porém, "o homem", ou seja, "a vida", é o seu verdadeiro objeto, cabendo à polícia permitir que os homens sobrevivam, vivam e façam melhor ainda (Foucault, 2006).

Essa forma de governamento teve como pressuposto principal a arquitetura disciplinar do espaço (a regulação das circulações, a regulação das condutas...). Pode-se dizer que as disciplinas emergem nesse cenário. Segundo Foucault (2008b), a disciplina analisa e decompõe os indivíduos e os lugares; classifica os elementos em função de determinados objetivos; estabelece sequências ou coordenações; fixa os procedimentos de adestramento progressivo e controle permanente; distingue quais serão qualificados como inaptos e incapazes e os demais.

O conjunto de procedimentos que caracteriza o poder disciplinar, tais como adestramento, ampliação das aptidões e forças, crescimento da utilidade e docilidade, etc., configura uma anátomo-política do corpo humano. Porém, o que parece caracterizar o poder disciplinar é o fato de ele dividir o corpo em partes e treiná-lo com o objetivo de fazer as partes e o todo funcionarem de maneira mais eficiente. Isso acontece de uma forma sutil e contínua, em uma rede de micropoderes, incluindo o uso do espaço e do tempo.

No final do século XVIII, instala-se um novo direito, que é o direito *de fazer viver e de deixar morrer.* No plano do contrato social, quando os indivíduos se reúnem para constituir um soberano, eles o fazem por necessidade, buscando uma maior ordem e segurança social, ou seja, o fazem para proteger a vida, que é o motivo fundamental do contrato. Isso "mostra que o problema da vida começa a problematizar-se no campo do pensamento político" (Foucault, 2005, p. 288).

Esta nova tecnologia de poder – biopoder – não exclui a técnica disciplinar, mas a integra, a embute; ela se instala e se dirige à multiplicidade dos homens, na medida em que forma uma massa global afetada por processos que são próprios da vida – o nascimento, a morte, a produção, a doença, etc. (Foucault, 2005). Portanto, a ênfase não está mais na anátomo-política do corpo humano, mas na biopolítica da espécie humana.

Temos, assim, um novo elemento em cena: a *população* – um novo corpo político que, a um só tempo, é instituído pelo biopoder e objeto sobre o qual este se exerce (Foucault, 2005). "A biopolítica lida com a população, e a população como problema político, como problema a um só tempo científico e político, como problema biológico e como problema de poder [...]" (Foucault, 2005, p. 292-293).

Em *Ditos e escritos*, volume III, Foucault apresenta a noção de biopolítica, defendendo a seguinte hipótese:

> [...] com o capitalismo, não passamos de uma medicina coletiva para uma medicina particular, senão que foi justamente o contrário que aconteceu; o capitalismo que se desenvolveu no final

> do século XVIII e no início do século XIX antes de mais nada socializou um primeiro objeto, o corpo, em função da força produtiva, da força de trabalho. O controle da sociedade sobre os indivíduos não se faz somente pela consciência ou pela ideologia, mas no corpo e pelo corpo. Para a sociedade capitalista, é o biopolítico que importava antes de mais nada, a biologia, o somático, o corporal. O corpo é uma realidade biopolítica; a medicina é uma estratégia biopolítica. [...] É certo que o corpo humano foi reconhecido política e socialmente como uma força de trabalho. No entanto, parece característico da própria medicina ocidental que, no início, o poder médico não tenha se preocupado com o corpo humano enquanto força de trabalho. A medicina não se interessava pelo corpo do proletariado, pelo corpo humano, como instrumento de trabalho. Isso não foi o caso antes da segunda metade do século XIX, quando apareceu o problema do corpo, da saúde e do nível da força produtiva dos indivíduos (Foucault, 2001, p. 210).

A dimensão focada no corpo-espécie que caracteriza o biopoder – nascimentos e mortalidade, saúde, longevidade – é um processo também de intervenção e controle regulador que configura uma biopolítica da população. Portanto, a biopolítica é uma estratégia ao mesmo tempo de proteção e de maximização dessa força: a vida dos indivíduos, a partir daí, começará a valer muito porque será essencialmente força de trabalho. A vida vale porque é útil; mas ela só é útil porque é, ao mesmo tempo, sã e dócil, ou seja, medicalizada e disciplinarizada.

A população será "o objeto que o governo deverá levar em conta nas suas observações, em seu saber, para chegar efetivamente a governar de maneira racional e refletida" (Foucault, 2008b, p. 140). De certa forma, a economia política constituiu-se "a partir do momento em que, entre os diferentes elementos da riqueza, apareceu um novo sujeito, que era a população" (Foucault, 2008b, p. 140). Assim, será nessa rede múltipla e contínua de relações entre a população, o território e a riqueza que se constituirá a ciência chamada "economia política", bem como um tipo de intervenção característico do governo, que será a intervenção no campo da economia e da população.

Nessa visão, os indivíduos tornar-se-ão instrumentos aos fins do Estado. A justiça, o bem-estar e a saúde são importantes para os indivíduos porque estes aumentam a força do Estado. Assim, para governar, será necessário um conhecimento político sobre os indivíduos: suas inclinações, habilidades e capacidades.

Foucault (2008b) denomina essa economia geral de poder que entra em funcionamento no final do século XVIII de dispositivos de segurança.

Ele diz que, enquanto a disciplina isola, determina um segmento, concentra, centra, encerra, os dispositivos de segurança deixam fazer (dentro de certo nível), ampliam, são centrífugos. Enquanto a disciplina se exerce sobre o corpo dos indivíduos, a segurança se exerce sobre o conjunto da população. A liberdade será fundamental nesse novo cenário. Ela significa a possibilidade de movimento, de circulação das pessoas e coisas; ela será uma das dimensões da implantação dos mecanismos de segurança.

Importa dizer que a doutrina liberal precisa de liberdade para poder agir: liberdade de expressão, liberdade de discussão, liberdade de mercado, etc. A elaboração e a intervenção do poder público estão diretamente relacionadas com o princípio da utilidade, que indica em que o governo pode mexer e em que o governo não deve mexer. O governo estará preocupado continuamente com o jogo entre interesses coletivos e interesses individuais, entre liberdade e segurança, ou seja, ao mesmo tempo em que a liberdade é produzida – pois o liberalismo é definido no livre jogo dos interesses individuais –, é preciso estabelecer-lhe limites e controles.

É importante enfatizar que os estudos e análises políticas que Foucault desenvolveu mostraram que o liberalismo, constitutivo da Modernidade, corresponde à máxima governamentalização do Estado, assim como está diretamente implicado com o problema de conciliar a liberdade de mercado com o exercício ilimitado da soberania. Percebe-se a especificidade do liberalismo por sua máxima economia interna. Com a lógica do liberalismo, pode-se entender "a sociedade como um todo que deve ser harmônico pela combinação complementar de seus indivíduos, cada um funcionando como um átomo indivisível, centrado e estável, que é, em si mesmo e ao mesmo tempo, réu e juiz, ovelha e pastor" (Veiga-Neto, 2000, p. 187). Dessa maneira, o liberalismo ocupa-se do "governo da sociedade" – uma sociedade formada por um sujeito cidadão, com direitos e deveres.

Como na perspectiva foucaultiana governar é estruturar o eventual campo de ação dos outros, o governamento implica um elemento importante, que é a "liberdade" (no seu sentido moderno), pois "o poder só se exerce sobre 'sujeitos livres', enquanto 'livres'" (Foucault, 1995, p. 244). Porém, a busca do equilíbrio entre liberdade e segurança, que é um dos grandes objetivos da Modernidade, talvez seja uma incongruência lógica e uma impossibilidade prática (Bauman, 2008). O próprio Rousseau acreditava que a realização *plena* do seu projeto educativo – educação do homem (natureza) e educação do cidadão (da sociedade) – era uma impossibilidade, pois haveria uma tensão permanente entre esses dois modelos educativos. Abdicar da educação do homem significaria entregar Emílio à barbárie e abdicar da educação do cidadão significaria confiná-lo

(Streck, 2004). Em Rousseau, o cidadão será esse indivíduo autônomo, capaz de enfrentar os desafios do mundo do qual faz parte. O soberano representará a vontade geral, mas a repressão será necessária quando as vontades particulares não estiverem em sintonia com a vontade geral (Streck, 2004).

Além de abordar a importância da vontade geral como princípio da igualdade, a noção de liberdade individual é central na teorização de Rousseau, que dizia: "O homem nasceu livre, e por toda parte geme agrilhardo" (Rousseau, 2005, p. 23). Muitos pensadores dizem que Rousseau não abordou o "amor próprio" ou o "individualismo" tal qual os concebemos nos dias atuais, mas o "amor de si[47]", que ligaria o indivíduo ao "bem comum" – noção de fraternidade –, o que fica claro na seguinte passagem: "Cada um de nós põe em comum sua pessoa e todo o seu poder sob a suprema direção da vontade geral e recebemos enquanto corpo cada membro como parte indivisível do todo" (Rousseau, 2005, p. 32, grifos do autor).

Pode-se dizer que a individualização hoje significa algo muito diferente do que significou nos tempos "da louvada 'emancipação' dos humanos da rede fortemente costurada de dependência, vigilância e imposição comunais" (Bauman, 2008, p. 63). Até porque, em um primeiro momento da Modernidade, foi plausível imaginar a sociedade em função de uma rede de deveres e obrigações na qual os sujeitos eram apanhados à medida que cresciam e conquistavam seus direitos de adultos (Bauman, 2000). No interior desse novo jogo neoliberal de constituição e dissolução da sociedade civil, os sujeitos de interesse precisam buscar de maneira isolada um sentido às suas vidas.

A inclusão, não mais entendida como reclusão, mas como uma estratégia que permite a circulação e a mobilidade dos indivíduos, será fundamental dentro dessa nova lógica. Trata-se de entender que, no contexto atual, "certas normas são instituídas não só com a finalidade de posicionar os sujeitos dentro de uma rede de saberes" (Lopes, 2009, p. 155), mas de criar o interesse de todos permanecerem no jogo econômico, ou seja, todos devem manter-se em redes sociais e de mercado, todos devem permanecer incluídos pelo maior tempo possível. Essa parece

[47] "Em *A condição humana*, Hannah Arendt reconhece em Rousseau o primeiro teórico da interioridade, que aparece como uma forma de resistência à introdução do social na esfera privada, a rebelião do coração contra a existência social. Rousseau é também o inventor do amor romântico, que, por ser extramundano, é antipolítico, 'talvez a mais poderosa das forças humanas antipolíticas'. Arendt critica o eu da interioridade, do amor romântico, a idéia de procurar a verdade sobre si no profundo de si mesmo, nas emoções, na sexualidade, no amor" (ORTEGA, 2008, s/p).

ser a racionalidade de um Estado neoliberal que, além de nos manter capturados, nos articula de forma produtiva com o mercado.

Contemporaneidade, neoliberalismo e o sujeito empresário de si

A repulsa à rotina burocrática e a busca da flexibilidade produziram novas estruturas de poder e controle, em vez de criarem as condições que nos libertam.
(SENNETT, 2004, p. 54)

A epígrafe acima descreve, de certa maneira, o tempo em que estamos vivendo. Sennett (2004) diz que a rotina burocrática era típica das hierarquias piramidais, como as que governavam a era fordista. Importa dizer que as atuais redes elásticas são mais abertas à reinvenção e mais flexíveis. Isso não quer dizer que exista menos estrutura institucional, ou seja: "A estrutura permanece nas forças que impelem as unidades ou indivíduos a realizar; o que fica em aberto é como fazer isso, e o topo da organização flexível raras vezes oferece as respostas. Está mais em posição de fazer a contabilidade de suas próprias exigências do que de indicar um sistema pelo qual elas podem ser cumpridas" (SENNETT, 2004, p. 65).

Harisson (*apud* SENNETT, 2004) chama essa rede de relações de poder de "concentração sem centralização", ou seja, o controle pode ser estabelecido instituindo-se metas de produção ou lucro que cada unidade tem liberdade de cumprir da maneira que julgar mais adequada.

Se analisarmos o processo de autonomização das instituições através de uma gestão que deve promover a "participação" de todos os envolvidos na comunidade, veremos o quanto a *descentralização* – ou a *concentração sem centralização* – na tomada de decisões é incentivada e produzida através dos mais variados discursos. O "sucesso" passa a ser de "responsabilidade de todos". Porém, os resultados das escolhas são medidos através de inúmeros instrumentos de avaliação. Os responsáveis pelo Sistema de Ensino fazem a contabilidade de suas exigências, verificando e medindo os índices alcançados por cada instituição educacional. Os índices indicam se os caminhos escolhidos de forma "autônoma" pelas instituições foram adequados ou não. É claro que a escolha de novos caminhos, quando necessário, cabe a cada uma das instituições, que, provavelmente, querem melhorar os seus índices no próximo processo avaliativo.

Na esteira disso é que o Programa Jovem Futuro, do Instituto Unibanco, oferece às escolas do ensino médio uma oportunidade para melhorar o desempenho de seus alunos – *Para garantir nota máxima às escolas*. Vejamos o que diz o anúncio do jornal *Zero Hora* a respeito de tal programa brasileiro:

> Se for preciso comprar um tênis para um estudante porque isso vai significar um melhor desempenho dele na escola, compra-se. Esse é o princípio do Programa Jovem Futuro, do Instituto Unibanco, que dá apoio financeiro a escolas de ensino médio em todo o país. Além do recurso repassado mensalmente, a instituição dá lições de gestão a diretorias para que o dinheiro seja aplicado onde é mais necessário e para que os investimentos deem resultado. Seja uma sala de informática, um curso de aperfeiçoamento, um prêmio por desempenho ao professor. Ou um tênis. [...] Um mundo globalizado não consegue gerar bons postos de trabalho para quem não tem ensino médio. Os resultados parciais do programa mostram uma melhora significativa no rendimento dos alunos participantes. Em um ano, as escolas aumentaram o número de estudantes com proficiência em português e matemática (Zero Hora, 2010, p. 2).

Quadro 1 - Programa Jovem Futuro

Acredita-se que uma sociedade, para ser considerada sustentável, deverá criar estratégias para melhorar a mão de obra disponível em seu país. A inclusão educacional de todos é fundamental nesse sentido, pois o baixo nível educacional ainda é um dos principais obstáculos para o crescimento e o desenvolvimento brasileiro.

Em um registro em que o tema da in/exclusão social tem estado no centro dos debates políticos educacionais, a política de Estado para inclusão tem levado os governos e as instituições a construir políticas sociais ditas mais inclusivas. Em nome de uma *educação para todos*, tem-se dado especial destaque, por exemplo, ao respeito e à tolerância para com a diversidade. Valendo-se de tais ideias, as políticas de inclusão têm ressaltado que incluir as pessoas em diferentes espaços sociais, pensando em suas necessidades e realidades, seria uma forma de desenvolver sua potencialidade e compensar sua deficiência e incapacidade. Todos os sujeitos podem desenvolver suas habilidades e competências, podem tornar-se sujeitos empresários de si mesmos, autônomos, capazes de se autogerenciar.

Pode-se dizer, portanto, que no mundo contemporâneo a "autonomia" dos sujeitos e das instituições (acompanhada pelas avaliações em larga escala e pela busca de eficácia nos resultados), o aumento da "liberdade de escolha", a constituição de comunidades autogovernáveis – fragmentação do todo social –, a proliferação dos discursos sobre o respeito e a tolerância para com a diversidade, as discussões sobre a equidade social e o avanço da democracia nos fazem acreditar que vivemos em uma sociedade mais "libertadora". Porém, somos cada vez mais regulados.

Nessa nova lógica neoliberal, a liberdade de mercado será um princípio organizador e regulador do Estado, ou seja, não teremos um governo econômico como sonhavam os fisiocratas, mas teremos um governo de sociedade, que consistirá numa política social ativa, intensa e intervencionista (Foucault, 2008a). Esse intervencionismo social implicará uma renovação da unidade "empresa" como um agente econômico fundamental. Foucault (2008a, p. 285) diz que:

> [...] uma verdadeira política social devia ser tal que, sem tocar em nada do jogo econômico e deixando, por conseguinte, a sociedade se desenvolver como uma sociedade empresarial, instaurar-se-ia um certo número de mecanismos de intervenção para assistir os que deles necessitam naquele momento, e somente naquele momento em que deles necessitam.

No seu artigo intitulado "Políticas de inclusão e governamentalidade", Lopes (2009) destaca duas regras do jogo neoliberal que permitem que a sociedade funcione de maneira ordenada com um mínimo de custos: a primeira regra é manter-se sempre em atividade, ou seja, o maior número de pessoas deve integrar as malhas do poder; a segunda regra é a de que todos devem ser incluídos, em diferentes níveis de participação, ou seja, não há possibilidade de qualquer um perder tudo ou ficar sem jogar. O ideal (para o jogo neoliberal) seria que todos os indivíduos assistidos por uma política social intervencionista desejassem permanecer no jogo e fizessem os movimentos necessários para que isso acontecesse.

Pode-se dizer que o que está em jogo no neoliberalismo não é mais a troca, mas a concorrência. A mobilidade de um indivíduo está diretamente relacionada com um empreendimento individual, um empreendimento de si mesmo com investimento e renda. As políticas econômicas, sociais, culturais e educacionais de todos os países desenvolvidos terão como foco a modificação do nível e da forma do investimento em capital humano. Nesse sentido, a inclusão passou a ser uma das formas encontradas para garantir que o indivíduo atinja uma condição econômica, social e cultural – educação e saúde – favorável. Fazer tal investimento tem sido considerado como uma maneira de promover mudanças sociais em curto e médio prazo (Santos, 2010).

Segundo Foucault (2008a), existem dois elementos centrais na concepção neoliberal norte-americana: o conceito de *Homo œconomicus* e o conceito de capital humano. O *Homo œconomicus* neoliberal passa a ser empresário de si mesmo, ou seja, assume uma ênfase diferente daquela do *Homo œconomicus* do liberalismo. O que caracterizava a concepção clássica do *Homo œconomicus* era a noção de sócio de intercâmbio, teoria da utilidade a partir de uma problemática das necessidades (Foucault, 2008a). O objeto das análises neoliberais será substituir em todo momento o *Homo œconomicus* sócio de intercâmbio por um *Homo œconomicus* sócio de si mesmo, que é seu próprio capital, seu próprio produtor, a fonte de seus ingressos. No neoliberalismo, o *Homo œconomicus* não é um sócio de intercâmbio. É um empresário de si mesmo.

O *Homo œconomicus* neoliberal é o homem da empresa e da produção – a empresa, a pessoa jurídica, torna-se o agente econômico fundamental. Assim, para os neoliberais, o investimento educacional deve ser entendido como algo muito mais amplo e numeroso do que um aprendizado escolar ou um aprendizado profissional. Esse investimento é o que vai formar uma "competência-máquina" e considerar todos os elementos que entram na constituição de um capital humano. Foucault destaca os seguintes elementos que constituem a formação do capital humano: o tempo que os pais dedicam aos seus filhos fora das atividades escolares; o número de horas que uma mãe de família passa ao lado do filho quando ele ainda está no berço; as horas efetivas que o pai e a mãe consagram ao seu filho. Portanto, serão o tempo dedicado, os cuidados proporcionados, o nível de cultura dos pais e o conjunto de estímulos culturais recebidos por uma criança que constituirão os elementos capazes de formar um capital humano. E será no ambiente familiar (e escolar) que a vida poderá ser calculada, quantificada e medida em termos de possibilidades de investimento em capital humano.

Nas palavras de Costa (2009, p. 175), o sociólogo Lopez-Ruiz refere-se à noção de capital humano como um conjunto de habilidades, capacidades e destrezas que:

> [...] em função do avanço do capitalismo, deve se tornar valor de troca. Para isso acontecer, esses atributos humanos precisam, de certa forma, ser abstraídos das pessoas concretas que os detêm, das pessoas concretas nas quais existem, e se articular (alinhar) em função de um fim externo a elas [...].

Para os economistas da Escola de Chicago[48]:

[48] A denominação *Escola de Chicago* surgiu na década de 1950 e faz alusão às ideias de alguns professores que, sob influência do paradigma econômico neoclássico e sob a liderança de Theodore Schultz, atuavam junto à Escola Superior de Administração, à Faculdade de Direito e ao Departamento de Economia da Universidade de Chicago. Além disso, o termo remete a um grupo de economistas que, além de servir de arauto à defesa do livre mercado, refutava e rejeitava os princípios da doutrina keynesiana (COSTA, 2009). Dessa forma, os problemas da economia do terceiro mundo e a sua não decolagem também serão repensados a partir do problema do capital humano (Foucault, 2008a).

> [...] as competências, habilidades e aptidões de um indivíduo qualquer constituem, elas mesmas, pelo menos virtualmente e relativamente independente da classe social a que ela pertence, seu capital; mais do que isso, é esse mesmo indivíduo que se vê induzido, sob essa lógica, a tomar a si mesmo como um capital, a entreter consigo (e com os outros) uma relação na qual ele se reconhece (e aos outros) como uma microempresa; e, portanto, nessa condição, a ver-se como entidade que funciona sob o imperativo permanente de fazer investimentos em si mesmo – ou que retornem a médio e/ou longo prazo, em seu benefício – e a produzir fluxos de renda, avaliando racionalmente as relações de custo/benefício que suas decisões implicam (Costa, 2009, p. 177).

Esse *Homo œconomicus* – sujeito empresário de si – que modifica o seu capital humano através de vários investimentos para aumentar as suas rendas precisa muitas vezes buscar de maneira isolada a solução para os seus problemas. Esse sujeito acaba sendo o único responsável pelos seus sucessos e pelos seus fracassos, de modo que precisa buscar soluções rápidas, ser flexível, o que pode ser percebido nos fragmentos abaixo, retirados de reportagens da internet numa busca rápida que realizamos durante a escrita deste artigo:

O sucesso só depende de você (Alem, 2010, s/p). Muitos pensam que empreendedores SÃO aquelas pessoas de terno, gravatas e de fala bonita ou gênios que fazem o impossível acontecer [...] Acredito que o espírito empreendedor está em cada pessoa. A diferença é que uns despertam mais cedo que os outros, ou seja, traçam metas e fazem de tudo para que as coisas aconteçam [...] (Monte, 2009, s/p, grifos do autor). Aprender rápido é uma competência valorizada: em um mercado que muda sem parar, a agilidade para aprender coisas novas virou uma habilidade valorizada (Tozzi, 2010, s/p).

Quadro 2- Responsabilização dos sujeitos

A palavra de ordem da atualidade passa a ser *flexibilidade* – sujeitos flexíveis, relações flexíveis, descentralização na tomada de decisões, autonomia, dentre outras formas de flexibilização do todo social.

Popkewitz, Olsson e Petersson (2006) dizem que a especialização das Ciências Humanas tinha o objetivo de constituir a liberdade e a autonomia cosmopolitas. O cosmopolitismo organizava a vida por valores que eram pensados como universais e que prometiam o progresso das ações comunitárias e individuais – campos em constante conflito. A forma contemporânea do modo de vida cosmopolita implica: um sujeito aprendente por toda a vida que pode recriar continuamente o seu eu ao se tornar um agente de resolução de problemas; um indivíduo capaz de escolher e colaborar em comunidade de aprendentes num processo de permanente inovação, ou seja, um sujeito que seja responsável pelo progresso social e pela realização pessoal de sua própria vida; um indivíduo do agenciamento e da deliberação; um modo de viver inscrito na Sociedade da Aprendizagem[49] (Popkewitz; Olsson; Petersson, 2006).

O "aprender a aprender" pode ser lido como o empresariamento de si. Santos (2006) afirma que:

> Não há mais a obrigação de formar-se de modo definitivo. Entretanto, essa "libertação" gera um endividamento permanente. Isto é, a formação torna-se um sistema de moratória forçada permanente, visto que não há mais a possibilidade de saldar a dívida mediante a conclusão da formação. Isso é assim porque antes se sabia que ao se diplomar pagava-se uma dívida social, cumpria-se uma exigência da sociedade, chegava-se ao termo da chamada profissionalização, da preparação para a vida social produtiva. Retiram-se do endividamento os parâmetros que, antes, definiam as condições em que a quitação da dívida poderia ser efetivada: a formação agora é – ou tem que ser – continuada! (Santos, 2006, p. 158).

Importa dizer que "uma ideia de sociedade da aprendizagem nos é apresentada pelo pragmatismo de Dewey. O pragmatismo representa, com efeito, um modo de viver pelo uso da razão como um processo contínuo de resolução de problemas no qual o indivíduo está ligado ao bem coletivo da sociedade (a comunidade)" (Popkewitz; Olsson; Petersson, 2006, p. 432). Só que os valores que foram pensados como universais, que também prometiam progresso, se fragmentaram. Podemos falar em vários deslocamentos: da igualdade para a equidade; da segregação para a inclusão; do tão sonhado "todo social" para comunidades autogovernáveis; da lógica da rigidez para a lógica da flexibilidade.

Dessa forma, pode-se dizer que as pedagogias centradas no empresariamento de si (aprender a aprender, investimentos no capital humano, educação continuada) são potentes estratégias que ajudam a colocar em funcionamento diferentes tecnologias de poder. Historicizar essas práticas, ou seja, perceber que elas não estão *desde sempre aí no mundo* é fundamental, pois nos permite compreender como as coisas chegaram a ser como são e que pequenos deslocamentos podemos produzir para que sejam de outro modo.

[49] Para maiores detalhes, sugerimos ver Santos (2006), Coutinho (2008) e Noguera-Ramírez (2008).

O imperativo da inclusão é uma estratégia fundamental no processo de empresariamento da sociedade, na produção de sujeitos empreendedores (sujeitos empresários de si mesmos) e na reconfiguração do papel do Estado na atualidade. Para que a governamentalidade neoliberal funcione, é preciso a inclusão social de todos, ou seja, a inclusão e o empresariamento de si são processos que se alimentam na produção de uma sociedade mais segura. A autogestão e a mobilidade são fundamentais para que a sociedade funcione com um mínimo de custos. Refletir sobre estas questões é fundamental para pensar a educação hoje.

Referências

ALEM, Angela M. F. *O sucesso só depende de você*. 2010. Disponível em: <http://www.via6.com/topico.php?tid=101066>. Acesso em: 13 mai. 2010.

BAUMAN, Zygmunt. *Em busca da política*. Rio de Janeiro: Jorge Zahar, 2000.

BAUMAN, Zygmunt. *A sociedade individualizada: vidas contadas e histórias vividas*. Rio de Janeiro: Jorge Zahar, 2008.

COSTA, Sylvio de Sousa Gadelha. Governamentalidade neoliberal, teoria do capital humano e empreendedorismo. *Revista Educação & Realidade*, Porto Alegre, v. 34, n. 2, p. 171-186, mai./ago. 2009.

COUTINHO, Karyne Dias. *A emergência da psicopedagogia no Brasil*. 2008. Tese (Doutorado em Educação) – Programa de Pós-Graduação em Educação, Faculdade de Educação, Universidade Federal do Rio Grande do Sul, Porto Alegre: UFRGS, 2008.

FONSECA, Márcio Alves da. *Michel Foucault e a constituição do sujeito*. São Paulo: EDUC, 2003.

FOUCAULT, Michel. O Sujeito e o poder. In: RABINOW, P.; DREYFUS, H. *Michel Foucault, uma trajetória filosófica: para além do estruturalismo e da hermenêutica*. Rio de Janeiro: Forense Universitária, 1995. p. 231-249.

FOUCAULT, Michel. *Resumo dos cursos do Collège de France (1970-1982)*. Rio de Janeiro: Jorge Zahar, 1997.

FOUCAULT, Michel. *Estética: literatura e pintura, música e cinema. Ditos e escritos III*. Rio de Janeiro: Forense Universitária, 2001.

FOUCAULT, Michel. *Vigiar e punir: nascimento da prisão*. Petrópolis: Vozes, 2002.

FOUCAULT, Michel. *Em defesa da sociedade*. Tradução de Maria Ermantina Galvão. Curso no Collège de France: 1975-1976. São Paulo: Martins Fontes, 2005.

FOUCAULT, Michel. "Omnes et singulatim": uma crítica da Razão Política. In: FOUCAULT, Michel. *Estratégia, poder-saber. Ditos e escritos IV*. Rio de Janeiro: Forense Universitária, 2006. p. 355-385.

FOUCAULT, Michel. *Nascimento da biopolítica*. Tradução de Eduardo Brandão. Curso no Collège de France: 1978-1979. São Paulo: Martins Fontes, 2008a.

FOUCAULT, Michel. *Segurança, território, população*. Tradução de Eduardo Brandão. Curso no Collège de France: 1977-1978. São Paulo: Martins Fontes, 2008b.

KLAUS, Viviane. *Desenvolvimento e governamentalidade (neo)liberal: da administração à gestão educacional*. Porto Alegre, UFRGS, 2011. Tese (Doutorado em Educação) – Programa de Pós-Graduação em Educação. Faculdade de Educação, Universidade Federal do Rio Grande do Sul, 2011.

LIPOVETSKY, Gilles. *A era do vazio*. Lisboa: Antropos, 1983.

LOPES, Maura Corcini. Políticas de inclusão e governamentalidade. *Revista Educação & Realidade*, Porto Alegre, v. 34, n. 2, p. 153-169, mai./ago. 2009.

MONTE, Washington Sales do. *Cultivando o espírito empreendedor*. 2009. Disponível em: <http://www.artigonal.com/carreira-artigos/cultivando-o-espirito-empreendedor-1077554.html>. Acesso em: 13 mai. 2010.

NOGUERA-RAMÍREZ, Carlos Ernesto. *A invenção do "Homo educabilis"*. Da sociedade disciplinar para a sociedade da aprendizagem. 2008. Proposta de Tese (Doutorado em Educação) – Faculdade de Educação, Universidade Federal do Rio Grande do Sul, 2008.

ORTEGA, Francisco. *Por uma ética e uma política da amizade*. 2008. Disponível em: <http://www.sescsp.org.br/sesc/images/upload/conferencias/95.rtf>. Acesso em: 20 nov. 2008.

POPKEWITZ, Thomas S.; OLSSON, Ulf; PETERSSON, Kenneth. The Learning Society, the Unfinished Cosmopolitan, and Governing Education, Public Health and Crime Prevention at the Beginning of the Twenty-First Century. *Educational Philosophy and Theory*, v. 38, n. 4, p. 431-449, 2006.

ROUSSEAU, Jean-Jacques. *Do contrato social: ou princípios do direito político*. São Paulo: Martin Claret, 2005.

SANTOS, Mônica Pereira dos. Revisitando a inclusão sob a ótica da globalização: duas leituras várias consequências. In: SILVA, Luiz Heron da. (Org.). *A escola cidadã no contexto da globalização*. Petrópolis: Vozes, 1998. p. 440-452.

SANTOS, João de Deus dos. *Formação continuada: cartas de alforria & controles reguladores*. 2006. Tese (Doutorado em Educação) – Programa de Pós-Graduação em Educação, Faculdade de Educação, Universidade Federal do Rio Grande do Sul, Porto Alegre: UFRGS, 2006.

SANTOS, Iolanda Montano dos. *Inclusão escolar e a educação para todos*. Porto Alegre: UFRGS/PPGEDU, 2010. Tese (Doutorado em Educação) – Programa de Pós-Graduação em Educação, Universidade Federal do Rio Grande do Sul, Porto Alegre, 2010.

SENNETT, Richard. *A corrosão do caráter: consequências pessoais do trabalho no novo capitalismo*. Rio de Janeiro: Record, 2004.

STOER, Stephen R,; CORTESÃO, Luíza. Multiculturalismo e política educacional em um contexto social (perspectivas europeias). In: BURBULES, Nicholas C.; TORRES, Carlos Alberto. (Orgs.). *Globalização e educação: perspectivas atuais*. Porto Alegre: Artmed, 2004. p. 169-180.

STRECK, Danilo R. *Rousseau & a educação*. Belo Horizonte: Autêntica, 2004.

TOZZI, Elisa. *Aprender rápido é uma competência valorizada*. Disponível em: <http://www.vocesa.abril.com.br/desenvolva-sua-carreira/materia/aprender-rapido-competencia-valorizada-532219.shtml >. Acesso em: 13 mai. 2010.

VEIGA-NETO, Alfredo. Educação e governamentalidade neoliberal: novos dispositivos, novas subjetividades. In: CASTELO BRANCO, Guilherme; PORTOCARRERO, Vera. (Orgs.). *Retratos de Foucault*. Rio de Janeiro: Nau, 2000. p. 179-217.

VEIGA-NETO, Alfredo. *Foucault & a educação*. Belo Horizonte: Autêntica, 2003.

VEIGA-NETO, Alfredo. Compreensão e rebeldia sobre nós mesmos. *IHU On-line* <www.unisinos.br/IHU>, São Leopoldo, ed. 203, p. 4-8, 6 nov. 2006.

ZERO HORA. *Para garantir nota máxima na escola*. Porto Alegre, 12 abr. 2010. Encarte: Nosso mundo sustentável. p. 2.

A naturalização da escola e o processo de governamentalização do Estado

Morgana Domênica Hattge

Que movimentos operaram no alargamento do alcance da escola sobre a população, de modo que hoje ela seja essa instituição universal, obrigatória e praticamente naturalizada na sociedade ocidental? Buscando algumas pistas para responder a essa questão, retorno ao passado, à época da instauração das bases da escola moderna, para mostrar que, desde a instituição da escola, já existia uma preocupação com a universalização da educação. O que se queria era ampliar o acesso à escola, e assim ela começa a ser instituída, de forma difusa e para poucos. Meu objetivo neste texto é dar visibilidade às tramas que vão, pouco a pouco, capturando um número maior de crianças e transformando-as em alunos, de maneira que hoje, no século XXI, se torna inquestionável a frequência de todas as crianças à escola. Para além disso, o que pretendo ainda mostrar é que não basta termos as crianças na escola; o que precisamos hoje é que toda a sociedade se mobilize pela educação.

Para dar conta da tarefa a que me proponho, escolhi alguns pensadores da História da Educação que defenderam o alargamento do alcance da escola sobre a população. A partir de sua obra, procuro mostrar como se formaram as tramas em que a escola e o processo de governamentalização do Estado foram se constituindo mutuamente, em uma relação de imanência, já que não podemos afirmar que as práticas escolares decorrem dos fenômenos sociais, nem o contrário; é prudente dizer que as práticas escolares constituem os processos sociais e são constituídas também como parte desses processos. Ao trazer essas personalidades, esses a quem costumamos chamar de pensadores ou teóricos da educação, não os tomo como heróis cujas ações individuais tenham produzido a escola tal como ela se apresenta e não localizo neles a autoria de suas reflexões, produções, ativismos. Entendo esses educadores como sujeitos de sua época, inseridos na trama social de seu tempo e sujeitados a uma episteme[50] que os leva a buscar a ampliação da escola moderna com objetivos que procuro mostrar ao longo deste texto.

Busco compreender o presente a partir do abandono da "grande e velha metáfora biológica da vida e da evolução" (Foucault, 2005, p. 294). Em vez de olhar para a história, encontrando na ideia de evolução a explicação para as mudanças e transformações no tecido social, procuro observar as descontinuidades imanentes aos processos sociais, entendendo que as rupturas se deram, não a partir de um processo de evolução tido praticamente como natural, mas que chegamos a nos tornar o que somos graças a certo conjunto de escolhas. Essas escolhas envolveram jogos de poder, relações de coerção e dominação, práticas discursivas e não discursivas que assumiram caráter de verdade em determinados momentos históricos e tornaram possíveis novas configurações institucionais (interessa-me, em especial, a escola nessa análise) e sociais.

É importante levar em consideração que não podemos analisar a escola do século XVI a partir do entendimento que temos hoje da educação escolar. Para começo de conversa, a escola não estava "dada", ou seja, diferentemente da escola contemporânea, consolidada, instituída, praticamente naturalizada, a escola do final do período medieval e início da Modernidade não tinha sua importância reconhecida, e a primeira grande questão que se fazia urgente era produzir um convencimento a respeito da importância da educação formal.

Dados os objetivos já explicitados, este capítulo está dividido, a partir de agora, em quatro seções. A primeira seção analisa de que forma a disputa entre protestantes e católicos, de certa forma, institui e amplia a escola; procura mostrar que religião e pedagogia trilham juntas o caminho da escola rumo à massificação e à sua naturalização. A segunda seção discute de que modo se deu a estatização da escola paralelamente à instituição do Estado Moderno. A terceira seção apresenta as Políticas de Educação para Todos forjadas no final do século XX e suas implicações para a instituição das Políticas de Inclusão Escolar. Por fim, a última seção retoma as discussões anteriores para argumentar que as Políticas de Inclusão Escolar estão estreitamente relacionadas às Políticas de Educação para Todos, as quais, por sua vez, guardam estreita relação com

[50] Apoiada em Foucault (2002), entendo a episteme como o conjunto das relações que se fazem possíveis em uma determinada época, a partir de determinado jogo de coações e limitações impostas ao discurso. Essas limitações dizem respeito não a uma suposta negatividade, mas à positividade de determinadas práticas discursivas aceitas em um determinado momento histórico. Castro (2009, p. 140) ajuda-nos a compreender a episteme como "certa estrutura do pensamento da qual os homens de uma época não poderiam escapar".

o processo de governamentalização do Estado e se tornaram possíveis porque a importância da escola passou a ser, ao longo do tempo, uma verdade inquestionável à qual todos nos curvamos.

Religião e pedagogia: da disputa entre protestantes e católicos, que institui e amplia a escola, à busca pela massificação do ensino escolar

Na Idade Média, por volta dos anos de 1520, em um contexto que a história tradicional chama de Reforma e Contrarreforma, a Europa vê-se em meio a fervorosos embates entre a Igreja Católica e a Igreja Protestante, esta última fundada por Martinho Lutero na Alemanha. Esse ex-padre dissidente da Igreja Católica traduz a Bíblia para a língua alemã por acreditar que os fiéis deveriam conhecer a palavra de Deus pela sua própria leitura, e não pela interpretação feita pelos padres. Uma das principais críticas que tece ao Catolicismo diz respeito à confissão e à absolvição, em que o padre se colocava como intermediário entre Deus e os fiéis e cobrava valores abusivos para garantir um lugar no céu, na morada eterna. Para Lutero, não deveria existir essa intermediação, e cada um deveria por si mesmo acertar suas contas com Deus. A questão que se coloca é

> [...] essa nova tarefa de governar as almas. Como fazer para tornar as pessoas mais crentes, não às cegas, mas conhecendo bem a Bíblia – assunto que não estava, de forma alguma, resolvido – e mais, como fazer para que conheçam e aceitem a interpretação específica da Bíblia de sua profissão de fé? Para a Europa daquela época, este era um problema enorme. Em suas pregações doutrinárias, Lutero argumentou que o acesso de todos à leitura é a melhor maneira de colocar o crente em contato com a divindade (Dussel; Caruso, 2003, p. 57-58).

Portanto, para colocar seu projeto de "governo das almas" em prática, Lutero precisava "tentar desenvolver maciçamente uma nova instituição: a escola elementar" (Dussel; Caruso, 2003, p. 58), Porém, ele tece críticas severas ao ensino até o momento ministrado nas escolas e universidades (a cargo da Igreja Católica), afirmando que, "se as universidades e conventos continuarem como estão, [...] preferiria que nenhum jovem aprendesse qualquer coisa e que ficassem mudos" (Lutero, 1995, p. 306). Lutero defendia uma escola alicerçada em outros métodos, em que se destacasse o ensino das Línguas, História,

Música e Matemática – mas seu projeto era mais audacioso. Naquele momento histórico vivido por Lutero, a economia e a política passavam também por profundas transformações. Além disso, existia, é claro, a necessidade de essa nova igreja, a Protestante, conquistar fiéis. Assim, a instituição de uma escola que atendesse melhor às necessidades da população e que propiciasse a construção de uma "obediência consciente" apresentava-se como uma estratégia para a afirmação dessa nova forma de religiosidade, que impelia, da mesma maneira, a Igreja Católica a repensar seus métodos de pregação e de ensino. "A partir da estruturação de instituições pedagógicas a cargo do Estado local ou nacional, o poder pastoral estabeleceu que a consciência era o objetivo a se buscar para a produção de uma nova obediência, uma obediência que não fosse superficial" (Dussel; Caruso, 2003, p. 66).

Nesse sentido, dois desafios colocavam-se como fundamentais para a instituição e consolidação da escola na Alemanha: o investimento na manutenção das escolas e a adesão da população, que deveria reconhecer a importância da escola para que sentisse a necessidade de confiar seus filhos a espaços de educação formal, o que limitaria as horas de trabalho para auxiliar a prover o sustento da família. Lutero, em seu discurso intitulado "Uma prédica para que se mandem os filhos à escola", redigido em 1530, empreende todo um esforço argumentativo, demonstrando em primeiro lugar os prejuízos à sociedade quando as crianças não frequentam a escola.

Fundamental, porém, é observarmos que, a partir de todo esse movimento protestante em favor da escola, que leva Gauthier (2010a, p. 129) a afirmar que "o protestantismo é, pois, um movimento determinante na criação das escolas e na escolarização das massas", existe uma reação dos católicos, que,

> [...] no fim do século XVI, adotam uma atitude mais ofensiva, pois percebem que não basta pregar e ouvir confissões; é necessário estabelecer um instrumento ainda mais eficaz para dominar as almas. Em consequência, também eles fundam escolas. [...] O exemplo mais eloquente é a formação da comunidade dos Jesuítas. Estes, soldados de Jesus Cristo, formando uma milícia religiosa e docente, uma comunidade que pronuncia um voto de fidelidade ao papa, têm por missão combater o protestantismo fora dos mosteiros, isto é, no mundo. Os Jesuítas querem dar à palavra do Cristo o lugar que ela tinha antes do advento do protestantismo. Querem dar ao cristianismo um poder ofensivo que lhe falta, não limitando a religião a um papel reativo às diferentes heresias, mas introduzindo (e enraizando) a religião desde cedo no coração dos jovens.

A partir desse trecho do texto de Gauthier, fica mais clara a importância da figura de Lutero, que entendo residir em dois aspectos. Primeiro, nas suas ações diretas no que tange à fundação do protestantismo, que lhe é atribuída a partir do momento em que desafia a autoridade do papa e rompe com a Igreja Católica, passando a investir esforços na criação de escolas e na sua popularização. Porém, sua importância reside ainda em todo o movimento de reação que suscitou nos católicos, que acabaram se tornando, na figura dos Jesuítas, também responsáveis pela criação e manutenção de inúmeras escolas em todo o mundo ocidental, inclusive, no Brasil.

Avançando um pouco no tempo, no século XVII, a escola e o ensino continuam sob a tutela da igreja e são, por consequência, constituídos a partir da religiosidade cristã. Nesse cenário, nasce a pedagogia, que, "como prática de ordem e de controle, assinala o início de uma tradição, não provisória, mas que se perpetuará no tempo" (Gauthier, 2010a, p. 121). Embora tenham existido, já na Idade Média, tratados a respeito da educação, esses textos tratavam de questões genéricas, sem uma preocupação específica com as formas de ensinar. No século XVII, temos o nascimento da pedagogia, uma vez que, frente ao aumento do número de alunos e escolas, passa a haver uma preocupação com o método de ensino:

> Vários fatores concorrem para isso: a reforma iniciada por Lutero, a réplica católica, a preocupação moral com a infância, assim como um questionamento da utilidade da escolarização na manutenção da ordem social. Esses fatores têm como efeito um aumento do número de alunos, e logo de escolas, aumento que acarreta a necessidade de uma reflexão consciente e organizada sobre a estrutura completa da classe, para resolver novos problemas de ensino (Gauthier, 2010a, p. 121).

Nesse cenário, um dos primeiros teóricos a lançar as bases da arte de ensinar é Jan Amos Comenius. Segundo Narodowski (2001, p. 28), "Comenius projeta um plano metodológico, um empreendimento educacional para incluir os pobres e, em função disso, propõe a maquinaria de escolaridade universal".

Comenius acredita que é preciso ensinar tudo a todos, de modo que "devem ser enviados às escolas não apenas os filhos dos ricos ou dos cidadãos principais, mas todos por igual, nobres e plebeus, ricos e pobres, rapazes e raparigas, em todas as cidades, aldeias e casais isolados" (Coménio, 1957, p. 139). Para Narodowski (2001), ao defender sua utopia educativa, sua "pansofia", que seria a pretensão abarcadora de que "todos devem saber tudo" e de que os educadores devem "ensinar tudo a todos", o ideal democratizante da proposta de Comenius estende-se em um duplo sentido revolucionário para a solução das seguintes questões: em primeiro lugar, as escolas ainda não estavam difundidas em todas as regiões, e aquelas que funcionavam atendiam apenas os filhos dos ricos; em segundo lugar, Comenius denunciava certa desorganização da escola, pois "a ideia de desordem no uso dos tempos e a ausência de objetivos comuns eram, aos olhos de Comenius, o reflexo de uma escola governada ao azar e de modo caótico" (Narodowski, 2001, p. 36). Assim, Comenius construirá toda uma teorização que já pode ser classificada como pedagógica[51], com o objetivo de atingir seus ideais educativos, a saber, o ideal pansófico de ensinar tudo a todos e o "cumprimento da ordem, em tudo" (Narodowski, 2001, p. 28).

Comenius defende que as crianças devem, desde cedo, frequentar a escola. Como religioso afinado com a educação de seu tempo e defensor voraz das ideias protestantes, Comenius acredita que todos devem ser educados e que a melhor fase da vida para se iniciar a educação é a primeira idade:

> É uma propriedade de todas as coisas que nascem o facto de, enquanto são tenras, se poderem fàcilmente dobrar e formar, mas, uma vez endurecidas, já não obedecem. A cera mole deixa-se amassar e modelar, mas, endurecida, quebra mais fàcilmente. Uma arvorezinha deixa-se plantar, transplantar, podar, dobrar para aqui ou para ali, mas uma árvore já crescida de modo algum. [...] Evidentemente, estes resultados obtêm-se, da mesma maneira, no homem cujo cérebro [...] na idade infantil é inteiramente húmido e mole e apto a receber todas as figuras que se lhes apresentam; mas depois, pouco a pouco, seca e endurece, de tal modo que nele mais dificilmente se imprimem ou esculpem as coisas, como a experiência demonstra (Coménio, 1957, p. 129).

Analisando os escritos de Lutero e Comenius, é possível perceber que as preocupações de Lutero, no século XVI, continuam presentes e aparecem também na obra de Comenius, no século XVII. Porém, além de preocupar-se com o alargamento do alcance da escola e com

[51] Comenius é considerado o pai da pedagogia, e argumento aqui que sua teorização pode ser classificada como pedagógica porque, apesar de impregnada dos valores cristãos, sua teoria lança as bases do pensamento pedagógico moderno. Nela está presente uma grande preocupação com a organização das escolas, a ordenação, os espaços e tempos escolares, os temas de estudo, a relação do ensino com a natureza, entre outras questões.

mudanças que entendia serem necessárias[52], como Lutero, Comenius está preocupado ainda com a instauração da ordem escolar, com os materiais a serem utilizados por mestres e alunos na escola e com a instituição de uma educação sem violência, que impediria o cultivo da aversão das crianças à escola. Essas preocupações de Comenius constituem-se na busca por estratégias que possibilitem a realização de seu ideal educativo, a pansofia. Existe uma preocupação de Comenius, em especial, que destaco como uma questão de suma importância em sua teorização. Comenius prosseguia, a exemplo de Lutero, tentando convencer as famílias de que era importante enviar seus filhos à escola. Para atingir esse objetivo, argumenta a favor da aliança família-escola[53], entendendo que cada uma dessas instituições possui suas atribuições; cada uma cumpre um papel diferenciado da outra, mas, de alguma forma, teriam papéis complementares, pois, "entre as duas instituições, se dá uma aliança que as une e as envolve, com atribuições diferenciadas, no que concerne à entrega do corpo infantil e ao tratamento que será dispensado a ele" (Narodowski, 2001, p. 50). Entendo que, sem a instituição dessa aliança, todos os esforços em prol da escolarização de massas poderiam ter se dado em vão, uma vez que havia a necessidade de que as famílias acreditassem na metanarrativa moderna que naturalizou a importância da escola, sem o que para lá não enviariam seus filhos.

Instituição do Estado Moderno e estatização da escola

A partir da segunda metade do século XIX, torna-se mais acelerado o processo de estatização da escola. No contexto mundial, a ascensão do capitalismo e a crescente industrialização, que institui como palavras de ordem o desenvolvimento e o progresso, constituem-se em fatores que tornam essencial a escolarização das massas. O processo de industrialização torna necessária a produção de mão de obra qualificada, mas esse não é o único papel da escola nessa nova ordem social que se estabelece. A escola desempenha também a função de garantir a ordem social democrática, pois a democracia tem por base a doutrina liberal, que dissemina a ideia de que cada indivíduo é livre para ascender socialmente a partir da igualdade de oportunidades, que fará com que emirjam as aptidões individuais e se torne possível a ascensão social de cada um, bem como

[52] Em algumas passagens da *Didactica Magna*, Comenius cita e elogia a figura de Lutero.

[53] Cito aqui importantes pesquisas que, em suas análises, problematizaram a naturalização da relação entre família e escola: Klaus (2004), Traversini (2003) e Dal'igna (2011).

o desenvolvimento e o progresso da sociedade. Varela e Alvarez-Uria analisam a institucionalização da escola obrigatória na segunda metade do século XIX e em princípios do século XX como uma das "medidas gerais do bom governo" (1992, p. 88). É nessa época que se dá a "institucionalização propriamente dita da escola: a imposição da obrigatoriedade escolar decretada pelos poderes públicos e sancionada pelas leis" (Varela; Alvarez-Uria, 1992, p. 69). Analisando a instituição da escola obrigatória nos Estados Unidos, Popkewitz afirma:

> A escolarização de massa é um elemento importante na formação dos padrões de governo associados ao Estado Moderno. A escolarização era vista como uma parte do desenvolvimento democrático da sociedade e suas promessas de um futuro mais perfeito. A cidadania era ensinada como parte de uma convicção geral do Iluminismo de que a razão e a racionalidade deviam produzir progresso (Popkewitz, 1997, p. 64).

É importante ainda frisar que a escola já havia tomado para si, há bastante tempo, a tarefa de retirar das ruas a criança pobre. Com a "definição do estatuto da infância" (Varela; Alvarez-Uria, 1992, p. 69), as preocupações em torno da manutenção da vida e do preparo do futuro das crianças tornam-se mais prementes, e a defesa da frequência das crianças à escola constitui-se, ao mesmo tempo, em uma forma de atacar o trabalho infantil, que passa a ser fortemente questionado nesse período.

Frente a esse panorama de significados que a educação escolarizada passa a assumir, volto meu olhar para o contexto brasileiro. Isso porque entendo ser fundamental compreender melhor como se deu a estatização da escola e a expansão do projeto de escolarização de massas em nosso país.

Com esse objetivo, passo a analisar os movimentos de reforma educacional que tiveram início com a difusão das ideias da Escola Nova[54], no Brasil, a partir da década de 1930[55]. Em especial, vale destacar a

[54] Ao estudar mais sobre o movimento da Escola Nova, tive acesso a duas pesquisas que analisam esse importante movimento educacional. Coutinho (2008) entende que as convicções biológicas e psicológicas enfatizadas como necessárias pelo movimento dão as bases para a emergência da psicopedagogia como uma ciência educacional. Da mesma forma, os desdobramentos da Escola Nova na educação no Brasil constituem-se como fundamentais para a emergência da psicopedagogia em nosso país. Klein (2010) analisa a modernização pedagógica proposta pela Escola Nova e percebe, em seu estudo, que os ideais da Escola Nova atuaram no sentido da ampliação das funções sociais da escola. Essa ampliação tornou necessário um novo perfil de avaliação e o questionamento da reprovação, levando ainda a uma revisão do currículo, que passou a ser flexibilizado.

[55] O movimento pela Escola Nova tem como principais representantes no cenário mundial Claparède, Decroly, Montessori e Dewey, entre outros, e foi inspirador dos ideais do Manifesto dos Pioneiros da Educação Nova no Brasil.

divulgação, em todo o país, do Manifesto dos Pioneiros da Educação Nova, em 1932. Redigido por Fernando de Azevedo e assinado por um grupo de vinte e seis intelectuais brasileiros[56], o manifesto trazia uma nova concepção de educação; muitas das ideias ali apresentadas são precursoras dos movimentos que ainda hoje têm como bandeira uma educação para todos.

Inicialmente, o manifesto reivindica a importância "da determinação dos fins de educação (aspecto filosófico e social) e da aplicação (aspecto técnico) dos métodos científicos aos problemas de educação" (Azevedo *et al*, 2010, p. 34). Nesse sentido, são tecidas duras críticas à escola dita tradicional, aos seus fins, seus métodos, sua organização, entendendo-se que "a educação nova não pode deixar de ser uma reação categórica, intencional e sistemática contra a velha estrutura do serviço educacional, artificial e verbalista, montada para uma concepção vencida" (Azevedo *et al*, 2010, p. 40). A partir dessa crítica, o manifesto propõe que a educação seja de fato assumida como uma função essencialmente pública, que a escola seja única, não havendo mais uma separação de escolas para classes sociais distintas, e que sejam garantidas "a laicidade, gratuidade, obrigatoriedade e coeducação" (Azevedo *et al*, 2010, p. 45).

Com relação à obrigatoriedade da educação, os autores do documento apresentam um panorama da situação da educação no país naquele momento histórico. Segundo eles, "a obrigatoriedade que, por falta de escolas, ainda não passou do papel, nem em relação ao ensino primário [...] é mais necessária ainda na sociedade moderna em que o industrialismo e o desejo de exploração humana sacrificam e violentam a criança e o jovem" (Azevedo *et al*, 2010, p. 45).

Frente a esse panorama, os signatários do movimento pela Escola Nova propõem uma nova organização da política e administração educacional, o que Viviane Klaus analisa em sua tese de doutorado intitulada *Desenvolvimento e governamentalidade (neo)liberal: da administração à gestão educacional*. Segundo Klaus,

> Nesse período, é possível evidenciar a importância da administração da educação, a necessidade de contabilizar a população a ser educada, a noção de Sistema de Ensino, questões amplamente

[56] Os vinte e seis signatários do documento são: Fernando de Azevedo (redator), Afrânio Peixoto, Anísio Teixeira, Antonio Ferreira de Almeida Júnior, Armanda Álvaro Alberto, Attilio Vivacqua, Carlos Delgado de Carvalho, Cecília Meirelles, Edgar Sussekind de Mendonça, Francisco Venâncio Filho, Frota Pessôa, Garcia de Rezende, Hermes Lima, J. P. Fontenelle, Julio de Mesquita Filho, Lourenço Filho, Mario Casassanta, Nóbrega da Cunha, Noemy da Silveira, Paschoal Lemme, Paulo Maranhão, Raul Briquet, Raul Gomes, Roldão Lopes de Barros, Roquette Pinto, Sampaio Dória.

discutidas por educadores como Fernando de Azevedo e Anísio Teixeira. Inclusive, várias dessas questões sobre a administração da educação discutidas ao longo das décadas seguintes tomam como princípio discussões realizadas pela Escola Nova (2011, p. 130).

O manifesto não propõe mudanças somente relacionadas à política e à administração da educação. Um dos pilares da proposta da Educação Nova é a ênfase em princípios científicos sobre os quais a educação deve apoiar-se para que se busque o desenvolvimento integral do indivíduo. Em especial, é inegável "a importância da psicologia na constituição dos novos discursos pedagógicos, assim como a importância dessa disciplina no estudo da criança e suas necessidades" (Gauthier, 2010b, p. 199). Um dos grandes inspiradores das teorias pedagógicas da Escola Nova foi Rousseau, que foi pioneiro, segundo Martineau (2010), no entendimento da infância como estado fundamental da vida, diferenciando-a da existência adulta, instituindo os princípios básicos de uma psicologia da criança e defendendo que o desenvolvimento da criança se dava em diferentes estágios naturais. Martineau afirma, ainda, que Rousseau é visto como um dos precursores da psicologia do desenvolvimento, que será estudada por Jean Piaget no século XX.

Para Rousseau, a criança não é um ser passivo no tocante à sua aprendizagem. Pelo contrário, ele acredita que a criança deve ser ativa em seu processo educativo, até porque um dos princípios fundamentais a serem considerados na educação é a liberdade. De acordo com Rousseau, "o que distingue o ser humano é o fato de ele ter a possibilidade de ser um agente livre, e a meta da educação seria formar esse agente" (Streck, 2004, p. 26). Assim, a criança como sujeito livre e ativo em seu processo de desenvolvimento precisa ser atendida em suas necessidades e desejos, e esse princípio é uma das bandeiras defendidas para a educação nova. Como analisou Lockmann (2010), a criança passa a figurar no centro do processo educativo, e isso provoca um importante deslocamento na organização da escola, da sala de aula, dos meios e métodos educacionais.

Entendo que toda essa reforma educativa está profundamente associada à necessidade de uma escola que possa atrair as crianças, pois de nada adianta a instituição da obrigatoriedade escolar se as escolas não se tornarem mais atraentes para o seu público-alvo.

> Nessa nova concepção de escola [...] a atividade que está na base de todos os seus trabalhos é a atividade espontânea, alegre e fecunda, dirigida à satisfação das necessidades do próprio indivíduo. [...] O que distingue da escola tradicional a escola nova não é, de fato, a predominância dos trabalhos de base manual e corporal, mas

> a presença, em todas as suas atividades, do fator psicobiológico do interesse (AZEVEDO *et al*, 2010, p. 49-50).

Vê-se, então, que as ideias de Rousseau casam também, perfeitamente, com os ideais democráticos defendidos pelo manifesto pela educação nova. Como já foi dito, os defensores da educação nova entendiam que se fazia urgente a instituição de uma escola única (para o povo e as elites) para que "todos os cidadãos tenham oportunidades iguais para se educarem e se redistribuírem, depois, pelas ocupações e profissões, de acôrdo com sua capacidade e as suas aptidões" (TEIXEIRA, 1969, p. 45).

Esses sujeitos livres, desfrutando de oportunidades iguais de acesso ao sistema educacional, educados a partir de seus desejos e interesses, estariam aptos a construir um Brasil mais justo e igualitário, que estaria, por sua vez, em condições de se desenvolver plenamente. Anísio Teixeira defende a educação nova. Para o educador baiano:

> A escola pública é o instrumento da integração e da coesão da "grande sociedade", e se deve fazer o meio de transformação na "grande comunidade". O Estado democrático não é, apenas, o Estado que a promove e a difunde, mas o Estado que dela depende como condição *sine qua non* do seu próprio funcionamento e de sua perpetuação (TEIXEIRA, 1967, p. 36).

À medida que essa relação de imanência que se estabelece entre a escola e o Estado Moderno vai se tornando naturalizada, crescem, cada vez mais, os movimentos em defesa da escola para todos. Já não é possível admitir que a escola seja um privilégio. Ela passa a constituir-se em um direito. Porém, isso não significa que o acesso esteja garantido. Existe, ainda, nesse momento, uma grande parcela da população, tanto no Brasil quanto no mundo, que não frequenta os bancos escolares. Dessa forma, seguem os esforços pela universalização da escola, pois existe uma "aspiração de educação para todos" (TEIXEIRA, 1994, p. 45), mas ainda há muito que lutar para que de fato "todos" tenham acesso à educação.

O final do século XX e as políticas de educação para todos

Nessa luta pela educação para todos, que segue mobilizando esforços ainda ao final do século XX, faz-se necessária a busca por estratégias mais particulares no interior de determinados grupos sociais. Essa busca pela ampliação do acesso à escola, que nasce junto com a própria educação escolar e que venho tentando mostrar até aqui, atualiza-se, portanto, na Contemporaneidade, através das Políticas de Inclusão, que passam a ser gestadas na década de 1990. Neste ano, foi realizada, em Jontiem, na

Tailândia, a Conferência Mundial sobre Educação para Todos. A conferência foi promovida pelo Banco Mundial, Organização das Nações Unidas para a Educação, a Ciência e a Cultura (UNESCO), Fundo das Nações Unidas para a Infância (UNICEF) e Programa das Nações Unidas para o Desenvolvimento (PNUD). No evento, foi aprovada a Declaração Mundial sobre Educação para Todos: satisfação das necessidades básicas de aprendizagem. O documento é organizado em torno de dez artigos que proclamam uma série de compromissos assumidos coletivamente pelas nações participantes da conferência, no sentido de universalizar o acesso à educação e de satisfazer o que o documento indica como sendo as necessidades básicas de aprendizagem, quais sejam: "a leitura e a escrita, a expressão oral, o cálculo, a solução de problemas, [...] conhecimentos, habilidades, valores e atitudes" (UNESCO, 1990, p. 3).

Chamo a atenção, em especial, para dois artigos da declaração. Primeiramente, o "artigo 3 - Universalizar o acesso à educação e promover a equidade" (UNESCO, 1990, p. 4), que defende que a educação básica deve ser proporcionada a todas as crianças, jovens e adultos, de modo que todos tenham acesso a ela e consigam alcançar e manter um padrão mínimo de qualidade da aprendizagem. O artigo traz como prioridade mais urgente a garantia do acesso e permanência das meninas e mulheres à escolarização e ao que chama de "grupos excluídos – os pobres: os meninos e meninas de rua ou trabalhadores, as populações das periferias urbanas e zonas rurais, os nômades e os trabalhadores migrantes; os povos indígenas; as minorias étnicas, raciais e lingüísticas; os refugiados; os deslocados pela guerra; e os povos submetidos a um regime de ocupação" (UNESCO, 1990, p. 4).

Traz, ainda, uma referência à necessidade de medidas que garantam às pessoas com deficiência a igualdade do acesso à educação. Dessa forma, a recorrente preocupação com a ampliação do acesso à escola amplia-se para uma busca da universalização do acesso à educação. Agora, trata-se de firmar um pacto internacional que possa subsidiar ações a fim de garantir essa universalização. O contexto do final do século XX está fortemente marcado pelo advento da globalização neoliberal, que entendo, a partir da leitura de Burbules e Torres (2004, p. 11), como "o impacto avassalador dos processos econômicos globais, incluindo processos de produção, consumo, comércio, fluxo de capital e interdependência monetária, denotando a ascensão do neoliberalismo como um discurso hegemônico" (2004, p. 11). A globalização, então, justifica os esforços realizados em escala global por uma maior qualidade na educação. Os países considerados "desenvolvidos" passam a perceber que aqueles chamados de "subdesenvolvidos" podem representar sério risco à sua economia e, por que não dizer, à manutenção de sua soberania enquanto nação. Dessa forma,

> [...] os investimentos em matéria de educação e de pesquisa constituem uma necessidade, e uma das preocupações prioritárias da comunidade internacional deve ser o risco de marginalização total dos excluídos do progresso, numa economia mundial em rápida transformação. Se não se fizer um grande esforço para afastar este risco, alguns países, incapazes de participar na competição tecnológica internacional, estarão prestes a constituir bolsas de miséria, de desespero e de violência impossíveis de reabsorver através da assistência e de ações humanitárias (Delors, 2001, p. 74).

Klaus (2011), ao estudar as condições de possibilidade de emergência da administração educacional, analisa as noções de desenvolvimento e subdesenvolvimento como invenções do período após a Segunda Guerra Mundial. Essas noções estariam fortemente associadas a esse cenário já citado de mudanças e de emergência de uma racionalidade política neoliberal, em que o princípio da concorrência adquire centralidade. Ora, se a concorrência impera, aqueles sujeitos e, consequentemente, aquelas nações que não estiverem suficientemente preparados para concorrer com os demais, ficarão à margem dos fluxos de bens e capital. Daí a importância de um envolvimento mundial em prol da educação para todos, pois todos devem estar em condições de competir no mercado global.

Desse modo, relaciono a noção de desenvolvimento com a emergência das políticas de educação para todos que hoje se traduzem em políticas de inclusão escolar[57] e que passam a integrar mais um foco de intervenção: o conceito de "Aprendizagem para todos". Retomo aqui, portanto, a importância da Declaração Mundial de Educação para Todos e a centralidade do artigo 3, que preconiza a necessidade da oferta de educação e a qualidade dessa educação ofertada. Em 2011, ou seja, duas décadas depois da realização da conferência, o Banco Mundial lança a estratégia 2020 para a educação, intitulada "Aprendizagem para todos: investir nos conhecimentos e competências das pessoas para promover o desenvolvimento".

O outro artigo sobre o qual eu gostaria de chamar a atenção é o artigo 7 - Fortalecer as alianças (Unesco, 1990, p. 5). Esse artigo defende que a União, Estados e Municípios são prioritariamente responsáveis pela educação, porém, "não se pode, todavia, esperar que elas supram a totalidade dos requisitos humanos, financeiros e organizacionais necessários

[57] Sobre esse tema, trazem importantes contribuições as pesquisas de Lockmann (2010), Rech (2010) e Menezes (2010).

a esta tarefa. Novas e crescentes alianças são necessárias" (UNESCO, 1990, p. 5). O artigo afirma, ainda, que é necessário reconhecer o papel especial dos professores, administradores e do pessoal que trabalha em educação, mas é preciso estabelecer alianças com organizações governamentais e não governamentais com o setor privado, com as comunidades locais, com grupos religiosos e com as famílias. Esse artigo justifica, de alguma forma, a intervenção cada vez mais frequente dos organismos internacionais na educação. Na análise de Torres,

> [...] a década de 90 viveu um movimento contraditório: por um lado, a descentralização educativa nos países, com tendência a uma maior autonomia dos níveis intermediários e da instituição escolar; por outro, a globalização política educativa, com um papel crescente das agências externas – principalmente dos bancos – na definição da política educativa (2001, p. 69).

São entendimentos que, divulgados pelas agências internacionais, dão as condições de possibilidade para a emergência de ações como o movimento Todos Pela Educação[58], que se autointitula como um movimento da Sociedade Civil em busca de uma educação de qualidade a ser alcançada, no Brasil, até o ano 2022. O movimento é definido por um de seus fundadores como

> [...] uma aliança da sociedade civil, da iniciativa privada, de organizações sociais, de educadores e de gestores públicos da educação. É uma união de esforços em que cada cidadão ou instituição é corresponsável e se mobiliza, em sua área de atuação, para que as crianças e jovens tenham acesso a uma educação básica de qualidade. Essa ação, prevista para acontecer até 2022, é suprapartidária, atravessa mandatos e une gerações (JOHANNPETER, 2008, p. 7).

Assim, o movimento convida-nos a compreender a educação escolar como a "grande verdade" e a curvarmo-nos a ela. Curvando-nos a essa verdade, da qual não ousamos suspeitar, somos convocados a lutar para que ela se efetive, traduzindo-se em indicadores positivos de desempenho de cada um dos estudantes brasileiros.

Conclusões provisórias

Entendo que qualquer tentativa de esquematização pode ser perigosa em se tratando de um tema tão complexo e repleto de nuances

[58] É possível ter acesso a maiores informações através do endereço eletrônico <www.todospelaeducacao.org.br>.

ambivalentes, como é este que tento discutir, o tema das tramas que envolvem a constituição mútua, a instauração imanente da escola e do processo de governamentalização do Estado. Porém, assumo o risco de incorrer em algumas simplificações para sistematizar, a título de conclusão provisória[59], as ideias que procurei discutir neste texto, estabelecendo uma relação com o processo de governamentalização do Estado, estudado por Michel Foucault ao longo de sua vida e obra.

Ao apresentar a relação entre a religião e a pedagogia, que instituiu as bases da escola moderna e sustentou os primeiros movimentos de busca pela massificação do ensino escolar, vejo operando, primeiramente, o que Foucault chamou de poder pastoral, que, "com a Reforma, depois a Contrarreforma, põe em questão a maneira como se quer ser espiritualmente dirigido, na terra, rumo à salvação pessoal" (Foucault, 2008, p. 119). Passamos, nesse momento, de um governo soberano, preocupado com o território e com a proteção às fronteiras, a um governo pastoral, que se exerce sobre "um rebanho". Portanto, "em oposição ao poder que se exerce sobre a unidade de um território, o poder pastoral se exerce sobre uma multiplicidade em movimento [...], pois o objetivo essencial, para o poder pastoral, é a salvação do rebanho" (Foucault, 2008, p. 169-170). Daí os grandes esforços empreendidos por Lutero, por exemplo, pela instituição da escola, pois, se era ela que daria acesso aos meios necessários para a leitura e compreensão do texto sagrado, essa escola se constituiria no meio que possibilitaria o governo das almas, o que, por sua vez, levaria à redenção, à salvação.

Porém, no século XVII, vemos instituir-se, a partir do nascimento do saber estatístico e da noção de população, uma razão de Estado que vai deslocar a ênfase do poder pastoral para um poder disciplinar[60], que opera sobre o corpo para atingir a alma. Daí a necessidade de ordenação, de organização do espaço e do tempo, de definição de métodos e temas de estudo, defendida por Comenius, pois a disciplina opera em dois eixos distintos. Opera no eixo dos saberes, tornando o mundo disciplinarizado, dividido em "fatias" passíveis de serem estudadas em determinadas regularidades. Além disso, a disciplina opera no eixo do corpo, trabalhando na produção de corpos dóceis e produtivos. Mais uma vez, é possível

[59] A discussão que empreendo neste texto é parte de meu projeto de tese, portanto, continuo investigando o tema e o que apresento aqui são conclusões provisórias de um estudo em andamento.

[60] É importante frisar que o poder pastoral não se apaga. O fortalecimento de uma determinada racionalidade de governo não significa o apagamento, senão apenas o esmaecimento de outra racionalidade. Ambas coexistem em um mesmo momento histórico, porém, com ênfases diferenciadas.

estabelecer uma relação com a necessidade da utilização de estratégias de ordenação, tão caras a Comenius em sua obra. Era necessário que a escola trabalhasse na colocação de cada coisa em seu lugar: os saberes, os corpos. Para cada qual, haveria lugares determinados, pois havia, na sociedade do século XVII, essa necessidade de ordenação, que se produzia na escola e também era produzida por ela.

Ao analisar a instituição do Estado Moderno e a estatização da escola no século XVIII, estabeleço uma relação imanente com a governamentalidade liberal, que, junto ao nascimento da economia política, passa a questionar a ação do Estado, pois o grande valor passa a ser a liberdade individual. Os indivíduos precisam fazer suas escolhas e responsabilizar-se por elas. "A ideia de uma sociedade política fundada no nexo contratual entre os indivíduos serviu de instrumento apropriado para moderar ou limitar a ação do governo" (Castro, 2009, p. 244). Nesse sentido, o alargamento do alcance da escola tem a função de possibilitar que mais indivíduos passem a ter condições de participação e de escolha. Pode-se estabelecer uma relação com a necessidade apontada pelos defensores da Escola Nova, de uma educação única para o povo e para as elites, de forma que todos tenham condições de escolher e participar em um contexto em que é crescente o questionamento da ação do Estado.

Nesse contexto, podemos localizar a emergência do biopoder (poder sobre a vida). Segundo Castro (2009, p. 58), o biopoder "serviu para assegurar a inserção controlada dos corpos no aparato produtivo e para ajustar os fenômenos da população aos processos econômicos". A escola passa a ser a instituição estratégica nesse projeto de sociedade em que "o poder deve exercer-se sobre os indivíduos, uma vez que eles constituem uma espécie de entidade biológica que deve ser levada em consideração" (Castro, 2009, p. 59).

Já na seção imediatamente anterior a esta, em que analiso as políticas de educação para todos gestadas no final do século XX, vejo um alinhamento aos princípios de uma racionalidade política neoliberal, em que a palavra de ordem é a concorrência. Não basta mais simplesmente participar e escolher. É preciso que cada indivíduo esteja apto a concorrer no jogo imposto pelo mercado. Assim, nas políticas educacionais, vemos um deslocamento da noção de educação para todos para a noção de aprendizagem para todos – e a noção de aprendizagem está associada ao conceito de desempenho. Assim, desempenho passa a ser palavra de ordem no discurso educacional. Interessa tanto o desempenho do indivíduo quanto o desempenho da organização, ou seja, importa o desempenho do aluno, o que implica, por sua vez, o desempenho da escola, o que implica, ainda, o desempenho da cidade, do estado, do país, nos cada vez mais numerosos *rankings* educacionais.

Dessa forma, vinculando-se a noção de aprendizagem ao conceito de desempenho, a escola consolida-se de uma vez por todas como a grande verdade à qual todos nos curvamos. Não haverá desempenho ótimo nos exames internacionais de educação sem frequência à escola. Então, amplia-se cada vez mais o alcance da escola sobre os indivíduos, de modo que a obrigatoriedade de frequência escolar hoje no Brasil se estenda dos 4 aos 17 anos de idade, sendo que cada vez mais se discute a implementação da escola de turno integral, que garantiria a permanência dos alunos na escola durante todo o dia.

Portanto, amarrados os fios da trama que institui a relação de imanência entre a instituição e difusão da escola e o processo de governamentalização do Estado, é importante compreender que seria impossível

> [...] nunca estudar os discursos de verdade sem descrever ao mesmo tempo sua incidência sobre o governo de si ou dos outros; nunca analisar as estruturas de poder sem mostrar em que saberes e em que formas de subjetividade elas se apoiam; nunca identificar os modos de subjetivação sem compreender seus prolongamentos políticos e em que relações com a verdade eles se sustentam (Gros, 2011, p. 306).

Os discursos que possibilitaram o alargamento do alcance da escola estudado neste texto, em uma relação de imanência com o processo de governamentalização do Estado, estão atravessados por estruturas de poder que não podem ser localizadas somente em uma racionalidade política de governo, mas que estão difusas pelo tecido social. Essas estruturas de poder apoiam-se em diferentes formas de subjetividade construídas no interior dos próprios processos sociais e escolares, que instituem permanentemente novos processos alicerçados na grande verdade que se naturaliza: a verdade da escola.

Referências

AZEVEDO, Fernando de. *et al. Manifesto dos pioneiros da Educação* Nova. Recife: Fundação Joaquim Nabuco/Massangana, 2010.

BURBULES, Nicholas; TORRES, Carlos Alberto. Globalização e Educação: uma introdução. In: BURBULES, Nicholas; TORRES, Carlos Alberto. *Globalização e educação: perspectivas críticas.* Tradução de Ronaldo Cataldo Costa. Porto Alegre: Artmed, 2004. p. 11-26.

COMÉNIO, João Amós. *Didáctica Magna.* Tratado Universal da arte de ensinar tudo a todos. Tradução de Joaquim Ferreira Gomes. Lisboa: Fundação Calouste Gulbenkian, 1957.

COUTINHO, Karyne Dias. *A emergência da psicopedagogia no Brasil*. Porto Alegre: UFRGS, 2008. Tese (Doutorado em Educação)–Programa de Pós-Graduação em Educação, Faculdade de Educação, Universidade Federal do Rio Grande do Sul, Porto Alegre, 2008.

DAL'IGNA, Maria Cláudia. *Família S/A: um estudo sobre a parceria família-escola*. Tese (Doutorado em Educação) – Programa de Pós-Graduação em Educação, Faculdade de Educação, Universidade Federal do Rio Grande do Sul, Porto Alegre, 2011.

DELORS, Jacques. *Educação: um tesouro a descobrir*. Relatório para a UNESCO da Comissão Internacional sobre educação para o século XXI. 6. ed. São Paulo: Cortez; Brasília, DF: MEC/UNESCO, 2001.

DUSSEL, Inês; CARUSO, Marcelo. *A invenção da sala de aula: uma genealogia das formas de ensinar*. Tradução de Cristina Antunes. São Paulo: Moderna, 2003.

FOUCAULT, Michel. *Arqueologia das ciências e história dos sistemas de pensamento. Ditos e escritos II*. 2. ed. Rio de Janeiro: Forense Universitária, 2005.

FOUCAULT, Michel. *Segurança, território, população*: curso dado no Collège de France (1977-1978). São Paulo: Martins Fontes, 2008.

GAUTHIER, Clermont; TARDIF, Maurice. *A pedagogia: teorias e práticas da Antiguidade aos nossos dias*. Tradução de Lucy Magalhães. Petrópolis: Vozes, 2010. p. 149-172.

GAUTHIER, Clermont. O século XVII e o problema do método no ensino ou o nascimento da pedagogia. In: GAUTHIER, Clermont; TARDIF, Maurice. *A pedagogia: teorias e práticas da Antiguidade aos nossos dias*. Tradução de Lucy Magalhães. Petrópolis: Vozes, 2010a. p. 121-148.

GAUTHIER, Clermont. Da pedagogia tradicional à pedagogia nova. In: GAUTHIER, Clermont; TARDIF, Maurice. *A pedagogia: teorias e práticas da Antiguidade aos nossos dias*. Tradução de Lucy Magalhães. Petrópolis: Vozes, 2010b. p. 176-202.

GROS, Frédéric. Situação do curso. In: FOUCAULT, Michel. *A coragem da verdade: o governo de si e dos outros II*. São Paulo: Martins Fontes, 2011.

JOHANNPETER, Jorge Gerdau. Apresentação. In: TPE. *De olho nas metas*. São Paulo: Todos Pela Educação, 2008. p. 7.

KLAUS, Viviane. *A família na escola: uma aliança produtiva*. Dissertação (Mestrado em Educação)–Programa de Pós-Graduação em Educação, Faculdade de Educação, Universidade Federal do Rio Grande do Sul, Porto Alegre, 2004.

KLAUS, Viviane. *Desenvolvimento e governamentalidade (neo)liberal: da administração à gestão educacional*. Tese (Doutorado em Educação)–Programa de Pós-Graduação em Educação, Faculdade de Educação, Universidade Federal do Rio Grande do Sul, Porto Alegre, 2011.

KLEIN, Rejane Ramos. *A reprovação escolar como ameaça nas tramas da modernização pedagógica*. São Leopoldo: Unisinos, 2010. Tese (Doutorado em Educação)–Programa de Pós-Graduação em Educação, Universidade do Vale do Rio dos Sinos, São Leopoldo, 2010.

LOCKMANN, Kamila. *Inclusão escolar: saberes que operam para governar a população.* Porto Alegre: UFRGS, 2010. Dissertação (Mestrado em Educação)–Programa de Pós-Graduação em Educação, Faculdade de Educação, Universidade Federal do Rio Grande do Sul, Porto Alegre, 2010.

LUTERO, Martinho. *Obras selecionadas - Ética: fundamentos, oração, sexualidade, educação, economia.* v. 5. São Leopoldo/Porto Alegre: ESinodal/Concórdia (Coeditoras), 1995.

MARTINEAU, Stéphane. Jean-Jacques Rousseau: o Copérnico da pedagogia. In: MENEZES, Eliana da Costa Pereira de. *A maquinaria escolar na produção de subjetividades para uma sociedade inclusiva.* São Leopoldo: Unisinos, 2011. Tese (Doutorado em Educação)–Programa de Pós-Graduação em Educação, Universidade do Vale do Rio dos Sinos, São Leopoldo, 2011.

NARODOWSKI, Mariano. *Comenius & a educação.* Tradução de Alfredo Veiga-Neto. Belo Horizonte: Autêntica, 2001.

POPKEWITZ, Thomas S. *Reforma educacional: uma política sociológica. Poder e conhecimento em educação.* Tradução de Beatriz Affonso Neves. Porto Alegre: Artes Médicas, 1997.

RECH, Tatiana. *A inclusão escolar no governo FHC: movimentos que a tornaram uma "verdade" que permanece.* São Leopoldo: Unisinos, 2011. Dissertação (Mestrado em Educação)–Programa de Pós-Graduação em Educação, Universidade do Vale do Rio dos Sinos, São Leopoldo, 2010.

STRECK, Danilo R. *Educação no Brasil.* São Paulo: Nacional, 1969.

STRECK, Danilo R. *Educação não é privilégio.* Rio de Janeiro: Editora da UFRJ, 1994.

STRECK, Danilo R. *Rousseau & a educação.* Belo Horizonte: Autêntica, 2004.

TEIXEIRA, Anísio Spinola. *Educação é um direito.* São Paulo: Nacional, 1967.

TORRES, Rosa María. *Educação para todos: a tarefa por fazer.* Porto Alegre: Artmed, 2001.

TRAVERSINI, Clarice Salete. *Programa Alfabetização Solidária: o governamento de todos e de cada um.* Tese (Doutorado em Educação)–Programa de Pós-Graduação em Educação, Faculdade de Educação, Universidade Federal do Rio Grande do Sul, Porto Alegre, 2003.

UNESCO. *Declaração Mundial sobre Educação para Todos: satisfação das necessidades básicas de aprendizagem.* Jomtien. 1990. Disponível em: <http://unesdoc.unesco.org/images/0008/000862/086291por.pdf>. Acesso em: 12 out. 2011.

VARELA, Julia; ALVAREZ-URIA, Fernando. A maquinaria escolar. In: *Teoria & Educação.* v. 6. Porto Alegre: Pannonica, 1992. p. 68- 96.

Inclusão na universidade: estratégias para o ingresso de "todos" no ensino superior

Priscila Provin

Atualmente, a inclusão é um imperativo que pouco se tem questionado. Políticas, programas e movimentos sociais convergem para o mesmo objetivo: a inclusão de "todos". Diante desse cenário, torna-se necessário perguntar: de que formas as universidades integram também esse movimento que visa à inclusão de todos? Uma das formas é por meio da implementação de programas e projetos, muitos deles criados pelo MEC, com o intuito de, cada vez mais, permitir o acesso a todos à universidade. Cabe perguntar, ainda: por que a inclusão de "todos" no ensino superior? Neste texto, ao discutir essas questões, analiso algumas formas de acesso à universidade, entendendo-as como estratégias biopolíticas para governar "diferentes populações". Uso o termo *diferentes populações* porque pretendo mostrar que, com o imperativo da inclusão na Contemporaneidade, muitos grupos de sujeitos que antes não tinham acesso à universidade hoje têm. Dito de outro modo, a universidade hoje não é mais destinada apenas para uma pequena parcela da população, mas pretende "ser para todos". Contudo, mesmo com esse desejo de atingir a "todos", essa é uma questão que pode ser colocada sob suspeita. Será que, mesmo com possibilidades ampliadas de acesso, *todos* conseguem entrar e manter-se incluídos até a conclusão de seus cursos? No caso daqueles alunos que conseguem concluir os seus cursos, isso seria uma garantia de obter chances iguais para concorrer a uma vaga no mercado de trabalho? Apresentarei neste texto algumas possibilidades de análise que podem contribuir para reflexões no âmbito da inclusão no ensino superior e, em alguma medida, no mercado de trabalho.

Como integrante do Grupo de Estudos e Pesquisa em Inclusão (GEPI/CNPq), interesso-me pelos estudos foucaultianos e pelas produções de seus respectivos comentadores, bem como destaco autores que trabalham com a perspectiva da diferença e da in/exclusão, com alguns dos quais dialogo no presente texto. A inclusão, entendida a partir dessas perspectivas, não vai ser um lugar de chegada, e a diferença, na mesma direção, não precisará ser corrigida/apagada. Entender a inclusão como um conceito mais amplo, que considera diferentes grupos de sujeitos e no qual as diferenças têm espaço para falar de si, pode ser uma possibilidade de olhar de outra forma para os processos e práticas de in/exclusão que ocorrem na Contemporaneidade. Assim, a inclusão a que me refiro vem sendo entendida a partir da intrínseca relação entre a inclusão e a exclusão. Por esse motivo, utilizamos o termo in/exclusão[61], que não fixa um lugar permanente, mas é um processo relacional, pois depende sempre do lugar que os sujeitos ocupam em relação a outros. Sendo uma condição para a existência uma da outra, Lunardi (2001, p. 4) argumenta que "[...] inclusão/exclusão são faces da mesma moeda, ou seja, elas operam simultaneamente, não se resolvem dialeticamente, fazem parte de um mesmo sistema de representação, ou seja, fazem parte de uma mesma matriz de poder".

O processo de in/exclusão não se dá apenas pelo fato de os sujeitos não estarem no mesmo espaço que outros, mas por estarem no mesmo espaço e, por vezes, não serem considerados como alguém que faz parte dele. Na universidade, esse processo pode ser visibilizado de forma bastante intensa se pensarmos que há inúmeras possibilidades de acesso ao ensino superior e que, não com a mesma intensidade, se proporciona a permanência.

Neste momento, considero importante relacionar tal questão com o conceito de governamentalidade, desenvolvido por Michel Foucault. Segundo Castro (2009), Foucault utiliza esse termo para fazer referência ao estudo das maneiras de governar. Incluir na universidade, nesse sentido, pode ser uma forma de condução da conduta das populações que nela ingressam. E de que maneiras essa inclusão ocorre? Quais são as formas de possibilitar esse acesso ampliado na Contemporaneidade às universidades?

No decorrer deste texto, exploro alguns programas que têm a finalidade de proporcionar a inclusão de todos no ensino superior. Esses programas podem ser entendidos como estratégias biopolíticas, isto é, ações que vão agir diretamente sobre a população que se quer governar.

[61] Conceito que vem sendo discutido pelo Grupo de Estudos e Pesquisa em Inclusão (GEPI/CNPq). Ao estudarmos autores como Robert Castel, foi possível analisar os processos de inclusão e exclusão e relacionar tais temáticas com a educação. Dessa forma, tornou-se necessária a discussão de um único conceito que nos permite explicar de outros modos a inclusão e a exclusão na Contemporaneidade.

Assim, os sujeitos são incentivados a ingressar na universidade pela lógica econômica neoliberal, para que posteriormente tenham condições de competir no mercado de trabalho.

Desenvolvi as análises anunciadas anteriormente a partir de informações visibilizadas nos *sites* de 12 universidades participantes do Consórcio das Universidades Comunitárias Gaúchas (Comung[62]). Na primeira seção do texto, trago elementos para discutir algumas condições para que a inclusão chegasse ao ensino superior e pudesse ser tomada como imperativo. Já na segunda parte, apresento os programas de acesso ao ensino superior, analisando-os como estratégias para, cada vez mais, o Estado conseguir atingir diferentes públicos.

Condições que possibilitaram o aparecimento da inclusão no ensino superior

É muito comum ouvirmos o discurso da inclusão na escola de ensino fundamental e médio. Expressões como "não estamos preparados para isso", "precisamos de formação específica para trabalhar com a inclusão" ou "somos todos iguais" são apenas algumas das recorrências que aparecem na escola básica quando falamos em inclusão. No entanto, ao pesquisar sobre inclusão nos *sites* de 12 Universidades Comunitárias Gaúchas, pude perceber que os mesmos discursos sobre a inclusão também começam a ocupar os espaços das universidades. E por que isso ocorre?

O Estado já fez muitos investimentos na educação básica, na tentativa de incluir sempre o maior número de crianças na escola. Essas populações que foram incluídas na escola agora estão chegando às universidades.

Para compreender a noção de população, apoio-me em Foucault (2008) quando ele diz que:

[62] O Comung é o maior sistema de educação superior em atuação no Rio Grande do Sul e é composto, atualmente, por 15 Instituições de Ensino Superior (COMUNG, 2012). No período em que a pesquisa foi realizada (2010), porém, 12 universidades compunham o Comung. Portanto, neste artigo, as análises serão empreendidas a partir das informações dos *sites* das seguintes universidades: Federação de Estabelecimentos de Ensino Superior em Novo Hamburgo (FEEVALE), Pontifícia Universidade Católica do Rio Grande do Sul (PUCRS), Universidade Católica de Pelotas (UCPel), Universidade de Caxias do Sul (UCS), Universidade de Cruz Alta (UNICRUZ), Universidade Regional do Noroeste do Estado do Rio Grande do Sul (UNIJUÍ), Universidade do Vale do Rio dos Sinos (Unisinos), Universidade de Santa Cruz do Sul (UNISC), Universidade Integrada Vale do Taquari de Ensino Superior (UNIVATES), Universidade de Passo Fundo (UPF), Universidade da Região da Campanha (URCAMP) e Universidade Regional Integrada do Alto Uruguai e das Missões (URI).

> A população é, portanto, de um lado, a espécie humana e, de outro, o que se chama de público. [...] O público, noção capital no século XVIII, é a população considerada do ponto de vista das suas opiniões, das suas maneiras de fazer, dos seus comportamentos, dos seus hábitos, dos seus temores, dos seus preconceitos, das suas exigências, é aquilo sobre o que se age por meio da educação, das campanhas, dos convencimentos (Foucault, 2008b, p. 98-99).

Nesse sentido, é sobre a população que o Estado age quando pretende criar a cultura da universidade para "todos", pois o objetivo é atingir os sujeitos que ainda estão fora de algum espaço e que não podem ser controlados. Éimportante lembrarmos que tal cultura não está desvinculada de uma política e um contexto mais amplos de educação para todos. Por isso, destaco a Política Nacional de Educação Especial na Perspectiva da Educação Inclusiva (2007), a qual aponta três marcos da década de 1990 que contribuíram para o entendimento de que a educação deveria ser para todos, na perspectiva da inclusão: o Estatuto da Criança e do Adolescente (Lei nº 8.069/90), a Declaração Mundial sobre Educação para Todos (Jomtien, 1990) e a Declaração de Salamanca (1994). Além disso, já a partir da Constituição Federal de 1988, pretendia-se garantir que o atendimento educacional especializado aos "portadores de deficiência[63]" ocorresse, preferencialmente, na rede regular de ensino. Desde então, políticas, práticas e programas governamentais convergem para o mesmo objetivo: a inclusão de *todos*.

Assim, a inclusão vem sendo tomada como um imperativo, como um mandamento contemporâneo gestado na cultura. Esse investimento é feito com o intuito de acolher, reproduzir e reforçar determinadas prescrições normativas e conduzir os sujeitos a fim de estreitar a relação com o Estado, para que este possa ter um controle maior sobre a população (Gadelha, 2009). Desse modo, as instituições de ensino superior são chamadas a serem parceiras do Estado e tornam-se fundamentais por serem um meio de o Estado viabilizar os programas de acesso criados pelo MEC e manter um número cada vez maior de sujeitos na universidade. Tais programas possibilitam que um maior número de estudantes esteja incluído em algum espaço e que, dessa forma, seja mais facilmente controlado por meio da inserção na universidade. Além de aumentar os números nas estatísticas de estudantes que chegam ao ensino superior, esses programas possibilitam o controle de uma parcela da população que hoje, fora das universidades, pode vir a tornar-se um risco social.

[63] Expressão utilizada na Constituição Federal de 1988.

O Estado, então, utiliza estratégias – programas de acesso ao ensino superior – que, aliadas à educação, viabilizam o aumento da produtividade de uma população e maximizam seus rendimentos ao longo da vida (Gadelha, 2009).

Traversini e Bello (2009) argumentam que "as estatísticas como tecnologias para governar operam duplamente: por um lado, conduzem à tomada de decisão para intervir; por outro, pelo discurso numérico, expressam os efeitos das intervenções propostas" (Traversini; Bello, 2009, p. 145). Olhando por esse viés, é possível entender que as universidades não podem ficar fora do processo de incluir a todos. Lopes argumenta que a "[...] inclusão, via políticas de inclusão escolares, sociais, assistenciais e de trabalho, funciona como um dispositivo biopolítico a serviço da segurança das populações" (Lopes, 2009, p. 156).

Hoje, com o imperativo da inclusão, o Estado, por meio da parceria com o mercado e a empresa, promove práticas que vão em direção à inclusão. Desse modo, o Estado procura conduzir a conduta de todos, que ficam comprometidos com uma ideia salvacionista da inclusão. Já as universidades precisam criar estratégias para viabilizar o ingresso do maior número de estudantes possível, a fim de que continuem ativas no jogo econômico do neoliberalismo. Além do fator sustentabilidade, que pode permitir às universidades manterem-se financeiramente com os recursos gerados pelas mensalidades dos seus alunos[64], o ingresso de mais estudantes também é produtivo porque pode conferir a elas a "marca" de universidade inclusiva. Tal marca, na Contemporaneidade, pode ser um diferencial das universidades, visto que vivemos num período em que é desejável que todos tenham acesso à educação, em todos os níveis de ensino. Fontenelle (2002), ao analisar a constituição da marca McDonald's, argumenta que "[...] é a marca que define, particulariza, diferencia um produto ou um conjunto de produtos além do seu aspecto físico, material" (Fontenelle, 2002, p. 177). Considerando-se que as universidades também precisam encontrar meios de diferenciar-se entre tantas instituições de ensino superior, é importante que se mostrem preocupadas e atentas ao imperativo da inclusão, abrindo-se para processos mais inclusivos e investindo em sujeitos que ainda não fazem parte da comunidade acadêmica.

A consequência dessas estratégias pode ser visualizada nos resultados dos censos da educação superior, quando são divulgados os números de estudantes que ingressaram nesse nível de ensino. Apontando-se para os índices de ingresso em determinadas instituições, pode-se fazer uma

[64] Mensalidades que nem sempre são pagas pelos alunos, mas por meio das bolsas do governo.

relação com a marca de universidade inclusiva, o que, de certa forma, pode gerar maior interesse e procura pelas universidades politicamente corretas.

Dessa forma, uma racionalidade política e inclusiva impõe-se através de tantos programas e políticas criados pelo Estado na busca por atender a todos. Contudo, argumento que, mesmo com a ideia de universidade para *todos*, ainda não vivemos essa cultura dentro das instituições de ensino superior. Sempre existirão aqueles que não terão condições de chegar a esse nível de ensino ou que resistirão à lógica de que "todos" precisam estar na universidade. De qualquer maneira, o que se percebe é que, mesmo dentro das universidades, os estudantes não têm condições e possibilidades *todas iguais*. Por isso, Lopes *et al* (2010) utilizam a expressão *gradientes de inclusão* para falar sobre a dificuldade de utilizar, em suas pesquisas, as expressões *incluído* e *excluído* separadamente e não marcar uma posição fixa. Isso porque "[...] qualquer sujeito, dentro de 'seu nível de participação' poderá, a todo o momento, estar incluído ou ser excluído de determinadas práticas, ações, espaços e políticas" (Lopes *et al*, 2010, p. 5-6). Por esse motivo, somente permitir o acesso não basta. Sem dúvida, o acesso e a acessibilidade são fundamentais, mas a mobilidade e a equidade também devem ser entendidas como indispensáveis para que a inclusão universal se institua como uma forma de vida (Lopes *et al*, 2010). Entendo que, mesmo que as universidades desenvolvam políticas para proporcionar a permanência dos estudantes, ainda assim, teremos diferentes gradientes de inclusão, pois ela não pretende ser igual para todos.

O imperativo da inclusão, ao ganhar força por meio da mobilização de diferentes grupos sociais, exige do Estado a criação de políticas e ações inclusivas, ao mesmo tempo em que esse imperativo também é assumido e produzido pelo Estado. Vejo que essa lógica não se constitui apenas pelos movimentos sociais; ela tem força de Estado e funciona como uma tecnologia que põe em funcionamento a governamentalidade. Dessa forma, o imperativo da inclusão impõe-se para as instituições educacionais, que precisam criar estratégias para "todos" terem oportunidades de ingressar na universidade. Olhando para a legislação existente – que enfoca primeiramente a educação básica e, mais tarde, o ensino superior –, é possível perceber como esse imperativo chega. Mesmo não possuindo tanta potência quanto possui na educação básica, a inclusão nas universidades emerge a partir de 2001, acompanhando a trajetória percorrida na escola e na sociedade.

É interessante observar que, independentemente de serem ou não oportunizadas condições para que *todos* ingressem no ensino superior, não há como interferir nos processos de subjetivação que envolvem a vontade dos sujeitos de ingressar no ensino superior. Silva (2008), ao analisar capas do caderno Vestibular/ZH[65], com o objetivo de problematizar como as condutas dos sujeitos universitários são conduzidas por meio dessa mídia, traz uma contribuição importante para esta discussão quando diz:

> O estar na universidade é enunciado como uma conquista em um tempo-espaço marcado pela individualização das responsabilidades. A ideia de conquista não apenas responsabiliza os leitores de Vestibular/ZH, como também os interpela, capturando-os para entrarem no jogo individual da busca pelo sucesso no mercado de trabalho (Silva, 2008, p. 98).

Assim, podemos entender que essa mídia também produz nos sujeitos o desejo de possuir uma formação superior, pois atrela a esta a possibilidade de obtenção do sucesso na vida profissional. Tal sucesso é resultado de um esforço individual que cada sujeito deve empreender para atingir os seus objetivos. Com isso, podemos visibilizar um tipo de governamentalidade

> [...] que busca programar estrategicamente as atividades e os comportamentos dos indivíduos; trata-se, em última instância, de um tipo de governamentalidade que busca programá-los e controlá-los em suas formas de agir, sentir, pensar e de situar-se diante de si mesmos, da vida que levam e do mundo em que vivem, através de determinados processos e políticas de subjetivação (Gadelha, 2009, p. 151).

Tal forma de condução das condutas instala nos sujeitos o desejo (e a necessidade) de estar na universidade. Uma vez que, na Contemporaneidade, não há mais a vigilância e o controle absolutos por parte do Estado sobre cada um e somos controlados por nós mesmos e pelos outros, a inclusão torna-se responsabilidade de todos e de cada um. Na universidade, os sujeitos aprendem a autogovernar-se e a fazer a gestão de suas vidas. Como cada um deve ser empreendedor de si, a responsabilidade recai sempre sobre os sujeitos. A universidade está "aberta", está aí para que todos tenham a possibilidade de entrar. Contudo, se o sujeito, depois de entrar, não conseguir nela permanecer, a responsabilidade é dele próprio. Gadelha (2009) aponta que a cultura do empreendedorismo vem sendo disseminada de tal forma no campo da educação que é associada

[65] Trata-se de um suplemento do *Jornal Zero Hora*, o jornal de maior circulação no Rio Grande do Sul (SILVA, 2008).

não somente ao sucesso dos sujeitos, como também ao progresso de toda uma sociedade. "Não seria exagerado dizer, nestes termos, que o culto ao empreendedorismo vem sendo apresentado como a panaceia para os males do país e do mundo" (Gadelha, 2009, p. 157). Nesse mesmo sentido, a inclusão muitas vezes é vista como a salvação para os problemas da educação. Contudo, se pensarmos a inclusão apenas por esse viés, ela acaba se tornando mais perversa porque, ao responsabilizar os próprios sujeitos pelo insucesso de sua inclusão, retira-se do Estado e das instituições a responsabilidade pelo fracasso de alguns sujeitos.

Essa cultura da "universidade para todos" pode ser vista como uma estratégia biopolítica, uma vez que o Estado responsabiliza a todos pela inclusão, em um "[...] deslocamento das responsabilidades da União para outros setores, inclusive, para a iniciativa privada [...]" (Sardagna, 2007, p. 181). Como não é possível receber a todos em universidades públicas, criam-se diversos tipos de programas e financiamentos para que as universidades comunitárias também se engajem nesse projeto de inclusão de todos.

Não tomo a inclusão como algo natural, mas como um processo que é viabilizado pelas condições discutidas anteriormente, que possibilitam falarmos em inclusão de todos no ensino superior na Contemporaneidade. No próximo subtítulo, discuto como tal processo ocorre nas universidades comunitárias gaúchas.

A abertura da universidade para "todos"

A inclusão no Ensino Superior é administrada pela Secretaria de Educação Superior do MEC, junto à qual estão descritos os projetos existentes, sendo a maioria deles direcionada para instituições federais. Sob a orientação do MEC, a maioria das universidades pesquisadas adere ao Pro-Uni e ao FIES, programas voltados especificamente para o ingresso de alunos nas instituições privadas, o que será explicado a seguir. Nesse sentido, podemos questionar se apenas o ingresso seria o foco das preocupações das instituições de ensino superior.

O MEC, desde 2003, vem desenvolvendo e incentivando programas para atender alunos que antes não eram considerados público-alvo dessas instituições. Como um exemplo desses programas, temos o Programa de Extensão Universitária (ProExt), criado em 2003, com o objetivo de auxiliar as instituições públicas de ensino superior a desenvolverem projetos de extensão para a criação de políticas públicas voltadas à inclusão social. Outro programa do MEC que atinge as universidades comunitárias é o Pro-Uni. Instituído em 2005, esse programa concede bolsas de estudo integrais ou parciais em universidades particulares para estudantes egressos do ensino médio da rede pública ou para estudantes que foram bolsistas integrais da rede particular. Os alunos podem ter renda *per capita* familiar máxima de três salários mínimos. A seleção dos candidatos ocorre por meio das notas obtidas no Exame Nacional do Ensino Médio (ENEM). Às instituições que aderirem ao programa, é oferecida isenção de alguns tributos (BRASIL, 2012).

Além desse programa, as instituições comunitárias também podem aderir ao FIES, destinado a financiar a graduação para estudantes que não possuem condições financeiras de pagar seus estudos integralmente em instituições privadas. Podem inscrever-se para o financiamento os estudantes matriculados em cursos superiores que tenham avaliação positiva nos processos conduzidos pelo Ministério da Educação (BRASIL, 2012). Há também o crédito universitário PRAVALER, um financiamento estudantil que oferece a possibilidade de parcelamento para cursos de graduação, pós-graduação (MBA, especialização, mestrado, doutorado) e cursos técnicos.

A seguir, apresento outras formas de acesso ao ensino superior, planejadas por universidades comunitárias gaúchas. Na universidade FEEVALE, além dos programas acima citados, existem as bolsas carência, licenciatura, Fisem (benefício que possibilita ao aluno descontos de 30 a 50% sobre o valor semestral do curso e é concedido para acadêmicos matriculados na modalidade final de semana) e bolsa diurno. A UNIJUÍ também possui diversos tipos de bolsas, tais como: Programa Especial de Bolsa de Estudo Gratuidade Parcial-GRUPO FAMILIAR, Programa Especial de Bolsa de Estudo de Gratuidade Parcial-Matrícula em Mais de um Curso e Bolsas de Gratuidade para Atividades Extracurriculares. Na mesma direção, a Unisinos mantém as bolsas de incentivo às licenciaturas de 50%, bolsas de incentivo para cursos de bacharelado em Biologia, Educação Física e Serviço Social, com desconto de 40% para matrícula em 12 créditos ou mais, cursos de graduação tecnológica, com valores diferenciados, e política de descontos para empresas conveniadas e entidades de classe. Na UNIVATES, existem: o FAE, um fundo de apoio ao estudante, que é destinado a auxiliar os alunos com as mensalidades da universidade quando há situação de despesas médico-hospitalares, remoção médica, perda de emprego ou óbito; o PCR, que é um tipo de financiamento para alunos dos cursos técnicos da instituição; e o desconto família, que é concedido aos membros de um mesmo grupo familiar matriculados nos cursos de graduação, sequenciais e técnicos. Os benefícios oferecidos pela PUCRS são: Bolsa Licenciatura, Bolsa Diplomados, Desconto Bolsa Familiar e Convênio PEC-G, entre outros. A UPF também oferece várias possibilidades de ingresso, tais como: Bolsas Dissídio Professores, Bolsa Dissídio Funcionários e Bolsa UPF Idiomas, que proporcionam descontos variados para professores, funcionários e seus dependentes. Outros tipos de benefícios da UPF são convênios, financiamentos e descontos nas mensalidades.

Os programas acima descritos e os diferentes tipos de bolsas e financiamentos existentes nas universidades do Comung podem ser entendidos como uma forma de inclusão social, mas também como um dos grandes "carros-chefes" das políticas de inclusão na universidade. Embora seja a intenção do Estado incluir a *todos*, é possível identificar um maior investimento em políticas para a inclusão de pessoas com menores condições econômicas do que de qualquer outro grupo de sujeitos. Tal acontecimento mostra que o grande investimento do Estado nessa população é um meio de fazer a racionalidade econômica funcionar. Dizendo de outra forma, de acordo com Lopes (2009), é possível afirmar que o Estado, ao investir no pobre, pretende oferecer a essas pessoas condições mínimas para que possam entrar e continuar participando no jogo econômico do neoliberalismo. Desse modo, ao possibilitar às pessoas que possuem menos condições financeiras entrarem na universidade, o Estado oportuniza também que elas aprendam a ser empreendedoras de suas próprias carreiras e suas vidas. Tal investimento torna-se produtivo e possibilita-nos ver a governamentalidade operando como uma estratégia para diminuir o risco social de haver tantas pessoas conduzidas de forma assistencial, além de proporcionar condições mínimas para que possam fazer a gestão de suas próprias vidas. Assim, esses sujeitos aprendem que precisam entrar e permanecer no jogo, ou seja, precisam manter-se incluídos, pois o que conta agora é a forma como cada um joga. Em outras palavras, importa participar desse jogo econômico, uma vez que se acredita que são dadas as condições para que todos possam jogar.

Programas do MEC como o Pro-Uni e o FIES existem em quase todas as universidades pesquisadas. O que isso significa, senão a ação do Estado sobre as universidades? No imperativo da inclusão, está o Estado fazendo o gerenciamento e o controle para que a inclusão se efetive ou, pelo menos, para que os programas de acesso sejam concedidos. Segundo Veiga-Neto (2000, p. 198), "[...] os discursos neoliberais insistem em afirmar que o Estado deve se ocupar só com algumas atividades 'essenciais', como a educação e a saúde; e, assim mesmo, encarregando-se de, no máximo, regulá-las ou provê-las". Sendo assim, às universidades não restam alternativas, a não ser entrar nesse jogo e possibilitar que todos tenham uma chance de ingressar no ensino superior. Vencida essa etapa inicial, cada sujeito deve seguir lutando por seu espaço, cuidando de sua vida e de sua carreira. A universidade oferece oportunidades para que todos os sujeitos continuem seus estudos nela, mas na Contemporaneidade a ênfase está na capacidade individual de cada um manter-se incluído e responsabilizado por isso.

Hoje, uma parcela da população que antes não chegava ao ensino superior, pois este era para os poucos pertencentes à elite, está ocupando os bancos das universidades. Independentemente do processo de escolarização pelo qual os sujeitos passaram, na lógica da inclusão social, "todos" podem ter acesso ao ensino superior. E por que dar o acesso para todas as pessoas? Justamente porque um princípio do neoliberalismo é incluir todos, permitir que todos tenham condições de participar do jogo. Lopes (2009), ao argumentar sobre uma das regras do neoliberalismo, diz que "[...] todos devem estar incluídos, mas em diferentes níveis de participação [...] Não se admite que alguém perca tudo ou fique sem jogar" (Lopes, 2009, p. 155). Então, as condições econômicas, que antes eram impeditivas para o ingresso em uma universidade, hoje já não são mais. Pelo menos é essa a ideia que se pretende passar com a lógica da "universidade para todos", priorizando-se o acesso, mas ainda com pouca preocupação com a aprendizagem e a permanência dos alunos.

Bauman (2008), ao discutir sobre a "sociedade individualizada" na qual vivemos, contribui para esta reflexão, se pensarmos que os sujeitos precisam aprender a lutar por suas posições na sociedade, lutar por seu emprego e lutar para que sejam incluídos. Essa sociedade também modifica a maneira de conduzir os processos de ensino e aprendizagem das universidades, uma vez que as instituições de ensino superior precisam proporcionar espaços onde os estudantes possam desenvolver determinadas competências, visando ao seu preparo para atuar de forma autônoma em sua vida profissional. Se todos precisam estar incluídos, permanecer incluídos e aprender que não basta estar na universidade, então, a proliferação de programas para atender à população universitária será necessária.

Foucault (2008a, p. 311), ao caracterizar o *Homo oeconomicus* como um "[...] empresário de si mesmo, sendo ele próprio seu capital, sendo para si mesmo seu produtor, sendo para si mesmo a fonte de [sua] renda", traz mais um elemento para esta análise. Além de abrir suas portas para "todos", as universidades precisam dirigir seus processos de ensino com os estudantes nessa direção, para que aprendam a ser os gestores de si próprios. Para Silva (2008), "esse sujeito universitário, ao fazer da educação superior um investimento em si mesmo, tem suas condutas conduzidas na direção de uma superação de si – um universitário que desconhece seus limites e por isso busca sempre mais" (p. 101). Sendo assim, a propagação desse "modo empresa" faz com que não apenas na universidade, mas principalmente na sociedade, os sujeitos necessitem superar a si próprios o tempo todo, pois a concorrência é um ponto crucial. Gadelha (2010), a esse respeito, diz que "[...] um dos traços mais incisivos da cultura do empreendedorismo em nossa contemporaneidade é o modo como ela induz os indivíduos a estabelecerem entre si relações marcadas pela concorrência, pela competitividade" (GADELHA, 2010, p. 22).

Portanto, os programas de acesso ao ensino superior são produtivos tanto para as universidades, que precisam dos estudantes para que possam continuar no jogo econômico do neoliberalismo, quanto para os estudantes, pois com tantos incentivos criados, hoje eles têm a possibilidade de ingressar em uma universidade e participar, mesmo que minimamente, desse jogo econômico. Dessa forma, além de contribuir com o aumento dos números das estatísticas, o ingresso dos estudantes no ensino superior pretende permitir uma condição mínima a todos, que terão a possibilidade de competir e, em contrapartida, de autogerir-se.

Assim, o Estado cada vez governa menos, para cada vez governar mais. Quero dizer com isso que, na Contemporaneidade, a ação do Estado sobre o indivíduo não se dá mais de forma tão individual, uma vez que a parceria entre o Estado e os diferentes setores da educação determina a cada um responsabilidades, que precisarão ser assumidas de modo a conduzir a promoção de mudanças sociais (DAL'IGNA, 2011). A partir dessa estratégia biopolítica, pretende-se preparar os sujeitos para torná-los mais produtivos ao longo de sua vida, conduzindo-os a realizar a gestão de suas próprias carreiras e de suas vidas.

Referências

BAUMAN, Zygmunt. *A sociedade individualizada: vidas contadas e histórias vividas.* Rio de Janeiro: Jorge Zahar, 2008.

BRASIL. *Ministério da Educação.* Disponível em: <http://portal.mec.gov.br/>. Acesso em: 21 jan. 2012.

CASTRO, Edgardo. *Vocabulário de Foucault – Um percurso pelos seus temas, conceitos e autores.* Belo Horizonte: Autêntica, 2009.

COMUNG. *Consórcio das Universidades Comunitárias Gaúchas.* Disponível em: <http://www.comung.org.br>. Acesso em: 14 abr. 2012.

DAL'IGNA, Maria Cláudia. *Família S/A: Um estudo sobre a parceria família-escola.* Porto Alegre: UFRGS, 2011. 182f. Tese (Doutorado em Educação)-Programa de Pós-Graduação em Educação, Faculdade de Educação, Universidade Federal do Rio Grande do Sul, 2011.

FEEVALE. Disponível em: <http://www.feevale.br/>. Acesso em: 15 jan. 2012.

FONTENELLE, Isleide Arruda. *O nome da marca: McDonald's, fetichismo e cultura descartável.* São Paulo: Boitempo, 2002.

FOUCAULT, Michel. *Nascimento da biopolítica*. São Paulo: Martins Fontes, 2008a.

FOUCAULT, Michel. *Segurança, território e população*. São Paulo: Martins Fontes, 2008b.

GADELHA, Sylvio. *Biopolítica, governamentalidade e educação: introdução e conexões, a partir de Michel Foucault*. Belo Horizonte: Autêntica, 2009.

GADELHA, Silvio. Governamentalidade (Neo)liberal, concorrência, empreendedorismo e educação: uma abordagem foucaultiana. In: Simpósio Internacional Ihu: O (Des)Governo Biopolítico da Vida Humana, 11, 2010, São Leopoldo, *Resumo...* [s.l.], [s.n.]. [Minicurso: Empreendedorismo, concorrência e educação: faces da governamentalidade neoliberal e da biopolítica contemporânea].

LOPES, Maura Corcini. Políticas de inclusão e governamentalidade. *Revista Educação & Realidade*, Governamentalidade e educação, Porto Alegre, UFRGS/FACED, v. 34, n. 2, p. 153-170, mai./ago. 2009.

LOPES, Maura Corcini *et al.* Inclusão e biopolítica. *Cadernos IHU Ideias*, São Leopoldo, ano 8, n. 144, 2010.

PROVIN, Priscila. *O imperativo da inclusão nas Universidades Comunitárias Gaúchas: produzindo "atitudes de inclusão"?* São Leopoldo: Unisinos, 2011. 159f. Dissertação (Mestrado em Educação)-Programa de Pós-Graduação em Educação, Universidade do Vale do Rio dos Sinos, 2011.

SARDAGNA, Helena Venites. Políticas de educação para todos: um imperativo nos sistemas de ensino. In: DAL'IGNA, Maria Cláudia; LOPES, Maura Corcini (Orgs.) *In/exclusão nas tramas da escola*. Canoas: ULBRA, 2007. p. 173-188.

SILVA, Roberto Rafael Dias da. *Universitários S/A: estudantes universitários nas tramas de Vestibular/ZH*. São Leopoldo: Unisinos, 2008. 166f. Dissertação (Mestrado em Educação) – Programa de Pós-Graduação em Educação, Universidade do Vale do Rio dos Sinos, 2008.

TRAVERSINI, Clarice Salete; BELLO, Samuel Edmundo López. O numerável, o mensurável e o auditável: estatística como tecnologia para governar. *Revista Educação & Realidade*. Governamentalidade e Educação, Porto Alegre, UFRGS/FACED, v. 34, n. 2, p. 135-152, mai./ago. 2009.

UNIJUI. Disponível em: <http://www.unijui.edu.br/>. Acesso em: 15 jan. 2012.

Unisinos. Disponível em: <http://www.unisinos.br>. Acesso em: 15 jan. 2012.

UNIVATES. Disponível em: <http://www.univates.br/>. Acesso em: 15 jan. 2012.

UPF. Disponível em: <http://www.upf.br/>. Acesso em: 15 jan. 2012.

URCAMP. Disponível em: <http://www.urcamp.tche.br/>. Acesso em: 15 jan. 2012.

URI. Disponível em: <http://www.uri.br/>. Acesso em: 15 jan. 2012.

VEIGA-NETO, Alfredo. Educação e governamentalidade neoliberal: novos dispositivos, novas subjetividades. In: PORTOCARRERO, V.; CASTELO BRANCO, G. *Retratos de Foucault*. Rio de Janeiro: Nau, 2000. p. 179-217.

Inclusão digital e governamentalidade

Carine Bueira Loureiro

A disseminação de programas de inclusão digital na educação como uma forma de exercício da governamentalidade é o eixo sobre o qual se inscreve este texto. Com base nos estudos foucaultianos, o objetivo é demonstrar como as políticas educacionais classificadas hoje como programas de inclusão digital funcionam como meios para o fortalecimento dos investimentos, por parte de Estado, em mecanismos de seguridade e como formas de exercício da governamentalidade. O exercício analítico apresentado neste texto está centrado nos programas de inclusão digital voltados para a educação implantados pelo governo federal nos anos 1997 e 2007; são eles: o Programa Nacional de Informática na Educação (ProInfo) e o Programa Um Computador por Aluno (UCA),[66] respectivamente. Com menor centralidade, o Projeto Educom, implantado em 1983, e o Programa Nacional de Informática Educativa (Proninfe), implantado em 1989, também compõem o exercício analítico.

A emergência das tecnologias digitais promove a constituição de *novas formas de vida*[67] na atualidade, influindo na forma como nos relacionamos, nos comunicamos, pensamos, trabalhamos, consumimos, concorremos, etc. Assim, a capacitação tecnológica da população passa a ser uma necessidade tanto para os indivíduos, que precisam manter-se atualizados, quanto para o Estado, que precisa de uma população mais instruída, capacitada para a participação democrática, social e econo-

[66] Com relação ao ProInfo, o material analisado foi o documento Diretrizes do Programa Nacional de Informática na Educação (BRASIL, 1997). No que se refere ao UCA, foram consideradas as informações disponíveis no site <http://www.uca.gov.br/institucional/>. Acesso em: 2 out. 2010.

[67] Para Pelbart (2000), na atualidade, consumimos cada vez mais formas de vida, formas de ver, sentir, pensar, perceber.

micamente ativa – em suma, uma população que esteja inserida no contexto das tecnologias digitais. Com isso, percebe-se a necessidade de investimentos para a formação do maior número possível de indivíduos providos de habilidades e competências para a participação plena na vida em sociedade. Nesse contexto, a inclusão digital passa a ser o mecanismo para que tais investimentos sejam efetivados (Kampff, 2009), cabendo ao Estado solucionar o problema da exclusão.

Em uma publicação da Câmara dos Deputados referente à capacitação tecnológica da população, a inclusão digital aparece "como objetivo principal de programas de disseminação do uso das tecnologias digitais nas escolas" (Brasília, 2008, p. 52). Ainda na mesma publicação, uma declaração da Organização para a Cooperação e Desenvolvimento Econômico (OCDE) diz que "aqueles a quem é negado o direito de desenvolver as habilidades e competências exigidas pelas novas TICs tornam-se cada vez menos capazes de se inserir e de participar de economias e sociedades crescentes e dependentes de tecnologia" (Brasília, 2008, p. 25).[68]

A escola, então, constitui-se no *locus* ideal para a proliferação de ações que disseminam o uso das tecnologias digitais, visando, com isso, à inclusão digital tanto dos escolares quanto da população em geral. Neste texto, parte-se da hipótese de que a articulação entre a disseminação do uso das tecnologias digitais na educação e a inclusão visa a ampliar as condições de participação dos indivíduos nas formas de vida da atualidade para que estes aprendam a se autogerir. Tais investimentos já eram postos em prática em 1983, através do Projeto Educom, e em 1989, através do Proninfe.[69] Em ambos os casos, percebe-se a necessidade de ampliar as possibilidades de acesso aos meios digitais e os investimentos na constituição de sujeitos em condições de participação.

A fim de tornar mais claras as relações e proximidades entre tecnologia e educação, na primeira seção deste texto – "O uso da tecnologia como uma necessidade" –, são apresentados alguns delineamentos sobre a necessidade do uso das tecnologias digitais na atualidade e como a educação institucionalizada se compromete com a constituição de

[68] Dentre os objetivos da OCDE (BRASIL, 2011a), está a expansão (maior possível) da economia, do emprego e do progresso da qualidade de vida; a manutenção da estabilidade financeira; o desenvolvimento e expansão da economia e do comércio mundial.

[69] O Projeto Educom foi um projeto piloto desenvolvido por cinco universidades brasileiras. Seu objetivo era utilizar o computador como uma ferramenta facilitadora da aprendizagem. Foi uma iniciativa pioneira em termos da disseminação do uso da informática na educação. Uma segunda proposta de disseminação do uso da informática na educação, neste caso, em nível nacional, foi o Programa Nacional de Informática Educativa (Proninfe), em 1989.

indivíduos capazes de se incluir nas formas de viver na atualidade. Na seção "Inclusão digital", são trazidos alguns movimentos relacionados à inclusão e à inclusão digital e levantadas questões que tornam produtiva a articulação entre a disseminação do uso das tecnologias digitais na educação e a inclusão. A analítica que demonstra tal articulação operando a favor da governamentalidade é desenvolvida na seção intitulada "O exercício da governamentalidade através da inclusão digital na educação". Para concluir, são demonstrados os principais deslocamentos e conclusões obtidos com o desenvolvimento deste estudo no que se refere ao percurso histórico de disseminação do uso das tecnologias digitais na educação no ensino público no Brasil.

O uso da tecnologia como uma necessidade

A escola moderna, desde o seu surgimento, funciona como a principal instituição a operar na constituição de sujeitos capazes de viver, relacionar-se e comportar-se socialmente. Mais especificamente, no caso da escola moderna, sua função consiste em educar o indivíduo para se comportar de acordo com um tempo contínuo e linear, em um espaço bem ordenado, com regras rígidas e bem definidas. Em suma, a função dessa escola é a constituição de um indivíduo disciplinado, capaz de se autogovernar conforme as regras por ele internalizadas, conforme o que lhe ensina a escola. Essa disciplinarização atua sobre os eixos do corpo e do saber, e ambos estão implicados, segundo Veiga-Neto (2007, p. 101), no "poder disciplinar, do qual depende a nossa 'capacidade' de nos autogovernarmos mais e melhor". Assim, é através da educação institucionalizada que a criança melhor aprende a disciplinar seu corpo, a controlar as suas atitudes, e, por meio de horários e espaços bem definidos e avaliações regulares, espera-se que seu conhecimento seja ampliado.

Na atualidade, a função da escola não se distancia por completo da necessidade de constituição de sujeitos disciplinados, voltando-se também para a constituição do sujeito capaz de viver conforme os modos de vida contemporâneos. Nesse contexto, a necessidade e a importância do uso das tecnologias digitais na educação parecem incontestáveis. Atrelado a essas mudanças, torna-se necessário que um número cada vez maior de pessoas saiba fazer uso dos recursos digitais e desenvolva condições de viver este tempo. O papel da escola parece modificar-se, pois formar sujeitos disciplinados já não é mais a sua função primeira, mas sim formar sujeitos com habilidades e competências para gerar seu próprio emprego e suas condições de consumir e concorrer, ou seja, sujeitos participativos das formas de vida da atualidade.

As funções do professor também se modificam, e este, cuja função era ensinar conteúdos, passa a ser o "facilitador, supervisor, consultor do aluno no processo de resolver o seu problema" (Valente, 1999, p. 40). Da mesma forma, as atribuições do aluno são alteradas, e a este cabe

> [...] desenvolver habilidades e competências, como ter autonomia, saber pensar, criar, aprender a aprender, de modo que possa continuar o aprimoramento de suas ideias e ações, sem estar vinculado a um sistema educacional. Ele deve ter claro que aprender é fundamental para sobreviver na sociedade do conhecimento (Valente, 1999, p. 41).

Pensar sobre o sujeito da atualidade e sobre as implicações que o advento das tecnologias digitais têm na constituição desse sujeito envolve pensar sobre a necessidade de fazer-se uso de tais recursos e sobre a relação de imanência que existe entre a escola e a sociedade, ou seja, pensar a escola como produtora de novas formas de vida e produzida por estas. Dito de outro modo, se a escola é uma instituição fabricada pela sociedade e tem por função a constituição do sujeito capaz de viver conforme os modos de vida nos quais a sociedade se insere, então, passa a ser função da educação escolarizada produzir o indivíduo capaz de pensar, sentir, comportar-se, relacionar-se, trabalhar, consumir e concorrer conforme os modos de vida da atualidade – e, por que não dizer, os modos de vida neoliberais.[70] Dessa maneira, passa a ser função da educação escolarizada pôr em funcionamento estratégias que visem a reduzir os índices de evasão e reprovação, bem como conceder, ao maior número possível de indivíduos, ampliação do nível de escolaridade e qualificação para o trabalho. Assim, estratégias são postas em funcionamento a fim de que sejam ampliadas as condições mínimas de participação.

Tais condições de participação estão diretamente relacionadas aos investimentos na constituição de sujeitos que saibam operar com as tecnologias digitais e que, por meio da utilização dessas ferramentas, desenvolvam autonomia, criatividade, iniciativa. Por intermédio da inclusão digital, são feitos investimentos na formação de sujeitos que sejam capazes de se autogestar, de se responsabilizar pelos investimentos em si – que devem ser constantes e por toda a vida –, de criar seu próprio emprego; sujeitos que sejam interativos, comunicativos e consumidores e que desenvolvam condições para concorrer. Conforme descrito no documento *Diretrizes*, do ProInfo,

[70] Sobre governamentalidade neoliberal e educação, referencio as produções de Veiga-Neto (2002), Lopes (2009), Saraiva e Veiga-Neto (2009) e Klaus (2011).

É, portanto, vital para a sociedade brasileira que a maioria dos indivíduos saiba operar com as novas tecnologias da informação e valer-se destas para resolver problemas, tomar iniciativas e se comunicar. [...] E o *locus* ideal para deflagrar um processo dessa natureza é o sistema educacional (Brasil, 1997, p. 2).

Quadro 1 - Diretrizes do ProInfo

A necessidade de ampliar o número de alunos na educação básica e de capacitá-los para o uso das tecnologias digitais começa a ser manifestada a partir da implantação do Proninfe, em 1989. Nessa época, expressões como *ampliação de oportunidade* e *universalização do ensino*, relacionadas à preocupação com a redução de índices de evasão e repetência, demonstram o quanto a disseminação do uso das tecnologias digitais está ligada a práticas cujo objetivo é trazer um número cada vez maior de indivíduos para a escola. Em outras palavras, pode-se dizer que, no final dos anos 1980, percebem-se investimentos, por parte do Estado, na articulação entre a disseminação do uso das tecnologias digitais na educação e a inclusão.

Inclusão digital

As políticas de inclusão digital são um subconjunto de um conjunto maior formado por práticas inclusivas, ou seja, a inclusão é um grande guarda-chuva que abarca inúmeras outras práticas inclusivas. As políticas e o próprio uso da palavra *inclusão*, a partir da sua emergência, na última década do século XX,[71] passam a ser uma das formas utilizadas pelo Estado para conferir condições mínimas de participação social, econômica, política e de consumo a segmentos da população que até então não apareciam aos olhos do próprio Estado. Nesse sentido, no Brasil, em decorrência da proliferação de ações a favor de uma lógica inclusiva,[72] o termo *inclusão* na atualidade é utilizado amplamente, podendo "caracterizar distintas condições de vida, de participação social, cultural, escolar, política, etc." (Lopes, 2010, p. 4). Por essa via, a palavra aparece relacionada a diferentes formas de inclusão – por raça/etnia, gênero, deficiência – e a diferentes contextos – inclusão digital, escolar, no trabalho, social, etc.

Seguindo a proliferação de usos da palavra *inclusão*, o termo *inclusão digital* também começa a ser utilizado, e, em 2001, tem-se a primeira

[71] A palavra *inclusão* emerge na segunda metade da década de 1990, mais especificamente no segundo mandato do presidente Fernando Henrique Cardoso (RECH, 2010).

[72] Cito como exemplo a inclusão social por meio de políticas de assistência social, como o Bolsa Família, e de programas de inclusão digital, inclusão escolar, inclusão no mercado de trabalho, etc.

edição do evento Oficina para a Inclusão Digital. Para o governo federal, a inclusão digital é "um direito de cidadania e, portanto, objeto de políticas públicas para sua promoção" (Brasil, 2004, p. 12). Nessa esteira, o ProInfo, em funcionamento desde 1997, passa a integrar a lista de programas de inclusão digital mantidos pelo governo federal. Neste ponto, cabe uma ressalva, qual seja: no documento *Diretrizes* do ProInfo, não há referências ao termo *inclusão digital*, porém, com a proliferação de políticas de inclusão, o programa passa a ser considerado como uma ação de inclusão digital.

O ProInfo foi um programa criado e posto em funcionamento no governo Fernando Henrique Cardoso para a disseminação do uso da informática na educação e para a implantação de laboratórios de informática em escolas públicas. O programa teve continuidade no governo do presidente Luís Inácio Lula da Silva e segue em funcionamento no governo da presidente Dilma Roussef. Diferentemente do programa anterior, o programa UCA, cujas ações experimentais tiveram início em 2007, menciona a inclusão digital já nos seus objetivos, tendo como pressuposto "ser um projeto educacional utilizando tecnologia, *inclusão digital* e adensamento da cadeia produtiva comercial no Brasil" (UCA, 2011, [s. p.], grifos meus).

Ao longo da pesquisa sobre a disseminação do uso das tecnologias digitais na educação, percebe-se que a articulação entre tais tecnologias e a inclusão opera reeducando e conduzindo os indivíduos para outra forma de vida, ou seja, para uma nova configuração de sociedade, na qual o acesso a dados e informações são imprescindíveis, pois propiciam um melhor controle sobre as ocorrências relativas à população. O consumo e a concorrência precisam ser fomentados, as formas de comunicação alteram-se e as ferramentas digitais influem diretamente sobre a constituição das novas formas de vida. Tais necessidades podem ser evidenciadas já em 1989, na apresentação do Proninfe, que traz o seguinte:

> A educação assume, hoje, um decisivo papel na retomada do desenvolvimento do País e na construção de um futuro que, sem sombra de dúvidas, será caracterizado pelo domínio da ciência e da tecnologia.
>
> Dessa ciência e dessa tecnologia resultam, em verdade, produtos que devem ser colocados a serviço do próprio processo educacional, *de forma que possa ele adaptar-se, com urgência, à dinâmica de uma sociedade que se moderniza.* É o que vem ocorrendo na área da informática pelo uso do computador, como valioso instrumento que é de renovação pedagógica e de extensão das oportunidades educacionais (Brasil, 1989, [s. p.], grifos meus).

Quadro 2 - Diretrizes do Proninfe

O mesmo programa, em 1994, reeditou o documento no qual são apresentadas suas diretrizes e atualizou a apresentação da proposta com o seguinte texto:

> *O desenvolvimento da ciência, educação e da tecnologia na sociedade brasileira será a mola propulsora para as mudanças políticas, econômicas e sociais* que se afiguram neste fim de século.
>
> Dentre as inovações tecnológicas, a informática é, sem dúvida, a que surge e se moderniza dando suporte ao conhecimento e às comunicações, capaz de provocar impactos em todos os segmentos da sociedade. *Advém daí mudanças de normas, princípios e padrões sociais* (Brasil, 1994, [s. p.], grifos meus).

Quadro 3 - Diretrizes do Proninfe

Em 1997, com a implantação do Proinfo, a preocupação com as mudanças – de ordem social, econômica, do trabalho, do conhecimento e política – provocadas pelo uso crescente das tecnologias digitais é ainda mais evidenciada na contextualização do programa, conforme descrito no excerto a seguir:

> *Os avanços tecnológicos trazem consigo mudanças nos sistemas de conhecimento, novas formas de trabalho e influem na economia, na política e na organização das sociedades.* São responsáveis pelas principais características do *modus operandi* da "aldeia global": internacionalização da produção, globalização das finanças, mudança internacional do trabalho, movimentos migratórios do Sul para o Norte e competição ambiental (Brasil, 1997, p. 1, grifos meus).

Quadro 4 - Diretrizes do ProInfo

Nesses excertos, percebe-se que a escola é tomada como o local adequado e necessário para os investimentos na disseminação do uso da tecnologia; é a instituição que propicia, de forma mais econômica, a capacitação tecnológica de uma parcela significativa da população. A articulação entre as tecnologias digitais no espaço escolar e a inclusão visa a atingir não só os escolares, mas também seus familiares e a comunidade de um modo geral. No 3º Workshop de Disseminação "Preparando para a Expansão: Lições de Experiência Piloto Brasileira na Modalidade UCA", o Ministério da Educação (MEC), através da Secretaria de Educação a Distância, responde da seguinte forma à pergunta *por que um computador por aluno?*:

Novas dimensões tecnológicas de acesso à informação e novas relações com o saber que podem resultar em tendências educacionais inovadoras, capazes de revelarem novos e promissores horizontes de trabalho do conhecimento nas escolas: – Mobilidade; – Imersão tecnológica da escola; – Conectividade sem fio; – Computação 1:1; – Convergência e uso de diferentes mídias.

Essas dimensões possibilitam usos diversos dentro e fora da escola, a articulação de diferentes conceitos permeados na sociedade e cultura digital, como o aprender pela interação em redes sociais e o desenvolver as competências e habilidades exigidas pela sociedade contemporânea; a criação de redes em interação contínua aluno com aluno, aluno com professor, professor com especialista e um tanto outro número de outros enlaces numa experiência coletiva, rica, inovadora e multiplicadora do conhecimento (Brasília, 2010, p. 4, grifos meus).

Quadro 5 - Diretrizes do ProInfo

O investimento em práticas de inclusão digital pelas vias da educação institucionalizada é tratado como uma via para o acesso a trabalho, consumo, melhores condições de vida ou de participação social e oportunidades iguais, mas não se pode deixar de mencionar que tal investimento também tem como um de seus propósitos minimizar riscos sociais. Em outras palavras, incluir digitalmente é também uma forma de trazer para um lugar de vigilância, controle e regulação, bem como de dar condições de participação àqueles que, de algum modo, se encontram em situação de exclusão, seja por falta de emprego ou de residência fixa, seja por se encontrarem em situação de marginalidade ou abaixo da linha da pobreza. Trata-se daqueles que podem representar certo tipo de risco para a população e, consequentemente, para o Estado – risco de marginalidade, de depender do Estado por um tempo indefinido ou de escapar-lhe à vigilância.

Por esse viés, a educação constitui-se em um campo fundamental na consolidação de ações que têm como objetivo trazer os indivíduos para um lugar comum onde a regulação e o controle sobre eles podem ocorrer de forma mais efetiva. Dentro desse contexto, incluir digitalmente a população permite aprimorar as formas de ação tanto sobre cada indivíduo em particular quanto sobre o conjunto da população que se quer governar, minimizando riscos de exclusão, sejam eles digitais, sociais, do trabalho ou da própria educação. Mais do que isso, conforme problematizado por Veiga-Neto e Lopes (2011), a inclusão escolar funciona tanto como um dispositivo da governamentalidade neoliberal quanto como um dispositivo biopolítico a favor da segurança da população.

O exercício da governamentalidade através da inclusão digital na educação

A governamentalidade, entendida como forma de condução das condutas do corpo-espécie da população, orienta as formas de viver na atualidade. Nos discursos que disseminam o uso das tecnologias digitais na educação, aparece enfatizada a necessidade de constituição, através da escola, de um sujeito afinado com essas formas de viver que têm como características o consumo, mas principalmente a competição. Em outras palavras, são formas de viver produzidas por uma governamentalidade neoliberal. A articulação entre o uso das tecnologias na educação e a inclusão configura-se como uma aliança bastante profícua para o exercício da governamentalidade, pois se constitui em uma possibilidade de o Estado fazer, a custos mínimos, investimentos para que os indivíduos ligados ao sistema público de ensino desenvolvam condições, mesmo que mínimas, de participação. Através dessa articulação, são feitos investimentos na constituição de sujeitos competitivos, consumidores, colaborativos, que reconheçam a importância de investirem em si mesmos ao longo da vida, que sejam capazes de desenvolver habilidades e competências condizentes com o uso das tecnologias digitais e que ampliem as suas possibilidades de manter a si mesmos e a outros que sejam seus dependentes. A necessidade de um novo posicionamento da educação frente a essas mudanças – provocadas pelas novas configurações do trabalho, das relações sociais, das formas de comunicação, etc. – pode ser observada nos excertos a seguir, extraídos do documento das *Diretrizes* do ProInfo.

> A exigência de *novos padrões de produtividade e competitividade* em função dos avanços tecnológicos, a *visão de que o conhecimento é a matéria-prima das economias modernas* e que a evolução tecnológica vem afetando não apenas os processos produtivos, mas também as formas organizacionais, as relações de trabalho e a maneira como as pessoas constroem o conhecimento *requerem um novo posicionamento da educação.* Ao lado da necessidade de uma sólida formação básica, é preciso, também, *desenvolver novos hábitos* intelectuais de simbolização e formalização do conhecimento, de manejo de signos e representação, além de *preparar o indivíduo para uma nova gestão social do conhecimento, apoiado num modelo digital de forma interativa* (Brasil, 1997, p. 3, grifos meus).

Quadro 6 - Diretrizes do ProInfo

[...] as novas tecnologias da informação devem ser aproveitadas pela educação para *preparar o novo cidadão*, aquele que deverá colaborar na criação de um novo modelo de sociedade, em que os recursos tecnológicos sejam utilizados como auxiliares no processo de evolução humana (Brasil, 1997, p. 3, grifos meus).

Quadro 7 - Diretrizes do ProInfo

Para o exercício da governamentalidade, importa contar com homens livres; para isso, o acesso à informação torna-se fundamental, pois favorece o funcionamento dos mecanismos de seguridade. Para os mecanismos de seguridade, importa o direcionamento de um olhar mais cuidadoso sobre a população como "objeto e sujeito" (Foucault, 2008a). A população é ao mesmo tempo objeto de estudo e pesquisa, sendo produzidos dados sobre ela. A partir desses dados, são calculadas as probabilidades de risco para a própria população, tornando-a sujeito de ações que visam a minimizar os riscos de exclusão (de qualquer tipo). Portanto, ao mesmo tempo em que a liberdade é um dos preceitos dos mecanismos de seguridade (Foucault, 2008a), para que esta possa existir, o acesso às informações e aos registros é fundamental, pois permite a "regulamentação dos fenômenos da população, o controle de suas oscilações, a compensação de suas irregularidades" (Foucault, 1979, p. 222).

Além da grande importância do acesso à informação pela população, prepará-la para trabalhar com tal informação também se torna imprescindível. Dito de outra maneira, na Contemporaneidade, é necessário que a maioria dos indivíduos saiba operar com a tecnologia, o que os conduz à ampliação do acesso à informação. É uma *norma*,[73] portanto, na sociedade contemporânea, *saber operar com as novas tecnologias*. Nesse caso, é fundamental não só equipar as escolas com computadores, conforme propõe o ProInfo, mas também equipar as escolas com infraestrutura para internet e os alunos e professores com *laptops*, como propõe o programa UCA. Nos excertos a seguir,

[73] A *norma* opera nos mecanismos de seguridade de forma distinta daquela como opera nos mecanismos disciplinares. Foucault (2008) diz que a disciplina é mais *normatizadora*, ela "[...] analisa, decompõe, decompõe os indivíduos, os lugares, os tempos, as gestões, os atos, as operações. Ela decompõe em elementos que são suficientes para percebê-los, de um lado, e modificá-los, de outro" (FOUCAULT, 2008, p. 75). Diferentemente, nos mecanismos de seguridade, primeiro é definido o normal – e não a norma. A partir do normal é que a norma é deduzida, e, nesse caso, os mecanismos de seguridade operam fazendo com que os elementos da realidade atuem uns em relação aos outros.

percebe-se a importância atribuída ao acesso à informação, fortalecendo-se a necessidade de capacitação dos indivíduos para fazer uso da tecnologia – característica que se constitui como *norma* na sociedade de seguridade, própria da Contemporaneidade.

O acesso à informação é imprescindível para o desenvolvimento de um estado democrático. Uma nova sociedade jamais será desenvolvida se os códigos instrumentais e as operações em redes se mantiverem nas mãos de uns poucos iniciados. [...] Uma boa forma de se conseguir isto é usar o computador como prótese de inteligência e ferramenta de investigação, comunicação, construção, representação, verificação, análise, divulgação e produção de conhecimento (Brasil, 1997, p. 2, grifos meus).

Quadro 8 - Diretrizes do ProInfo

A capacidade de gestão e de *processamento de informações* na sociedade atual caracteriza a *competição* entre as diferentes realidades produtivas, requerendo dos indivíduos intuição, criatividade, agilidade de raciocínio associada ao manejo da tecnologia e maior conhecimento técnico (Brasil, 1997, p. 3, grifos meus).

Quadro 9 - Diretrizes do ProInfo

O acesso à informação propicia que sejam produzidos saberes sobre a população para que esses próprios saberes sejam utilizados tanto para trazer "os desviantes para a área de normalidade [...], quanto [para] naturalizar a presença de todos no contexto social mais amplo" (Lopes, 2011, p. 289). Assim, os números fornecem informações para que sejam articuladas estratégias a fim de que todos (os desviantes)[74] sejam trazidos para o espaço da normalidade. Importa salientar que ambas, a norma disciplinar e a norma de seguridade, atuam simultaneamente sobre a população, "capturando os indivíduos, disciplinando-os, ordenando-os, descrevendo-os, diagnosticando-os, educando-os, mobilizando-os para outras práticas de vida consideradas de menores riscos, seja no âmbito social, seja no âmbito individual" (Lopes, 2011, p. 289).

[74] No caso dos discursos dos programas analisados, os desviantes são os evadidos do sistema público escolar, os repetentes, os que nunca foram para a escola.

A partir disso, é possível afirmar que investir em programas de inclusão digital na educação seja, talvez, uma das possibilidades de investimento em mecanismos de controle do indivíduo, mas principalmente de controle e regulação da população. Nesse ponto parece residir parte da importância atribuída pelo Estado à disseminação do uso da tecnologia na educação articulada a práticas inclusivas. Tão logo a grande maioria das escolas tenha seus laboratórios de informática conectados à internet, mais informações serão produzidas sobre as atividades desenvolvidas por professores e alunos, os tipos de material acessados, o horário em que o indivíduo se conectou à internet e o tempo de permanência nessa conexão, entre outras formas de mapear as ações da população escolar.

Embora a analítica apresentada neste texto tenha enfatizado os programas ProInfo e UCA, cabe fazer alguns comentários acerca do Projeto Educom, posto em funcionamento na década de 1980, o qual serviu como ação experimental de base para as políticas de disseminação do uso da tecnologia no ensino que vieram a ser implantadas posteriormente. No Educom, as ações de vigilância recaíam sobre o indivíduo, e isso pode ser percebido através do interesse por avaliações sobre o desempenho de cada um dos integrantes do projeto, fossem alunos, professores ou membros da equipe de implantação. Outras práticas do Educom, como o interesse em pesquisar como crianças de três diferentes níveis socioeconômicos aprendem, reforçam a ideia de produção de saberes sobre os indivíduos, nesse caso, sobre as crianças submetidas às avaliações do projeto. É um tipo de prática que possibilita que, a partir desses saberes, outras estratégias possam ser desenvolvidas para a constituição de sujeitos em condições de participação na lógica atual. Tais práticas não são pontuais nem ocorrências isoladas; são elementos que se mesclam no contexto de cada uma das políticas de disseminação do uso da tecnologia na educação, algumas com maior ou menor ênfase.

Com relação ao programa UCA, quando este é comparado ao ProInfo – no caso, seu antecessor –, percebe-se que os investimentos em mecanismos de seguridade foram intensificados – ampliando-se, assim, as possibilidades de condução das condutas dos envolvidos –, pois cada aluno e cada professor recebem para si um *laptop* com acesso à internet. Durante a execução do projeto piloto, são realizados questionários, cujas perguntas estão descritas no quadro a seguir, que fortalecem os investimentos em práticas de seguridade, uma vez que informações e dados sobre os alunos participantes da proposta são gerados.

Módulo alunos de CA e 1ª a 4ª série (1º a 5º ano)
O que mais gosta de fazer na escola; Atividades na escola; Ajuda em casa; Estudo (onde, quando, tipo de atividade); Uso de outro computador/internet (atividade/finalidade); Uso de computadores no laboratório da escola; Sobre o computador UCA (recebeu, usa, para que, uso residencial, atividades, acesso à internet em casa, uso de outros membros do domicílio, ajuda para uso, estado do *laptop*, uso em sala de aula, tipo de atividade, o que mais gosta de fazer com o *laptop*). (UCA, 2011, [s. p.]).

Quadro 10 - Programa UCA

Módulo alunos de 5ª série ou 6º ano em diante
Repete perguntas do módulo anterior com outra linguagem. (UCA, 2011, [s. p.])

Quadro 11 - Programa UCA

Para concluir

Estudando-se o percurso histórico das ações de disseminação do uso da tecnologia no ensino desde a década de 1980, percebem-se três importantes deslocamentos. No início dos anos 1980, os investimentos para a disseminação do uso da tecnologia na educação eram feitos sobre os indivíduos, fossem eles professores ou alunos. Na década de 1990, e ainda nos anos 2000, quando se dá a instalação de laboratórios de informática nas escolas públicas do país, os investimentos não são mais somente sobre o individual, mas sobre o corpo-espécie da população. A partir da instauração do programa UCA, os investimentos sobre o individual são retomados – equipando-se cada aluno com um *laptop*, e não mais a escola. No entanto, diferentemente do que ocorria nos anos 1980, através do UCA, também há investimentos no coletivo, fazendo com que seja ampliada a quantidade de sujeitos com acesso à tecnologia pelas vias da educação, atingindo de forma mais efetiva do que antes a comunidade e os familiares dos escolares.

Neste texto, procurou-se mostrar como, através da disseminação do uso das tecnologias digitais na educação, a instituição escolar fica comprometida com a constituição de sujeitos em condições de participação para viverem este tempo. Através da articulação com a inclusão, mostrou-se como são operados os mecanismos de seguridade. Por meio de práticas classificadas como de inclusão digital, são feitos investimentos na constituição de sujeitos em condições de participação nos modos de vida contemporâneos, o que, em certa medida, implica sujeitos capazes de se autogerir. Assim, são ampliadas as possibilidades de controle sobre a população e, consequentemente, de condução das condutas, tanto da população escolar quanto dos demais que, de alguma maneira, estão relacionados a essa população, e isso acontece de uma forma que acaba parecendo natural.

Importa ressaltar que, durante a pesquisa desenvolvida, não foi encontrada, nos materiais relativos aos programas ProInfo e UCA, referência a questões de ordem metodológica ou possibilidades de serem trabalhados conhecimentos específicos através dos recursos digitais. Através da articulação entre a disseminação do uso das tecnologias na educação e a inclusão, um conjunto de estratégias é posto em funcionamento; com isso, são potencializados os mecanismos de seguridade, que atuam a favor da governamentalidade. Tendo-se a escola como a instituição ideal – que consegue abarcar um contingente maior de indivíduos a custos reduzidos e por um longo período de tempo –, são reforçadas as condições de possibilidade de autogestão e de participação nos modos de vida contemporâneos. Assim, os sujeitos sentem-se, em parte, (digitalmente) incluídos; no entanto, tais condições não asseguram a inclusão – na amplitude que o termo comporta – desses indivíduos.

Referências

BRASIL. *Programa Nacional de Informática Educativa. Documento orientador.* Brasília: Ministério da Educação e do Desporto, 1989.

BRASIL. Diretrizes do Programa Nacional de Informática na Educação. Brasília: Ministério da Educação e do Desporto, 1997.

BRASIL. *Inclusão digital: programas.* Disponível em: <http://www.inclusaodigital.gov.br/programas>. Acesso em: 02 out. 2010.

BRASIL. *Um computador por aluno. O projeto.* Disponível em: <http://www.uca.gov.br>. Acesso em: 12 mai. 2011.

BRASIL. *Controladoria Geral da União. Sobre a OCDE: informações.* Disponível em: <http://www.cgu.gov.br/ocde/sobre/informacoes/index.asp>. Acesso em: 11 jul. 2011a.

BRASÍLIA. Câmara dos Deputados. Um computador por aluno: a experiência brasileira. In: *Série avaliação de políticas públicas*, n. 1, Brasília, 2008.

FOUCAULT, Michel. *Vigiar e punir.* Petrópolis: Vozes, 1975.

FOUCAULT. Michel. *Microfísica do poder.* Org. e Trad. Roberto Machado. 13. ed. Rio de Janeiro: Graal, 1979.

FOUCAULT, Michel. *Segurança, território, população*. São Paulo: Martins Fontes, 2008.

FOUCAULT, Michel. *O nascimento da biopolítica*. São Paulo: Martins Fontes, 2008a.

KAMPFF, Adriana Justin Cerveira. *Tecnologias da informação e comunicação na educação*. Curitiba: IESDE Brasil S.A., 2009.

KLAUS, Viviane. *Governamentalidade (Neo)Liberal: da administração para a gestão educacional*. Porto Alegre: UFRGS, 2011. Tese (Doutorado em Educação)-Programa de Pós-Graduação em Educação, Faculdade de Educação, Universidade Federal do Rio Grande do Sul, Porto Alegre, 2011.

LOPES, Maura Corcini. Políticas de inclusão e governamentalidade. *Revista Educação e Realidade*, Porto Alegre, v. 1, n. 1, p. 153-169, mai./ago. 2009. Tema do fascículo: Governamentalidade e Educação.

LOPES, Maura Corcini. Não aprendizagem e (in)disciplina na escola moderna. In: LOPES, Maura Corcini; FABRIS, Elí Henn (Orgs.). *Aprendizagem e inclusão*. Santa Cruz do Sul: EDUNISC, 2010.

LOPES, Maura Corcini. Norma, inclusão e governamentalidade neoliberal. In: CASTELO BRANCO, Guilherme; VEIGA-NETO, Alfredo (Orgs.). *Foucault: filosofia & política*. Belo Horizonte: Autêntica, 2011.

PELBART, Peter. *A vertigem por um fio: políticas da subjetividade contemporânea*. São Paulo: Iluminuras, 2000.

RECH, Tatiana Luíza. A *emergência da inclusão escolar no governo FHC: movimentos que a tornaram uma verdade que permanece*. Dissertação (Mestrado)–Universidade do Vale do Rio dos Sinos, Programa de Pós-Graduação em Educação, 2010.

SARAIVA, Karla; VEIGA-NETO, Alfredo. Modernidade líquida, capitalismo cognitivo e educação contemporânea. *Revista Educação e Realidade*, Porto Alegre, v.1, n.1, p. 187-201, mai./ago. 2009. Tema do fascículo: Governamentalidade e Educação.

VALENTE, José Armando. Informática na educação no Brasil. In: VALENTE, José Armando (Org.). *O computador na sociedade do conhecimento*. Coleção informática para a mudança na educação. São Paulo: USP, 1999.

VEIGA-NETO, Alfredo. Educação e governamentalidade neoliberal: novos dispositivos, novas subjetividades. In: PORTOCARRERO, Vera; CASTELO BRANCO, Guilherme. (Org.). *Retratos de Foucault*. Rio de janeiro: NAU, 2000. Versão atualizada, 2002.

VEIGA-NETO, Alfredo. Pensar a escola como uma instituição que pelo menos garanta a manutenção das conquistas fundamentais da modernidade. In: COSTA, Marisa Vorraber. *A escola tem futuro?* Rio de Janeiro: Lamparina, 2007.

VEIGA-NETO, Alfredo; LOPES, Maura Corcini. Governamentalidade, biopolítica e inclusão. In: SALCEDO, Ruth Amanda Cortés; DÍAZ, Dora Lilia Marín (Orgs.). *Gubernamentalidad y educación: discusiones contemporâneas*. Bogotá: IDEP, 2011. p. 105 - 125.

Medicina e inclusão escolar: estratégias biopolíticas de gerenciamento do risco

Kamila Lockmann

> *Há sempre um número demasiado deles. "Eles" são os sujeitos dos quais devia haver menos – ou, melhor ainda, nenhum. E nunca há um número suficiente de nós. "Nós" são pessoas das quais devia haver mais.*
> (Bauman, 2005, p. 17)

Eles – os outros, os indesejáveis, os perigosos, os inadequados, os diferentes, os deficientes, os anormais. Nós – os mesmos, os desejáveis, os adequados, os iguais, os normais. Posições, classificações e invenções de um mundo habitado por um desejo incessante de ordem. A Modernidade traz consigo um desejo de ordenação e organização. Através dos conhecimentos científicos que produziu, tentou explicar e categorizar as coisas, os fenômenos e também as pessoas. Esses conhecimentos criaram categorias e subcategorias, cada vez mais minuciosas e detalhadas, que permitiram colocar em operação um exercício de classificação e enquadramento de tudo aquilo que escapa da ordem, do natural, da pureza, da perfeição, enfim, do ideal moderno. Essas incansáveis descrições, que marcam toda e qualquer forma de desvio, funcionam não com o intuito de excluir, segregar ou aniquilar, mas de incluir, conhecer e governar.

A inclusão possibilitou um exercício de aproximação e conhecimento daqueles sujeitos que anteriormente eram afastados, segregados ou excluídos do convívio social. Ao aproximar esses sujeitos que até então permaneciam do outro lado da fronteira, ao tentar incluí-los na sociedade, no mercado de trabalho ou nos processos de escolarização, está-se fazendo um exercício de torná-los observáveis, explicáveis e governáveis.

Pode-se dizer que a necessidade de buscar saberes em campos epistemologicamente distintos para nomear, descrever ou diagnosticar os sujeitos que de alguma forma escapam do padrão de normalidade não é algo recente, embora tenha se potencializado principalmente a partir da promulgação das políticas de educação inclusiva. A partir do momento em que esses diferentes sujeitos passam a frequentar a escola, a necessidade de buscar outras áreas de conhecimento com o intuito de produzir saberes sobre eles passa a ser recorrente nos discursos educacionais. Portanto, é possível observar a necessidade que existe de articular diferentes campos de saber – a medicina, a pedagogia, a psicologia, etc. – para colocar em funcionamento o projeto de "educação para todos".

É sobre esse espaço entremeado por diferentes saberes que venho debruçando o meu olhar e lançando algumas problematizações que me parecem bastante profícuas ao analisarmos esse terreno sinuoso da educação inclusiva. Para este texto optei por apresentar algumas articulações entre dois campos de saber distintos, mas articulados entre si, quais sejam: medicina e educação. Para isso, destaco alguns discursos coletados numa investigação desenvolvida em uma cidade da região do Rio Vale dos Sinos, no Rio Grande do Sul. Esses discursos foram coletados em fichas de encaminhamento[75] e em entrevistas semiestruturadas realizadas com alguns professores dessa rede de ensino. Neste momento, gostaria de trazer à discussão os discursos que se vinculam ao campo de saber médico, descrevem as anormalidades dos sujeitos e não raramente receitam-lhes medicamentos, tratamentos, ou demais intervenções que produzam efeitos normalizadores nas suas formas de ser, de agir, de aprender, de se comportar.

Sendo assim, a inclusão, além de simplesmente aproximar os sujeitos anormais da sociedade, desenvolve uma série de saberes sobre eles, sobre suas doenças, sua produtividade, suas regularidades e irregularidades, para saber onde intervir, de modo a governar a todos e a cada um. Portanto, a tríade aproximar, conhecer e governar torna-se importante na medida em que nos possibilita pensar a inclusão como uma estratégia biopolítica que gerencia os riscos causados, nesse caso, pela anormalidade. Explicando melhor: a inclusão é o processo que irá possibilitar a aproximação desses sujeitos – anormais – na sociedade. Somente mediante essa aproximação – inclusão – é que se torna possível produzir saberes sobre eles e, em consequência, desenvolver estratégias que controlem e regulem suas formas de ser, enfim, que orientem suas condutas. Conduzir suas condutas é necessário na medida em que esses sujeitos são entendidos como uma ameaça à ordem moderna, como uma periculosidade social. É justamente nesse ponto que podemos estabelecer a articulação entre

[75] Essas fichas de encaminhamento apresentam algumas perguntas elaboradas pela equipe da Secretaria de Educação do referido município e devem ser preenchidas pelos professores e coordenadores pedagógicos das escolas, quando desejam encaminhar alunos a algum atendimento especializado, tais como: psicologia, psicomotricidade, dançaterapia, psicopedagogia, arteterapia, fonoaudiologia, neurologia e ecoterapia.

inclusão e biopolítica, uma vez que essa última refere-se ao "bios em duas dimensões: tanto cuidar para que cada um permaneça vivo quanto prevenir a extinção da própria espécie" (Veiga-Neto; Lopes, 2007, p. 5). Portanto a ordem é "fazer viver" tanto no âmbito individual quanto no âmbito coletivo. Dessa forma, agir sobre cada indivíduo, moldar suas condutas e suas formas de ser torna-se condição fundamental para manter a ordem no nível da população.

Sabemos que a Modernidade foi, e continua sendo, um tempo "marcado pela vontade da ordem, pela busca da ordem" e também pela "intolerância à diferença" (Veiga-Neto; Lopes, 2001, p. 112). Isso significa dizer que a diferença ou anormalidade, nesse contexto, passa a ser entendida como desordem, como caos; logo, como um perigo a ser controlado, corrigido, extinguido. "A diferença [é] pensada como uma mancha no mundo, na medida em que os diferentes teimam em não se manterem dentro dos limites nítidos, precisos, com os quais o Iluminismo sonhou geometrizar o mundo" (Veiga-Neto; Lopes, 2001, p. 107-108). Sendo assim, a inclusão foi uma invenção que objetiva colocar a sociedade em ordem, civilizar, gerenciar, prevenir, governar.

Para que isso seja possível, a produção de saberes sobre esses sujeitos ou sobre essas populações é condição fundamental. Costa (2001, p. 42) destaca que "conhecer o que deve ser governado é parte da estratégia que permite a regulação e controle dos indivíduos e das populações que habitam os núcleos urbanos das sociedades organizadas. Tornar-se cidadão, nesse sentido, é fazer-se parte integrante de um *corpus* governável porque disciplinado, regulado e normalizado por saberes que dispõe sobre seus modos de ser e agir".

A produção desses saberes pode se dar tanto sobre o indivíduo particular – nível micropolítico – quanto sobre a população em seu conjunto – nível macropolítico. Importa ressaltar que este texto tentará focalizar, mesmo que brevemente, os dois âmbitos aqui citados. Para compreender as discussões e análises desenvolvidas é necessário considerar dois pontos importantes: 1) ao realizar-se uma operação de nomeação sobre os indivíduos, ou seja, ao produzir-se um saber que os classifica como normais ou anormais, está-se sempre estabelecendo uma relação de comparabilidade entre um indivíduo e os demais, entre o sujeito individual e a população no seu conjunto; 2) a intervenção sobre o sujeito individual é condição fundamental para que se alcance o governo da população no âmbito macropolítico. Portanto, esses dois âmbitos de ação de poder e saber estão sempre em constante articulação. Não há como pensar a população sem pensar o indivíduo, assim como não há como agir sobre o indivíduo sem que isso gere um efeito no âmbito coletivo, na população.

> É a partir dessa articulação entre o individual e o coletivo que gostaria de lançar meu olhar sobre o saber médico, mostrando como, a partir do seu aporte científico, ele não só descreve e classifica as anormalidades dos sujeitos, mas intervém conduzindo suas condutas. Dessa forma, ele age tanto no âmbito individual – moldando suas formas de ser – quanto no âmbito coletivo – gerenciando os riscos que elas podem causar à população. Analisando um conjunto de discursos que constantemente visibilizam a articulação entre medicina e educação, pretendo apresentar algumas discussões referentes àquilo que denominei a "nomeação e a medicalização da anormalidade".

Para tanto, este texto será dividido em duas partes. Na primeira delas, tento mostrar historicamente a inserção da medicina no campo educacional, destacando que essas articulações – entre medicina e educação – apesar de apresentaram facetas diferenciadas, não são nada recentes. São condições que possibilitam mostrar a produtividade dessa aproximação no presente. Ainda nessa seção, apresento, a partir da noção de norma – da disciplina e da seguridade –, a escola como um importante mecanismo que irá operar tanto no âmbito individual quanto no coletivo. Ela funciona, assim, como uma dobradiça que, articulando o micro e macro, encontra-se a serviço da sociedade de seguridade. Na segunda parte, apresento os discursos analisados e as duas operações que o saber médico coloca em funcionamento: vontade de nomear e vontade de normalizar. A partir dessas discussões, pretendo mostrar como a medicina – relacionada tanto com a escola quanto com a inclusão – pode ser compreendida como uma estratégia biopolítica que pretende gerenciar ou prevenir os riscos que a anormalidade pode causar aos sujeitos e à população.

Processos de normalização: uma articulação entre o individual e o coletivo nas práticas educacionais

Penso que através de um diagnóstico mais detalhado, podemos saber se há algum comprometimento motor, cognitivo ou uma dificuldade de atenção e concentração (Documento 1).

Quadro 1 - Ficha de encaminhamento

As palavras trazidas na epígrafe desta seção expressam algo recorrente no discurso educacional contemporâneo: a necessidade de buscar saberes em campos epistemologicamente distintos para nomear, descrever ou diagnosticar alunos que de alguma forma escapam do padrão de normalidade inventado.

Não é por acaso que a necessidade de diagnosticar os alunos a partir dos seus supostos desvios, ou de medicalizá-los, acompanha boa parte dos discursos educacionais e está presente nas práticas escolares atuais. Historicamente, diversos temas foram possibilitando a entrada da medicina no âmbito escolar; entre eles, pode-se citar: a higiene escolar, a sexualidade, os problemas de postura, a miopia, as atividades físicas, entre outros. Esses temas, buscando explicações e tratamentos para fenômenos diversos, foram aproximando os saberes médicos do campo da educação. As práticas de inspeção sanitária, ocorridas por volta de 1900, constituem-se em uma condição de possibilidade que mostra como essa aliança entre medicina e pedagogia, médico e professor foi se constituindo. Até mesmo a educação física, citada no histórico detalhado apresentado por Jorge Ramos do Ó (2003, p. 440), "passou a ser entendida como mais um ramo da medicina escolar".

A articulação entre medicina e educação pode ser visualizada desde a década de 1930 com o próprio nome atribuído ao Ministério da Educação na época. Fundado em 14 de novembro de 1930, pelo presidente Getúlio Vargas, tal ministério chamava-se "Ministério dos Negócios da Educação e Saúde Pública" e encarregava-se de assuntos relativos à educação, à saúde e à assistência hospitalar. Posteriormente, em 1937, passou a chamar-se "Ministério da Educação e da Saúde", e suas atividades passaram a ser limitadas à administração da educação escolar e extraescolar, da saúde pública e da assistência médico-social. Somente em 1953 é que vai ocorrer a separação entre o Ministério da Saúde e o Ministério da Educação, que passará a chamar-se, a partir de 25 de julho de 1953, "Ministério da Educação e da Cultura".

Esses aspectos, abordados rapidamente aqui, evidenciam que a articulação da medicina com a educação não é um processo recente. Podemos dizer que a medicina foi, pouco a pouco, se inserindo nas discussões escolares e tentando explicar as formas de desenvolvimento, aprendizagem e comportamento apresentadas pelos alunos em diferentes momentos históricos. Segundo Moysés (2008, p. 4), "aprendizagem, comportamento e inteligência são apenas exemplos de questões que são incorporadas ao pensamento e a atuação médicos". Atualmente o saber médico não se relaciona apenas à higiene escolar ou à inspeção sanitária; sua presença é marcada por meio da produção de saberes sobre os sujeitos, que através de laudos, diagnósticos ou classificações descrevem os alunos, suas dificuldades de aprendizagem, desenvolvimento ou comportamento.

A construção desses saberes colocou os sujeitos em um constante processo de comparabilidade, permitindo estabelecer semelhanças e diferenças, identificando zonas ou grupos de risco, aproximando-os ou afastando-os da média considerada normal. Enfim, esses saberes classificam e posicionam os sujeitos como normais ou anormais. Utilizo o termo anormais

> [...] para designar esses cada vez mais variados e numerosos grupos que a modernidade vem, incansável e incessantemente, inventando e multiplicando: os sindrômicos, deficientes, monstros e psicopatas (em todas as suas variadas tipologias), os surdos, os cegos, os aleijados, os rebeldes, os pouco inteligentes, os estranhos, os GLS, os "outros", os miseráveis, o refugo enfim (Veiga-Neto, 2001, p. 105).

Sei que tal expressão – os anormais – causa, ainda, incômodo e perturbação, principalmente a partir da invenção de uma série de palavras consideradas politicamente corretas para tal finalidade. Há palavras mais suaves e mais sutis para se referir a tais sujeitos. O fato é que essas palavras, sensíveis ou grotescas, suaves ou rudes, ao se referirem a esses sujeitos, estão colocando-os em um constante processo de comparabilidade com a norma, e esse processo não tem nada de inocente, pois compara, classifica e posiciona os sujeitos em lugares diferenciados. A noção de norma desenvolvida por Foucault pode ser entendida como "um princípio de comparação, de comparabilidade, uma medida comum que se institui na pura referência de um grupo a si próprio, a partir do momento em que só se relaciona consigo mesmo, sem exterioridade, sem verticalidade" (Ewald, 2000, p. 86).

Para a norma, não existe exterioridade, nada escapa ao seu abrigo; ela captura todos. Não há determinados sujeitos que se encontrem fora do abrigo da norma e outros que estejam no seu interior. Todos os sujeitos, sejam eles normais ou anormais, estão na norma, são capturados por ela e, por meio dos saberes produzidos, são classificados, ordenados, comparados e distribuídos. Mesmo aqueles sujeitos que, usualmente, são marcados como marginalizados, como os pobres, os desnutridos, os miseráveis, os desempregados, os deficientes, os meninos de rua, enfim, entre outros grupos que podem ser classificados como excluídos, também esses se encontram sob o abrigo da norma. Em outras palavras, a norma "permite tirar da exterioridade selvagem os perigosos, os desconhecidos, os bizarros – capturando-os e tornando-os inteligíveis, familiares, acessíveis, controláveis" (Veiga-Neto, 2001, p. 115).

Com Foucault, tem sido possível compreender que a norma funciona de forma diferente nos dispositivos disciplinares e nos dispositivos de seguridade. Os dispositivos disciplinares e os dispositivos de seguridade são diferentes técnicas apontadas por Foucault (2008) no decorrer de seus estudos sobre as artes de governar. Os dispositivos disciplinares são estratégias que emergem no decorrer do século XVIII para controlar e disciplinar os corpos. Já os dispositivos de seguridade referem-se a estratégias para governar a população a partir do jogo entre liberdade e segurança. É necessário destacar que um dispositivo não exclui ou substitui o outro.

No que se refere às suas relações com a norma, no primeiro caso, há um caráter prescritivo, o que significa dizer que, primeiramente, define-se a norma para, depois, enquadrar os sujeitos como normais ou anormais. Foucault (2008, p. 75-76) destaca, "a propósito do que acontece nas técnicas disciplinares, que se trata muito mais de uma normação que de uma normalização". Ele marca que nos dispositivos disciplinares "partia-se de uma norma e era em relação ao adestramento efetuado pela norma que era possível distinguir depois o normal do anormal" (Foucault, 2008, p. 83). Já nos dispositivos de seguridade a norma é criada a partir das variações do próprio grupo de indivíduos que ela observa, classifica e normaliza. Ela é uma invenção construída com base nas relações que se estabelecem entre os sujeitos, entre suas formas de aprender, de se comportar e de se desenvolver. A partir de tais observações é que se determina a norma para, posteriormente, intervir sobre os sujeitos, submetendo-os a processos de normalização. Aqui a ênfase está na normalização. Portanto, primeiro se observa, depois se cria a norma e, por fim, se intervém para normalizar.

Segundo Foucault (1996, p. 114), as instituições modernas, tais como a escola, a fábrica ou hospital psiquiátrico, "têm como finalidade primeira fixar os indivíduos em um aparelho de normalização dos homens". Mesmo que ela ainda possa ser compreendida como uma instituição disciplinar, que intervém sobre o corpo dos indivíduos, ao mesmo tempo a escola passa a ser também um operador eficaz na sociedade da seguridade, produzindo efeitos sobre a coletividade. Dessa forma, podemos perceber como a escola, apresentando uma ênfase nos processos de normalização, funciona como um mecanismo da sociedade de seguridade, que articula de forma produtiva e eficaz o coletivo e o individual. Nas palavras de Foucault (1996, p. 114) "estas instituições – pedagógicas, médicas, penais ou industriais – têm a propriedade muito curiosa que implica o controle, a responsabilidade sobre a totalidade".

Na sequência deste texto, tomo o saber médico como uma estratégia da escola para nomear e normalizar os sujeitos posicionados e classificados como anormais. Mesmo que, nas análises desenvolvidas, o foco se situe mais especificamente sobre o indivíduo, ou seja, sobre o âmbito micropolítico, será possível compreender que as intervenções desenvolvidas produzem efeitos no coletivo, no âmbito macropolítico. Sendo assim, a escola pode ser entendida como um mecanismo da sociedade de seguridade que, ao priorizar os processos de normalização do indivíduo, funciona como uma dobradiça que articula e relaciona os âmbitos micro e macropolíticos.

Vontade de nomear e vontade de normalizar: duas operações desenvolvidas pela parceria produtiva entre educação e medicina

A partir da análise dos discursos selecionados, foi possível observar duas operações diferentes, mas articuladas entre si, que o saber médico coloca em funcionamento. A essas operações chamei "vontade de nomear" e "vontade de normalizar". Na primeira delas, encontramos laudos e diagnósticos sobre os alunos que têm o objetivo de nomear, de classificar, de enquadrar os sujeitos de acordo com um aparato de saber médico que os define como normais ou anormais.

O que pude observar é que o saber médico não se preocupa apenas em posicionar os sujeitos como normais ou anormais, deficientes ou não deficientes, portadores ou não de necessidades educacionais especiais. Além de marcar essa linha divisória entre normais e anormais, ele produz saberes específicos sobre cada uma dessas anormalidades, classificando-as em categorias e subcategorias, cada vez mais minuciosas e numerosas. Há, portanto, a necessidade de tornar os sujeitos conhecidos, de capturá-los dentro de classificações e diagnósticos que lhe atribuam um nome, ou de uma síndrome, ou de uma deficiência, mas, em qualquer um dos casos, fazem desse sujeito alguém menos estranho, mais conhecido e, por isso, mais governável.

Sendo assim, percebe-se que a busca pelo saber médico constitui-se em uma estratégia que objetiva nomear um desvio, uma anormalidade que o sujeito vem apresentando na escola. Sabendo o que o aluno tem, qual sua síndrome ou seu problema, supõe-se que se torna mais fácil intervir para normalizar e governar. Os excertos a seguir foram retirados das fichas de encaminhamentos, e além de fornecerem informações sobre o aluno também pretendem justificar a necessidade de um atendimento especializado para ele.

Apresenta distúrbios de comportamento (Documento 2), Tem hiperatividade (Documento 3), O menino tem retardo mental (Documento 4), O aluno é portador da síndrome do X frágil (Documento 5), Tem crises convulsivas – Epilepsia (Documento 6), A aluna tem problemas de visão e diabetes (Documento 7), Tem síndrome de Down (Documento 8), Teve asma e refluxo desde bebê, bem como problemas de oxigenação (Documento 9), Suspeita-se de hiperatividade (Documento 10).

Quadro 2 - Ficha de encaminhamento

A prescrição de laudos e diagnósticos, como os apresentados acima, ou a descrição das diversas anormalidades dos sujeitos, tais como distúrbios de comportamento, síndromes diversas e problemas de saúde, passam a compor o campo de atuação e de intervenção do saber médico, definindo as dificuldades e potencialidades dos sujeitos escolares e produzindo novas intervenções no campo pedagógico. Tais definições e prescrições precisam ser problematizadas. Com isso não quero marcar um postura contrária à produção dos diagnósticos, como se eles não oferecessem ferramentas produtivas para o desenvolvimento do trabalho na escola. Como aponta Freitas (2009, p. 19),

> O conceito de diagnóstico pode trazer inúmeras conformações, dependendo da teoria e/ou do tempo histórico em que se constitui. Um diagnóstico elaborado com cuidado é interessante e necessário. O diagnóstico é importante para poder tratar, mas existem outros que selam, que aprisionam. É o modo de usá-lo que estabelece sua pertinência, ou mesmo sua inconveniência. O que é necessário combater é o uso irresponsável do diagnóstico. O diagnóstico traduzido em rótulo desencadeia dispositivos de armadura.

Sendo assim, reconheço a importância do diagnóstico para que se possa conhecer melhor o sujeito, suas formas de aprender e se relacionar, e, a partir disso, propor práticas pedagógicas mais adequadas e eficazes ao seu desenvolvimento. Porém, gostaria de chamar a atenção para o fato de que, em muitas ocasiões, o diagnóstico produz um rótulo, atribui uma marca ao sujeito. É preciso compreender que, historicamente, o saber médico vem ocupando um espaço de legitimidade e de cientificidade, e, quando produz um diagnóstico sobre os sujeitos, também está, ao mesmo tempo, produzindo determinadas verdades sobre eles, conferindo-lhes uma série de características, estabelecendo níveis do seu desenvolvimento, limitações para a sua aprendizagem, assim como fazendo prescrições para a sua própria vida. No meu entendimento, é justamente esse processo de estabelecer prescrições sobre os sujeitos, posicionando-os em lugares diferenciados, que precisa ser problematizado, desnaturalizado.

Em entrevistas com professoras, principalmente quando elas descreviam as dificuldades de aprendizagem dos alunos, o saber médico também se fazia presente em suas falas, quando traziam os diagnósticos produzidos sobre os alunos.

> Eu acredito que ele tenha um retardo mental, porque eu não acredito que uma criança com dez anos, se tu colocar o número um na frente, tu podes explicar não sei quantas vezes, tu podes dar o número pra ele, ele vai pegar na mão, ele vai fazer o traçado e daqui a um minuto tu perguntas que número é aquele ele não sabe (Entrevista 1 - realizada em 22 de outubro de 2009).

Quadro 3 - Entrevista

> Esse aluno tem Síndrome do X-frágil. Essa síndrome tem algumas semelhanças com a *síndrome de Down. Fisicamente ele tem o formato do rosto mais alongado, tem bastante dificuldade motora, de fala e cognitiva também porque a alfabetização dele está acontecendo muito lentamente. Eu não sei até que ponto vai. A gente não conhece muito para saber até que ponto ele vai, mas eu sei que essa síndrome tem também uma deficiência mental. Então não sei o que ele vai conseguir aprender, mas é uma criança extremamente afetiva, a gente se apaixona* (Entrevista 2 - realizada em 3 de setembro de 2009).

Quadro 4 - Entrevista

Nos excertos citados, podemos notar como o saber médico produz formas de olhar para esses sujeitos, estabelecendo potencialidades e incapacidades. No primeiro caso, mesmo não havendo um diagnóstico sobre o aluno, perante as dificuldades de aprendizagem apresentadas por ele, busca-se uma explicação no saber médico que justifique essas dificuldades. Nesse caso a professora supõe que ele possa apresentar um retardo mental. Na segunda fala, a professora destaca o diagnóstico – a Síndrome do X-frágil –, descreve algumas características da síndrome e também as suas expectativas em relação à aprendizagem do aluno. É notável que ela se questione sobre as possibilidades de desenvolvimento dessa criança e em seguida, como que em um processo de compensação, destaque a amorosidade do menino e a forma como se revela querido e afetuoso com todos. Moysés (2001, p. 62) já destacava que "a consulta médica pretende ser, na atualidade, um dos principais elementos para a identificação de crianças que não conseguirão aprender na escola. É, costumeiramente, a partir da consulta que as crianças se tornam reféns de uma incapacidade cientificamente atestada. Reféns de seu fracasso, reféns de uma doença que as torna incapazes".

O questionável é justamente a forma como, muitas vezes, o saber médico delimita os progressos, o crescimento e o desenvolvimento daquelas crianças diagnosticadas. Ou, ainda, nos casos de crianças que não apresentam um diagnóstico, busca-se no saber médico um motivo para justificar a não aprendizagem dos alunos. Problematizar essas questões não significa dizer que o saber médico não tem importância ou, ainda, conferir-lhe uma negatividade. Não pretendo produzir um juízo de valor que posiciona o saber médico como bom ou ruim à humanidade ou à própria escola; no lugar disso, marco uma postura de suspeita sobre esses determinismos que, muitas vezes, ele produz. Mais do que isso, muitas vezes ele limita o nosso olhar sobre o sujeito e, principalmente, sobre aquilo que acreditamos que ele possa produzir ou aprender. Ou seja, passa-se a olhar muito mais para o diagnóstico, para a doença, e não tanto para o sujeito e suas possibilidades. Portanto, é preciso entender que a "vontade de nomear" os sujeitos faz com que eles ocupem lugares diferenciados no interior da norma, e muitas vezes posiciona-os como incapazes, não aprendentes ou com dificuldades de aprendizagem.

Além disso, a "vontade de nomear" vem acompanhada por uma "vontade de normalizar", expressão que utilizei para me referir à segunda operação que o saber médico coloca em funcionamento. Não basta apenas desenvolver saberes sobre os sujeitos, sobre seus comportamentos, sobre suas características para poder enquadrá-los em um diagnóstico. Não basta apenas produzir um laudo sobre os sujeitos, o qual define suas potencialidades, suas dificuldades, suas perspectivas de aprendizagem e de não aprendizagem. Decorrentes desses processos de nomeação passam-se a desenvolver, também, diferentes técnicas de normalização. Foi esse conjunto de técnicas de normalização que encontrei nos discursos selecionados e que me permitiram usar a expressão "vontade de normalizar".

É nesse ponto que se torna possível perceber a articulação existente entre toda essa produção de saberes sobre os anormais, as técnicas de normalização efetivadas e as estratégias biopolíticas. Primeiramente é preciso desenvolver todo um aporte científico que torne esses sujeitos observáveis e explicáveis. A primeira operação é tornar conhecido, nomear, descrever, categorizar, classificar para que, só então, sua diferença possa ser capturada, regulada, governada. Essa primeira operação – vontade de nomear – é condição fundamental para que se possa atuar sobre esses sujeitos, governando sua diferença, sua anormalidade. Conhecendo-os, produzindo saberes sobre suas doenças, suas dificuldades, suas possibilidades, é possível intervir de forma mais eficaz para regular suas formas de ser, de agir e de se conduzir no mundo. É através dessas intervenções que se torna possível prevenir ou pelo menos reduzir os riscos e perigos que tais sujeitos – anormais – trazem à população e a si próprios. Eis, portanto, a medicina atuando como uma estratégia biopolítica que objetiva reconduzir os fluxos desviantes, extinguindo, diminuindo ou prevenindo a ameaça que esses sujeitos produzem à sociedade.

Nos excertos apresentados a seguir, pode-se observar algumas estratégias desenvolvidas pelo saber médico para atuar sobre os sujeitos anormais.

Tomou Tegretol por dois anos. Nunca teve convulsões (Documento 11). Tem crises convulsivas – Epilepsia. Toma medicamento Gardenal. Tem acompanhamento com Neuro (Documento 12). Portador de deficiência auditiva, usa aparelho de audição em decorrência da meningite (Documento 13).

Quadro 5 - Encaminhamento

Ele toma medicação. Ele tomava dois Gardenais e, agora, a médica achou melhor reduzir pra meio e eu já sinto que ele aumentou o nível de ansiedade dele (Entrevista 3 - realizada em 15 de setembro de 2009).

Quadro 6 - Entrevista

Teve convulsão em janeiro de 2007. Talvez terá que tomar Gardenal. Teve meningite aos 11 meses, paralisando o lado esquerdo (Documento14). Toma clorpriomazina. Tem acompanhamento com psiquiatra (Documento 15). Faz acompanhamento com neuropediatra em POA e toma medicação (Documento 16).

Quadro 7 - Encaminhamento

Ele frequenta neurologista, uma vez por mês, toma medicação (Entrevista 1 - realizada em 15 de setembro de 2009).

Quadro 8 - Entrevista

A ingestão de medicamentos dos mais variados tipos, o uso de aparelho auditivo, assim como as consultas sistemáticas e o acompanhamento por neurologistas, constituem-se em técnicas de normalização desenvolvidas pela medicina e monitoradas pela escola com o objetivo de controlar esses sujeitos, aproximando-os ao máximo do normal. São, portanto, técnicas de normalização a serviço de uma estratégia biopolítica. Segundo Foucault (2008, p. 82-83), "a operação de normalização vai consistir em fazer essas diferentes distribuições de normalidade funcionarem umas em relação às outras e em fazer [...] que as mais desfavoráveis sejam trazidas às que são mais favoráveis". Ou seja, pode-se notar que o saber médico opera justamente com esse intuito de ajustar, corrigir e normalizar formas de ser, de se comportar ou de aprender que se apresentam como desviantes ou indesejáveis. Para isso, ele utiliza diferentes técnicas, entre elas consultas, acompanhamentos sistemáticos e o uso de variados medicamentos. Essas técnicas são voltadas ao indivíduo particular, mas atingem um plano coletivo. Regulando as formas de ser dos sujeitos, seja mediante consultas sistemáticas, seja pelo uso de medicamentos, previnem-se os riscos que eles podem produzir para a sociedade e para si mesmo.

Há, na atualidade, pode-se dizer, uma proliferação do uso de medicamentos para os mais variados fins. É necessário atentar para o uso bastante corriqueiro que tem sido atribuído a medicamentos como Ritalina,[76] por exemplo. Depressão, hiperatividade, déficit de atenção, distúrbios de comportamento, abalos psíquicos, entre outras, são doenças inventadas recentemente, as quais afetam a produtividade dos alunos na escola e precisam ser gerenciadas e/ou medicalizadas através do saber médico. O fato é que muitas crianças são taxadas como hiperativas ou

[76] Ritalina é o nome comercial atribuído ao cloridrato de metilfenidato, uma substância química que atua como estimulante leve no sistema nervoso central. Em reportagem publicada na revista *Veja* (27/10/2004) intitulada "Ritalina, usos e abusos", apresenta-se um aumento de 140% na prescrição do medicamento nos últimos anos no Brasil. Já a revista *Época* (4/12/2006) chama a atenção para as "Mentes medicadas pela droga da obediência" e apresenta o crescimento nas vendas do medicamento entre 2002 e 2006, afirmando que as vendas de Ritalina triplicaram no Brasil nos últimos cinco anos. Já o jornal americano *Health Affairs* afirmou que a prescrição do medicamento aumentou, em todo o mundo, 274%, entre 1993 e 2003.

com Transtorno do Déficit de Atenção e Hiperatividade (TDAH[77]) por se mostrarem agitadas, inquietas ou até mesmo por não se interessarem pelas aulas, anunciando, assim, uma falta de atenção ou de concentração conforme o esperado para sua idade. Freitas (2009) aborda o fenômeno do TDAH como uma epidemia deste tempo, visto que tem atingindo um número crescente de crianças em idade escolar. A autora destaca que "desde há muito tempo fala-se em crianças com TDAH, mas nas últimas duas décadas há uma diferencial de intensidade" (Freitas, 2009, p. 15). Ainda considerando essa discussão, Caliman (2006) argumenta que a linha que separa o indivíduo com TDAH do sujeito normal é bastante tênue. Em suas palavras, "até o momento, nenhum teste ou exame específico e preciso para a 'identificação' do TDAH foi definido. Seu diagnóstico continua sendo feito através de um processo misto que inclui testes psicológicos, história clínica, análise do desempenho escolar, entrevistas com pais e professores etc." (Caliman, 2006, p. 75).

A autora relata, ainda, que toda essa tecnologia de observação e descrição dos comportamentos, da atenção e dos interesses das crianças, são as de maior valor na construção do diagnóstico: "Muitas vezes, o papel do médico é apenas analisar todo esse material e confirmar o diagnóstico. Mas, em outros casos, o diagnóstico é explicitamente rejeitado pelo médico" (Caliman, 2006, p. 76). Em vista disso, a descrição de professores, de psicopedagogos, da família, ou o preenchimento de questionários,[78] a

[77] "De acordo com a interpretação mais aceita e divulgada, o Transtorno do Déficit de Atenção e Hiperatividade (TDAH) é uma desordem comportamental do desenvolvimento, caracterizada pela manifestação da desatenção, dos comportamentos impulsivos e da atividade motora excessiva (hiperatividade). Diz-se que o indivíduo TDAH será sempre imaturo no desenvolvimento da capacidade de persistência da atenção e controle da ação, quando comparado aos indivíduos de sua faixa de desenvolvimento (CALIMAN, 2006, p. 73). Segundo a autora "ele é um indivíduo 'imaturo' e a decisão sobre o que é ser maduro ou imaturo é, sobretudo, social e moral" (CALIMAN, 2006, p. 73).

[78] Vale a pena trazer aqui algumas das questões que são dirigidas aos professores a fim de coletar dados para diagnosticar alunos com TDAH. Trago a seguir algumas perguntas que compõem o "Questionário denominado ASRS-18 (*Adult Self-Report Scale*)" que foi desenvolvido por pesquisadores em colaboração com a Organização Mundial de Saúde (OMS) e foi validado no Brasil pelo Grupo de Estudos do Déficit de Atenção (GEDA) da UFRJ e pelo Serviço de Psiquiatria da Infância e Adolescência da UFRGS. Essas perguntas são recorrentes em vários questionários que circulam nas escolas atualmente. Entre elas pode-se citar: Com que frequência você comete erros por falta de atenção? Com que frequência você tem dificuldade para manter a atenção quando está fazendo um trabalho chato ou repetitivo? Com que frequência você tem dificuldade para se concentrar no que as pessoas dizem, mesmo quando elas estão falando diretamente com você? Com que frequência você fica se mexendo na cadeira ou balançando as mãos ou os pés quando precisa ficar sentado(a) por muito tempo? Com que frequência você se levanta da cadeira em situações onde deveria ficar sentado(a)? Com que frequência você

meu ver, bastante subjetivos, são as ferramentas que permitem ao saber médico posicionar essas crianças como normais ou anormais, a partir do seu enquadramento ou não nos padrões bem definidos da normalidade. Seus comportamentos, suas formas de agir e de se comportar na escola são capturados e analisados pelo saber médico, que rapidamente encontra em diferentes medicamentos a solução para o problema que elas representam para a escola, para sua aprendizagem e para o próprio convívio social. Algumas delas representam uma ameaça passageira, e suas diferenças podem ser corrigidas em um período determinado, porém outras são fatores permanentes que acompanham tais sujeitos no decorrer de sua vida. Tem-se aqui, pode-se dizer, um exemplo de como a medicina pode funcionar, dentro da própria escola, como uma ferramenta de controle social, acalmando, concentrando ou alegrando corpos e mentes que escapam da normalidade. Dessa forma, podemos entender a medicina como uma estratégia biopolítica que encontra na escola um importante mecanismo para a sua efetivação. No excerto a seguir, podemos perceber o uso do medicamento como um instrumento de controle do corpo, de seu comportamento e de suas atitudes.

Eu acho que ele precisa de um remedinho. Ele é muito agitado, o nível de ansiedade dele é muito grande. Se ele tomasse um remédio acredito que ele ia se acalmar, conseguir se concentrar melhor e com isso aprender melhor (Entrevista 2 - realizada em 3 de setembro de 2009).

Quadro 9 - Entrevista

A partir da fala citada, é possível notar o quanto o uso de medicamentos, com a finalidade de moldar as condutas dos sujeitos, acabou não só se proliferando no interior das escolas, mas também se banalizando. Pode-se dizer que, quando as demais técnicas de disciplinarização dos corpos fracassam com determinados sujeitos, recorre-se ao uso de medicamentos que acalmam, concentram e disciplinam os alunos agitados, inquietos, hiperativos, agressivos, entre outros. Para usar uma expressão de Bujes, os alunos passaram a ser quimicamente disciplinados. Segundo a autora (2006, p. 226),

tem dificuldade para esperar nas situações onde cada um tem a sua vez? Tais questionamentos devem ser respondidos marcando as alternativas: 1) Nunca; 2) Raramente; 3) Algumas vezes; 4) Frequentemente; 5) Muito frequentemente. Mesmo não sendo esse o único instrumento utilizado na avaliação de sujeito com TDAH, penso que tais questionamentos precisam ser problematizados, uma vez que o processo para identificação do transtorno ocorre através de uma variedade de critérios e avaliações diferenciadas, visto que não há um exame ou teste específico, conforme já mencionado anteriormente.

> Para essas crianças, nem o confinamento, nem a vigilância têm sido suficientes, os controles do tempo e sua fixação no espaço da sala de aula têm se revelado inoperantes. O encaminhamento a especialistas em terapias da área médica e psicológica tem sido a solução preconizada. Em muitos casos, o diagnóstico especializado e a intervenção medicamentosa se tornam a saída proposta. O aluno passa desta condição para a de paciente. Faz-se neste caso a transposição de uma lógica que se poderia chamar até agora de disciplinar para uma outra. [...] uma forma de impor uma ação inibitória ou estimuladora da conduta, através de um fármaco que age sobre o sistema nervoso central.

Ou seja, os medicamentos são utilizados como uma forma química de conduzir as condutas dos sujeitos, acalmando, concentrando e melhorando suas possibilidades de estabelecer um convívio social mais adequado. "Essas drogas prometem aumentar as capacidades de concentração, de memória e de atenção necessárias ao desenvolvimento da performance produtiva" (Caliman, 2006, p. 77). Dessa forma, pode-se entender que estamos todos inseridos em uma lógica da seguridade, em que os sujeitos que se constituem como ameaças à ordem pública precisam ser medicalizados e contabilizados a partir de um diagnóstico. Tais práticas de nomeação e normalização funcionam para minimizar o risco (da improdutividade, da violência, das condutas inadequadas, da desordem, do caos) que tais sujeitos produzem e garantir a seguridade do restante da população.

Mais uma vez, importa ressaltar a relação existente entre o comportamento individual do sujeito e os efeitos produzidos no ambiente social e coletivo, ou seja, entre o âmbito micropolítico, referente ao indivíduo, e o âmbito macropolítico, referente à sociedade. "Através de uma microfísica do poder, tais mecanismos fazem as conexões entre o indivíduo e o todo do qual faz parte, articulando 'o singular e o plural'" (Bujes, 2006, p. 222). Aqui, a medicina, com seus saberes e instrumentos diferenciados, age sobre cada indivíduo que se constitui como um risco para o restante da população. Moldando suas condutas e normalizando suas formas de ser, o saber médico está corrigindo e adequando os sujeitos para a vida em sociedade. É, portanto, um saber que age individual e coletivamente.

Com Foucault (1979), já era possível observar tal articulação – entre a medicina, os indivíduos e a população –, quando ele perguntava-se, ao ministrar uma conferência em 1974: "a medicina moderna, científica, que nasceu em fins do século XVIII, entre Morgani e Bichat, com o aparecimento da anatomia patológica, é ou não individual?" (Foucault, 1979, p. 79). Para ele, até a Idade Média, a prática médica seria individualista e só iria atingir um caráter social com o advento do capitalismo e com o desenvolvimento de uma tecnologia do corpo social. Sendo assim, Foucault respondeu à pergunta inicial afirmando que medicina é uma prática social e que, por isso, age sobre a dimensão coletiva de uma sociedade: "A medicina moderna é uma medicina social, que tem por background uma certa tecnologia do corpo social; a medicina é uma prática social que somente em um de seus aspectos é individualista e valoriza as relações médico-doente" (FOUCAULT, 1979, p. 79). Para ele, a medicina socializou o seu objeto: o corpo. "O controle da sociedade sobre os indivíduos não se opera simplesmente pela consciência ou pela ideologia, mas começa no corpo, com o corpo" (FOUCAULT, 1979, p. 79).

Sendo assim, ao agir sobre o corpo, a medicina age também sobre uma coletividade, sobre os riscos e perigos que são produzidos por ela. Pode-se dizer que a medicina se constitui em uma estratégia biopolítica que gerencia o risco que a anormalidade, nesse caso, traz à população. Segundo Foucault (1979, p. 80), "o corpo é uma realidade biopolítica. A medicina é uma estratégia biopolítica". É, portanto, uma tecnologia que se direciona tanto a processos normalizadores do sujeito – intervenção individual – quanto a processos controladores/regulamentadores da sociedade – intervenção coletiva. É preciso agir sobre cada indivíduo para conseguir alcançar o governo no plano da população. Foucault (2008, p. 63) destaca que "a população é pertinente como objetivo, e os indivíduos, as séries de indivíduos, os grupos de indivíduos, a multiplicidade de indivíduos, não vão sê-lo como objetivo. Eles o serão simplesmente como instrumento, relevo ou condição para obter algo no plano da população".

Sendo assim, pode-se compreender a medicalização da anormalidade como uma estratégia biopolítica responsável por normalizar o indivíduo anormal e gerenciar os riscos produzidos por ele no âmbito coletivo. Temos, portanto, um processo que trata de corrigir as deformidades do corpo e da alma, ao mesmo tempo em que previne os riscos, mantendo a ordem e a seguridade da população. Como vimos no decorrer deste texto, para que essas práticas possam operar sobre os sujeitos, a inclusão deve assumir um papel importante, uma vez que ela passa a ser vista como um operador fundamental para que a escola e a medicina possam funcionar em prol da prevenção, da maximização e da potencialização da vida, não só do sujeito, mas também, e principalmente, da sociedade.

Referências

BAUMAN, Zygmunt. *Vidas desperdiçadas*. Rio de Janeiro: Jorge Zahar, 2005.

BUJES, Maria Isabel Edelweiss. Outras Infâncias? In: SOMMER, Luís Henrique; BUJES, Maria Isabel Edelweiss (Orgs.). *Educação e cultura contemporânea: articulações, provocações e transgressões em novas paisagens*. Canoas: Editora da ULBRA, 2006.

CALIMAN. Luciana Vieira. *A biologia moral da atenção: a constituição do sujeito (des) atento.* Rio de Janeiro: UERJ, 2006. Tese (Doutorado em Saúde Coletiva) – Instituto de Medicina Social, Universidade do Estado do Rio de Janeiro, 2006.

COSTA, Marisa Vorraber. Currículo e Política Cultural. In: COSTA, Marisa Vorraber. *O currículo nos limiares do contemporâneo.* Rio de Janeiro: DP&A, 2001.

EWALD. François. *Foucault, a norma e o direito.* 2. ed. Lisboa: Vega, 2000.

FOUCAULT, Michel. *Microfísica do poder.* Org. e Trad. Roberto Machado. 13. ed. Rio de Janeiro: Graal, 1979.

FOUCAULT, Michel. *A verdade e as formas jurídicas.* Rio de Janeiro: NAU, 1996.

FOUCAULT, Michel. *Segurança, território e população: curso no Collège de France: 1977-1978.* São Paulo: Martins Fontes, 2008.

FREITAS. Cláudia Rodrigues de. *Corpos que não param: criança, TDAH e escola,* 2009. Proposta de Tese (Doutorado em Educação) - Faculdade de Educação, Universidade Federal do Rio Grande do Sul, 2009.

MOYSÉS. Maria Aparecida Affonso. *A institucionalização invisível: crianças que não aprendem na escola.* Campinas: Mercado das Letras, 2001.

Ó, Jorge Ramos do. *O governo de si mesmo: modernidade pedagógica e encenações disciplinares do aluno liceal (último quartel do século XIX – Meados do século XX).* Lisboa: Educa, 2003.

VEIGA-NETO. Alfredo. Incluir para excluir. In: LARROSA. Jorge; SKLIAR, Carlos. *Habitantes de Babel: políticas e poéticas da diferença.* Belo Horizonte: Autêntica, 2001.

VEIGA-NETO. Alfredo; LOPES, Maura. Inclusão e governamentalidade. In: *Revista Educação e Sociedade*, Campinas, v. 28, n. 100, out. 2007.

Escola e saúde: uma parceria produtiva

Mara Marisa da Silva
Vanessa Scheid Santanna de Mello

Antes prevenir do que curar. As práticas de saúde que circulam nas escolas têm sido orientadas por esse princípio. Vacinação, aplicação de sulfato ferroso, fichas de saúde, fichas de encaminhamento e liberação médica, controle do peso das crianças, dentista e nutricionista na escola, palestras sobre sexualidade e natalidade, cuidados com a higiene do corpo e intervenções das escolas na disseminação de vírus têm sido algumas das práticas a que nos referimos. No intuito de olhar para a produtividade dessas práticas, buscamos mostrar a "conveniência" da escola no controle da saúde da população, ou seja, como a inclusão de todos nesse lugar chamado escola funciona como estratégia de prevenção do risco social e controle da circulação populacional.

Para tanto, didaticamente, o texto está organizado em duas partes. No primeiro momento, tentamos mostrar como a medicina, como um campo de saber-poder, historicamente vem funcionando como uma estratégia biopolítica no controle da saúde da população e na ordenação da sociedade moderna. Procuramos também problematizar como a escola, ao disciplinar os corpos infantis, contribui na produção de sujeitos ajustados ao funcionamento de um mundo que está sendo construído com base em ideais de progresso e civilização. Isso nos ajuda a entender que condições possibilitaram que hoje a interferência da saúde no ambiente escolar seja tão enfática.

No segundo momento, propomos mostrar como a escola, ao incluir todos, torna viável o controle da circulação e da saúde da população através de práticas de prevenção. Analisamos alguns materiais disponibilizados por Secretarias de Saúde, Secretarias de Educação e direções de escolas municipais da região do Vale do Rio dos Sinos que nos levam a ver essa "parceria" entre escola e saúde como uma estratégia biopolítica.

Antes de prosseguir, salientamos que aqui não nos cabe advogar contra ou a favor das práticas de saúde na escola, mas mostrar como elas se engendram e a sua produtividade em tempos em que "fazer viver" é a ordem.

Condições para pensar a medicina na escola

Na Modernidade, o foco do poder foi gradativamente passando da ênfase em territórios para a ênfase na vida das pessoas. Diante de uma sociedade que se tornava complexa e populosa, o poder que emanava do soberano, que de tudo cuidava como coisa de seu território, esmaeceu. Emergiu, assim, uma nova arte de governar, na qual o que se governava não era mais o território, mas as coisas e as pessoas. O objeto de governo passaram a ser os homens e suas relações com as coisas, como os hábitos, as formas de agir e pensar, as epidemias, os acidentes, as riquezas.

Nesse contexto, o Estado de governo deixou de ser definido por sua territorialidade, passando a sê-lo pela população e suas relações, e o território tornou-se apenas um componente. Foucault (2004), no texto "A governamentalidade", ao caracterizar a ruptura entre o que chama de soberania – cuja preocupação se centrava no território – e o surgimento daquilo que chama de arte de governar as coisas, afirma que:

> Governar uma casa, uma família, não é essencialmente ter por fim salvar a propriedade da família; é ter como objetivo os indivíduos que compõem a família, suas riquezas e propriedades; é prestar atenção aos acontecimentos possíveis, às mortes, aos nascimentos, às alianças com outras famílias; é esta gestão geral que caracteriza o governo (Foucault, 2004, p. 283).

O direito do soberano de fazer morrer ou deixar viver deu lugar a um poder em que a ordem é "fazer viver". Esse poder sobre a vida, segundo Foucault (1988), desenvolveu-se nos séculos XVII e XVIII de duas formas principais. A primeira delas centrou-se no corpo do indivíduo; através do poder disciplinar, extraiu-se dos corpos civilizados e dóceis o máximo de força. Em um segundo momento, aparece um poder que não incide mais sobre o corpo do indivíduo, mas sobre o corpo-espécie, e o poder passa a regulamentar as ações da população através do controle de nascimentos, mortalidades, saúde, condições sanitárias das grandes cidades, fluxos das infecções e das contaminações, durações e condições de vida, o que Foucault denominou de biopolítica da população. Portanto, as disciplinas do corpo e as regulações da população funcionam como estratégias do biopoder, o qual investe sobre a vida. É importante ressaltar que essas duas tecnologias de poder não se excluem, mas se articulam.

Com a Modernidade, diante da industrialização, do crescimento demográfico, do aumento de uma demanda de cuidados por parte dos indivíduos e da população e, com isso, da ameaça de desordem, foram inventadas estratégias de governamento capazes de gerir uma multiplicidade de homens de forma tão eficaz quanto se estivessem agindo sobre um só (Foucault, 2004). Nesse cenário, governar uma população implica identificar características e processos que lhe são próprios, torná-la observável, dizível, calculável, enfim, produzir verdades em torno daquilo a ser governado.

Se partimos do pressuposto de que o controle da vida é expresso pelos saberes que lidam diretamente com ela, para gerir a população, a biopolítica, em fins do século XVIII, faz uso de saberes como os da medicina para "intervir nas condições de vida, para modificá-las e impor-lhes normas" (Foucault, 1997, p. 86). A ordem médica torna-se responsável por higienizar e medicalizar a população, ampliar a expectativa de vida e aumentar as forças dos corpos, tornando-os mais saudáveis, úteis e organizados. Portanto, se o corpo é uma realidade biopolítica, a medicina social é uma estratégia biopolítica. "A medicina é um saber-poder que incide ao mesmo tempo sobre o corpo e sobre a população, sobre os organismos e sobre os processos biológicos e que vai, portanto, ter efeitos disciplinares e efeitos regulamentadores" (Foucault, 2002, p. 302).

É importante demarcar que a noção de biopolítica apareceu pela primeira vez na obra de Foucault na conferência proferida em 1974 no Rio de Janeiro, sob o título "O nascimento da medicina social". Na ocasião, ele reconstituiu três configurações da formação da medicina social: a medicina de Estado (na Alemanha), a medicina urbana (na França) e a medicina de força de trabalho (na Inglaterra):

> [...] na Alemanha do século XVIII, a medicina de Estado envolveu a construção de um sistema estatal de observação da morbidade solicitada aos hospitais e aos médicos. Na França, no final do mesmo século, a medicina urbana promoveu o aperfeiçoamento da quarentena medieval (agora numa lógica inclusiva) através de um esquadrinhamento de vigilância da cidade, com registro e inspetoria diários, controle dos espaços de perigo sanitário, especialmente os cemitérios, e intervenções na arquitetura urbana com abertura de grandes avenidas visando arejamento. Na Inglaterra do século XIX, a medicina da força de trabalho, promovida devido à industrialização e ao surgimento do proletariado, possibilitou o aparecimento

> de práticas de assistência médica à pobreza como estratégia de evitar epidemias dessa origem, além das campanhas de vacinação (Ferreira-Neto, 2009, p. 459).

Foi o modelo da medicina inglesa que se disseminou no mundo ocidental do século XIX e XX, possibilitando "[...] uma medicina social destinada aos mais pobres, uma medicina administrativa encarregada de problemas gerais, como a vacinação, as epidemias, etc., e uma medicina privada que beneficiava quem tinha meios para pagá-la" (Foucault, 1990, p. 97). Esse sistema visava a controlar a vacinação, organizar o registro de doenças, localizar focos de insalubridade e agir sobre esses lugares. A saúde da população tornou-se um dos objetivos primordiais do poder político, que buscava, de forma econômica, preservar vidas úteis à nação, que só o seriam quando sãs e medicalizadas.

O deslocamento da família do nível de modelo para o nível de instrumentalização, no século XVIII, possibilitou a emergência dessa nova arte de governar, uma vez que a população possuía especificidades irredutíveis ao pequeno quadro familiar. A família passou a ser vista como instrumento privilegiado, na medida em que, "[...] quando se quiser obter alguma coisa da população – quanto aos comportamentos sexuais, à demografia, ao consumo, etc. –, é pela família que se deverá passar [...]" (Foucault, 2004, p. 289). Historicamente, assistiu-se à proliferação de uma política da saúde que teve a família como instrumento: campanhas contra a mortalidade infantil, relativas à amamentação, à vacinação, ao casamento, à higienização.

A ordem médica, ao ver a família como instância primeira de medicalização dos indivíduos, interferiu nas relações familiares entre pais e filhos, que passaram a ser regidas por uma série de obrigações, principalmente com relação à infância. Esse conjunto de obrigações referia-se à higiene e à limpeza, tanto do corpo infantil quanto da moradia da família, à preocupação diante da amamentação das crianças pelas mães, ao cuidado com um vestuário sadio e, dentre outras coisas, à vigilância permanente dos pais sobre os filhos. Esse cuidado da família com o corpo infantil era solicitado pela ordem médica, pois, conforme Jurandir Freire Costa (1989, p. 144), acreditava-se que:

> A maneira como o indivíduo tinha sido tratado na sua infância era determinante de suas qualidades corporais e morais quando adulto. Uma criança submetida a uma má amamentação; a uma alimentação insuficiente; à falta de exercício; a um regime anti-higiênico do vestuário; ou, ainda, a castigos brutais; à falta de amor paterno e materno; [...] seria um adulto fraco de caráter,

pusilânime, possuidor de uma saúde física e moral extremamente precária. Uma criança bem cuidada, pelo contrário, tornar-se-ia o perfeito adulto higiênico.

Na constituição da família moderna, higiênica e privativa, a redefinição do estatuto da criança pelo poder médico desempenhou um papel fundamental. A criança, que até o final do século XVIII ocupava uma posição secundária e indiferenciada[79] em relação ao mundo dos adultos, foi elevada à condição de "rainha da família", demandando alimentação, vestuário, brinquedos, horários, cuidados e espaços específicos, tudo fundamentado nos novos saberes racionais sobre a infância.

Em um quadro de múltiplas transformações sociais e políticas, a infância tornou-se objeto do olhar do Estado, um olhar científico e moral que veio atender a uma vontade de saber e de poder. As crianças "[...] tornaram-se objetos de um domínio de ação governamental e, ao mesmo tempo e num movimento paralelo, passaram a fazer parte de um campo conceitual que as tornou passíveis de intervenção e regulação" (Bujes, 2002, p. 122).

Na Modernidade, assistiu-se à invenção daquilo que Philippe Ariès chama de "sentimento de infância", até então inexistente, já que na Idade Média a criança era vista como um adulto em miniatura e, portanto, crescia em meio aos adultos, sem receber uma atenção diferenciada. Isso não significa dizer que, antes da Modernidade, as crianças eram desprezadas ou negligenciadas: o "sentimento de infância" não está relacionado com a falta de afeição pela criança, mas "[...] corresponde à consciência da particularidade infantil, essa particularidade que distingue essencialmente a criança do adulto, mesmo jovem [...]" (Ariès, 1981, p. 99). Essa transformação implicou a invenção do corpo infantil, corpo que, por ser inocente, deveria ser preservado, cuidado e educado.

A conquista desse novo domínio de saber, o objeto-infância, consistiu em uma das principais condições de possibilidade para interferência dos médicos higienistas no interior da família. Tal interferência veio atender à preocupação do Estado com a elevada taxa de mortalidade infantil, o problema do menor abandonado e a necessidade da figura do médico na medicalização da família.

A criança, por ser considerada um ser inocente, precisava de cuidados e proteção por parte dos adultos, mais especificamente de seus pais. Assim, "os pais têm de cuidar dos filhos, os pais têm de tomar conta

[79] Isso não significa que os adultos não viam diferenças entre eles e as crianças. As diferenças existiam, mas não como vieram a ser enunciadas na modernidade (FREIRE, 1989).

dos filhos nos dois sentidos: impedir que morram e, claro, vigiá-los e, ao mesmo tempo, educá-los" (Foucault, 2001, p. 323).

Com as práticas de intervenção sobre a família, desejava-se promover outras formas de educação que não aquela desenvolvida pela criadagem. Entretanto, ao mesmo tempo que a família era incumbida de cuidar do corpo e da vida dos filhos, pedia-se que as formas de cuidar desse corpo, seus critérios, suas intervenções e suas decisões fossem baseados em saberes médicos, ou seja, que a relação pais-filhos fosse racionalizada e perpassada por uma disciplina médica (Foucault, 2004).

Para que as famílias aderissem à disciplina médica, colocou-se em circulação a ideia de que os pais, por desconhecimento, erravam na criação dos filhos, porém desejavam-lhes aquilo que a higiene dizia ser o melhor para o seu desenvolvimento. Esse estigma da incompetência devido à falta de conhecimento eximia os pais da punição legal, mas não da correção. Segundo Margareth Rago (1997, p. 118),

> [...] o recorte é circunscrição daquilo que se configurou como tempo da infância e sua objetivação pela medicina atendeu, então, ao objetivo maior de legitimação das práticas de regulamentação e controle da vida cotidiana. Os médicos procuraram apresentar-se como autoridade mais competente para prescrever normas racionais de conduta e medidas preventivas, pessoais e coletivas, visando produzir a nova família e o futuro cidadão.

Foi através dessa pedagogia higiênica em torno do corpo infantil que se atingiram os adultos, uma vez que os pais se disciplinavam para dar bom exemplo aos filhos. De acordo com Costa (1989, p. 175), "o interesse pelas crianças era um passo na criação do adulto adequado à ordem médica".

Para manter a higiene do corpo, da casa e da educação em prol da saúde, a família, que na Idade Média era vista como uma teia de relações sociais em um sistema de parentesco ou transmissão de bens, tornou-se um aparelho restrito, saturado, permanente e localizado de formação do corpo infantil. Assistiu-se ao fechamento da família e à invenção de uma família nuclear[80] constituída por pais e filhos, a qual se tornou o agente mais constante de medicalização dos indivíduos. Falamos de uma família "medicalizada e medicalizante" que possibilitou a articulação

[80] De acordo com Cláudia Fonseca (1997, p. 133), "a história nos ensina quão difícil foi a implantação do modelo nuclear burguês entre os pobres europeus. As medidas coercitivas de enclausuramento dos séculos XVIII e XIX visaram sanear a rua, retirando mendigos, órfãos e prostitutas do espaço público para confiná-los em instituições. Mas, na realidade, nada adiantaram antes do século XX [...]".

da "boa saúde" do corpo social com o desejo ou a necessidade da "boa saúde" do indivíduo. Pouco a pouco, a medicina "[...] suscitou o interesse do indivíduo por sua própria saúde. Cada habitante tornou-se seu próprio almotacé[81] e, em seguida, almotacé de sua casa e da vizinhança [...]" (Costa, 1989, p. 30). Outra prática que se deu paralelamente à da medicalização da família e do corpo infantil através de uma medicina social foi a institucionalização da infância.

Os discursos sobre o sujeito infantil e as novas posições por ele ocupadas permitem pensar de outro modo o que significa ser criança e introduzem, concomitantemente, outras estratégias para controlar suas ações, para governá-las. Falamos de uma série de iniciativas socializadoras que aos poucos se disseminaram pela sociedade europeia, estabelecendo novas atitudes quanto aos cuidados direcionados à criança, às relações entre adultos e crianças e, principalmente, às práticas de enclausuramento a que estas seriam sujeitas. Nas palavras de Moysés Kuhlmann (2005, p. 70-71), a

> [...] proteção à infância é o novo motor que impulsiona a criação de uma série de associações e instituições para cuidar da criança, sob diferentes aspectos: da sua saúde e sobrevivência, [...], dos seus direitos sociais, com as propostas de legislação e de associações de assistência; da sua educação e instrução, tanto no ambiente privado, na família, como no espaço público, nas instituições de educação infantil e na escola primária.

Diante disso, é possível afirmar que a noção moderna de infância esteve imbricada na produção de outros modos de educação para os sujeitos infantis, de forma especial daqueles voltados para a institucionalização.

O fato de a infância deixar de ser vista como obra divina e passar a ser concebida como uma etapa da vida, assim como o de a criança deixar de ser responsabilidade exclusiva da família para tornar-se uma preocupação social, criou a necessidade de educar e preservar as crianças para o futuro. Dessa forma, como "instituição de sequestro", a escola passou a intervir sobre o corpo infantil no intuito de ora preservá-lo, ora corrigi-lo.

> Portanto, é esta perspectiva adultocêntrica de representar a infância, na qual a criança é significada como um ser em falta – imaturo, débil, desprotegido, em alguns casos necessitados de

[81] De acordo com Aurélio Buarque de Holanda Ferreira (1989), *almotacé* refere-se ao antigo inspetor de pesos e medidas que na Idade Média era encarregado de fixar o preço dos mantimentos, vigiar as atividades, assegurar o abastecimento do mercado e, entre outras coisas, zelar pela limpeza urbana.

> correção, em outros, de proteção – que vai justificar a necessidade de intervenção e de governo da infância. A criança, por ser maleável, pode ser modelada; por ser frágil, necessita de tutela; por ser rude, deve ser encaminhada à civilização; pela sua fraqueza de juízo, precisará desenvolver a razão (Bujes, 2002, p. 38-39).

Como podemos ver, o projeto educacional moderno é um projeto civilizador, definindo condutas para os seres humanos no intuito de tornar sujeitos civilizados aqueles considerados "selvagens". A instituição escolar, cuja centralidade nesse projeto é inquestionável, também produz os discursos sobre a infância e os ideais de civilização, de modo a acionar uma pedagogia que, há alguns séculos, vem contribuindo de forma eficiente na disseminação do poder disciplinar e na constituição do sujeito moderno.

Para que o poder disciplinar atue de forma eficiente, dentre outras coisas, o corpo infantil é colocado em um regime de máxima visibilidade. A escola, ao vigiar o corpo infantil, ao monitorá-lo constantemente através da observação, evita que qualquer atitude passe despercebida e permaneça alheia aos olhos da vigilância.

Através da vigilância, as crianças tornam-se objetos de informação, pois "[...] são conhecidas em seus modos de agir, de conduzir-se, em suas preferências, em suas 'esquisitices'. Seus traços mais característicos são identificados, ganhando, deste modo, cada uma, um caráter individualizado" (Bujes, 2002, p. 125). As técnicas de observação multiplicam-se, levando aos desejados resultados de controle sobre o corpo infantil, pois possibilitam um mapeamento completo de seus comportamentos, o que facilita o trabalho de intervenção no sentido de desenvolver hábitos em torno de práticas e posturas esperadas. A criação de instituições específicas para educar o corpo infantil, ao constituir-se em um instrumento de disciplinarização dos indivíduos desde a mais tenra idade, atende ao projeto de governamento da população.

A infância foi tomada como possibilidade de intervenção para a formação de um adulto saudável e produtivo, previamente preparado para as formas de *governamento* centradas na gestão do trabalho, da família e da saúde. Em uma instituição escolar determinada pela naturalização da parceria entre Estado, pedagogia e medicina, jamais fizeram sentido quaisquer questionamentos ou problematizações sobre a razão das campanhas de vacinação e as revistas relativas ao asseio do corpo na escola. A higiene e a saúde destinavam-se à construção de uma população saudável.

A saúde entrou na escola brasileira "como parte de suas preocupações e atribuições, no final do século XIX, considerando-se aí tanto a dimensão assistencial, quanto o desenvolvimento de hábitos, atitudes e valores compatíveis com uma determinada concepção de indivíduo saudável" (MEYER, 1998, p. 5). Cabe dizer que, historicamente, houve certo deslocamento da concepção de saúde de uma noção associada à ausência de doença para uma noção entendida, na segunda metade do século XX, como um direito ao exercício da cidadania. Seguindo esse raciocínio, é importante ressaltar que a efetivação desse direito passa também pela escola.

Sendo assim, o que procuramos fazer a seguir é mostrar como a inclusão de todas as crianças na escola, "trazendo para perto", "onde a vista alcança", principalmente aqueles considerados vulneráveis ao caos, está a serviço da biopolítica. Em outras palavras, intencionamos analisar como, em tempos contemporâneos, a educação escolar assume um caráter estratégico em práticas de biopolítica, mais precisamente no controle da saúde da população.

Educação e saúde: aliadas na prevenção do risco social

A sociedade e a escola operam dentro de uma mesma racionalidade. Se, por um lado, o que acontece na sociedade não é apenas perceptível na escola, mas ao mesmo tempo a produz, por outro, a escola também é produtora da sociedade em que está inserida. Imersas nessa lógica estão as relações de inclusão na escola e as práticas de biopolítica.

A escola tem sido uma importante protagonista na movimentação da economia das sociedades globalizadas regidas por políticas neoliberais, na proliferação de serviços e artefatos tecnológicos e no consumo de produtos, sejam eles pacotes instrucionais, testes padronizados ou materiais didáticos ou mobiliários. Enfim, o espaço escolar transformou-se em um rentável negócio, a tal ponto que muitas empresas desejam associar sua marca à instituição escolar e lá fazê-la circular.

Trata-se de uma instituição que ocupa um espaço físico privilegiado de confluência de pessoas, de encontros duradouros e sistemáticos. Há escolas por toda parte, o que as torna um centro aglutinador de todo tipo de sujeitos. A escola atrai, reúne, mantendo-se como lugar de encontro – um lugar propício para a circulação de significados e para ações de governamento.

Consideramos, então, que aquilo que começamos a observar na escola, nas formas como ela vai sendo articulada nas práticas sociais e políticas da atualidade, é imanente a esse jeito do poder de operar no mundo de hoje. A escola apresenta-se como uma das importantes instituições para o exercício da biopolítica, garantindo alguma espécie de retorno daqueles que circulam nesse espaço.

Nesse cenário, também vemos outras nuances, que são os indícios da "conveniência" da escola no controle da saúde da população. No intento de procurar mostrar tal caráter estratégico, recorremos a alguns materiais coletados junto a escolas de educação infantil do Vale do Rio dos Sinos. Neles podemos ver a *inclusão*, a *prevenção* e o *controle da circulação* funcionando como estratégias biopolíticas.

Começamos por analisar o seguinte relato de uma diretora ao registrar quais foram as orientações dadas às escolas do município referentes ao seu não fechamento diante da proliferação da Gripe A H1N1 em 2009.

> Segundo as orientações da Secretaria de Saúde do Estado do Rio Grande do Sul, as crianças das redes de ensino deveriam permanecer em casa, evitando aglomerações. Porém, a Secretaria de Saúde do município, juntamente com a SEMEC e representantes de escolas privadas, consideravam esta hipótese a menos adequada, decidindo permanecer com as aulas. Afinal, com quem ficaria esta criança? Quem estaria olhando por ela? Esta estratégia foi tomada para agilizar os encaminhamentos médicos e assim monitorar grande parte das famílias do município. O que cabia à escola: permanecer atenta às mudanças quanto ao quadro de saúde da criança, avisando e encaminhando a família imediatamente ao médico; comunicar à Secretaria de Saúde o afastamento de alunos, para que pudessem verificar se esta família, de fato, procurou ajuda médica; orientar alunos e familiares quanto aos cuidados e hábitos de higiene a fim de prevenir-se.

Quadro 1 - Diretora de uma escola de educação infantil

Ao ver a mobilização da Secretaria de Saúde e Assistência Social e da Secretaria de Educação para manter todos frequentando a escola como forma de agilizar os *encaminhamentos médicos, orientar e monitorar grande parte das famílias do município*, passamos a entender a inclusão como uma estratégia biopolítica que visa ao governamento e ao controle das populações através do gerenciamento da vida e da diminuição do risco social. Incluir para melhor conhecer – afinal, "quem estaria olhando por esta criança?". É preciso gerir suas ações e definir seu espaço no diagrama social, dar-lhe um nome e uma posição no elenco das produções contemporâneas. Esse poder que posiciona a vida como prioridade acaba produzindo estratégias de inclusão e de normalização que colocam em funcionamento as medidas de correção, controle e vigilância. É preciso tornar visível a anormalidade para que ela possa ser capturada pelo sistema de classificação e normalização. Uma vez distinguidos, os sujeitos sofrem intervenções; nesse caso, o encaminhamento para o setor da saúde. A inclusão favorece o controle da população, já que, se todos estiverem dentro de um campo de visibilidade, qualquer alteração será percebida, diagnosticada e tratada. Assim, trata-se de inclusão como uma estratégia biopolítica que tem em sua prática "fazer viver" e gerenciar os riscos a favor do bem-estar social.

Na Contemporaneidade, podemos visualizar esse gerenciamento do risco, via escola, quando atua no controle da circulação da população escolar no que se refere ao contágio da Gripe A H1N1. No material analisado, vê-se a experiência de um dos municípios que optaram por manter as escolas abertas.

Saúde e educação trabalham em conjunto para facilitar o acesso à informação Escolas de [nome do município] têm linha direta para esclarecer dúvidas. Para esclarecer dúvidas relacionadas à Gripe A, a enfermeira coordenadora do Setor de Vigilância Epidemiológica da Secretaria da Saúde e Assistência Social [...] está prestando atendimento especial às escolas municipais. Foi disponibilizada uma linha direta com a profissional. "Pedimos uma atenção para resolver questões do dia a dia", explica a Secretária de Educação e Cultura [...]. A Semec está monitorando diariamente as faltas nas escolas e atualizando informações junto à Secretaria da Saúde. "Queremos transmitir tranquilidade e promover a prevenção. Para tanto, o professor transmite a informação na hora aos alunos, que repassam às famílias [...]."

Quadro 2 - Reportagem sobre a parceria entre saúde e educação

Usa-se a estatística, os números, como tecnologia de governo para gerir o coletivo da vida e, por antecipação, criar mecanismos de intervenção. Ao olharmos para a reportagem sobre a parceria entre saúde e educação na promoção da saúde das crianças e de suas famílias, fica visível que informações são, então, produzidas e combinadas para planejar ações a fim de que o risco seja prevenido (através das orientações), controlado (pelo monitoramento da circulação das crianças e das suas famílias) e reduzido.

Para gerir a população, a biopolítica faz uso de um conhecimento específico sobre ela – contagens, identificações, levantamento de dados (Foucault, 2005). Assim, para que o Estado gerencie a vida da população, é importante que todos estejam dentro da escola, que sejam nomeados, classificados e bem identificados, pois, dessa forma, a intervenção sobre esses indivíduos será mais eficiente. Esse levantamento de dados através das escolas, relacionados à saúde e à circulação da população, fornece à administração os instrumentos apropriados que permitem uma intervenção eficaz, de modo a reforçar a potência do Estado.

> Aos Estados cabia a realização de levantamentos para obter informações sobre [...] as condições de saúde das populações no sentido de adquirir conhecimentos que lhe garantiriam um melhor funcionamento e estabilidade. A geração de dados buscava subsídios que possibilitassem mensurações, comparações e aquisição de conhecimentos sobre novos métodos de operacionalização pertinentes às suas estruturas. [...]. As observações eram requeridas aos hospitais e profissionais da saúde que atuavam em distintos locais nos quais era possível obter dados sobre as epidemias e endemias vigentes em cada região (Halmenschlager, 2007, p. 8).

As escolas servem como fontes de informação que se encontram a serviço da ciência de registro, conservação e análise de ocorrências. É importante observar como números, medidas, índices e taxas adquirem tanta importância nessas ações governamentais da população, a ponto de gerarem-se estratégias e ações para dirigir, administrar e otimizar as condutas individuais e coletivas. Regular uma população não requer unicamente a extração de saberes sobre ela;

> [...] há necessidade de se produzirem registros sobre essa população, para propor, para acompanhar e para avaliar intervenções, quantificando os seus aspectos mais característicos e de interesse, formulando saberes para depois disponibilizá-los aos governos e à sociedade. Os saberes construídos por diferentes instituições e *experts*, com base em *dados* coletados, em registros, em comparações, subsidiam decisões administrativas para manter e otimizar as características desejáveis da população (Traversini; Bello, 2009, p. 137).

Saberes sobre a saúde da população infantil são produzidos e registrados nas escolas. A Ficha de Saúde, preenchida pela família a cada rematrícula, é uma dessas práticas. Cabe à família fornecer dados para a escola sobre o quadro de saúde da criança: se a família autoriza, em caso de urgência, a escola a escolher o local de atendimento; lista de doenças passadas e presentes; se a criança está fazendo algum tratamento médico, usando medicamento regularmente; se já sofreu alguma cirurgia; se tem problemas ortopédicos, fraturas, problemas de olhos, ouvidos ou nariz. Há, ainda, um espaço disponível para que a família forneça outras informações que julga importantes para a orientação do professor e da escola. Por fim, consta a assinatura dos pais ou do responsável legal.

A escola trabalha não só com as informações dadas pelas famílias sobre a saúde dos filhos, mas também com informações de *experts*, nesse caso, de médicos. Há uma Ficha Médica que, como o próprio nome diz, deve ser preenchida pelo médico da criança, dando informações sobre a sua saúde. Na ficha, constam aspectos a serem observados pelos médicos: doenças anteriores; dificuldade visual e auditiva; crises convulsivas; alergias; doenças infectocontagiosas, acidente ou cirurgia anterior; medicamentos para o uso contra febre na escola; vacinas já realizadas; aspectos físicos e nutricionais; peso da criança e altura. No final, aparece a assinatura do médico responsável.

Tais fichas não devem ser entendidas apenas como um documento que colhe as informações desses sujeitos, mas como um documento que também produz as informações e, portanto, produz os modos de ser criança saudável. Elas trazem discursos que constituem e transformam o modo como pais ou professores vão estabelecer relações com as crianças, a forma de dirigir-se a elas e também como vão interpelar e produzir a infância. Por isso, os saberes sobre a saúde da criança, na medida em que afirmam verdades sobre ela, classificam-na e delimitam-na segundo determinados modelos de ser e viver com saúde. Esses saberes conformam e produzem os modos como a criança acaba por relacionar-se consigo e com o mundo, de acordo com as prescrições médicas.

Através da produção de saberes, dos registros e do monitoramento da saúde das crianças, tornam-se possíveis práticas de prevenção. Uma das práticas de prevenção que podem ser observadas em muitas escolas é o registro recorrente do peso e da altura das crianças. Geralmente feitos por uma nutricionista, esses registros são encaminhados para a Secretaria da Saúde. As crianças que fogem do peso ou das condições de saúde ditas "normais" para sua faixa etária sofrem intervenções via família e também no cardápio da merenda escolar. Para promover a nutrição da criança, a escola, se autorizada pelos pais, também é acionada para aplicar a suplementação de ferro.

Prezados pais:
Através de Programa Nacional de Suplementação de Ferro, o Ministério da Saúde distribui Sulfato Ferroso para todas as crianças de 6 meses até 20 meses de idade. O ferro é um nutriente essencialmente para a vida, atuando principalmente na síntese das células vermelhas do sangue e no transporte de oxigênio para todas as células do corpo. A carência de ferro, nas crianças, causa anemia, associada ao retardo do crescimento e ao comprometimento da capacidade de aprendizagem. Caso desejem participar do programa, beneficiando seu (sua) filho (a), o Sulfato Ferroso é oferecido na Escola de Educação Infantil. Para isso, solicitamos que preencham e assinem a autorização abaixo, devolvendo-a para a escola.

Quadro 3 - Bilhete encaminhado pela nutricionista para as famílias

No ato de matrícula, também é solicitada a carteirinha de vacinação para que a escola confira se as vacinas estão em dia com o calendário básico, que define as vacinas que devem ser tomadas nas diferentes fases da vida da criança. Na tentativa de incluir todas as crianças na Campanha de Vacinação de Paralisia Infantil, esta foi feita, antecipadamente, por profissionais da saúde na escola de educação infantil. De acordo com o bilhete encaminhado para as famílias, a intenção era facilitar o processo para os pais. Vemos aí, outra vez, que a escola, ao "incluir todos", se torna pertinente na regulação da saúde infantil, de modo a evitar que alguém seja excluído ("pois pode chover no sábado"), o que, junto com outros fatores, pode provocar algum risco social.

Atenção senhores pais:
Ocorrerá oficialmente, no dia 19 de setembro de 2009, a 2ª etapa de vacinação contra a paralisia infantil, das 08h à 17h nos Postos de Saúde do município [nome do município]. Gostaríamos de *antecipar* a vacinação nas Escolas de Educação Infantil, no dia 17 de setembro (quinta-feira) pela manhã e à tarde, com a intenção de facilitar para os pais, já que muitas vezes no sábado ocorre chuva, dificultando a ida aos postos. Contamos com a colaboração de todos, enviando a carteirinha de vacinação neste dia. Os pais que não quiserem que seu filho seja vacinado avisem à professora por escrito.

Quadro 4 - Bilhete encaminhado pela Secretaria de Saúde para as famílias via escola

A escola e a saúde propõem uma parceria com a família; caso isso não aconteça, as famílias são lembradas, a partir do momento em que não autorizam a vacinação no ambiente escolar, que passa a ser sua a responsabilidade de levar o filho até o posto de saúde na data indicada.

No monitoramento de sintomas apresentados pelas crianças, é produzida pela escola a Ficha do Bem-Estar da Criança. Esta é preenchida pelas professoras diante de quadros de febre, diarreia ou vômito apresentados pelas crianças no período escolar. Na ficha, o professor deve anotar: febre (temperatura; horário; medicação usada); diarreia (número de vezes e observações); vômito (número de vezes; quantidade; catarro, comida, observações). Com a ficha em mãos e os registros feitos, a escola aciona a família para que leve a criança ao médico, e esta só pode retornar à escola com a autorização desse profissional. A autorização está na própria Ficha de Bem-Estar, que é entregue à família no momento em que ela vai buscar a criança.

A família, desse modo, torna-se parceira da escola no gerenciamento do risco e, ao mesmo tempo, passa a ser governada pela escola, já que o filho só pode retornar com autorização médica. Trata-se do governamento da conduta da criança e de sua família. Com isso, é possível perceber a operacionalidade do mecanismo de controle do risco.

Além das tramas existentes dentro da escola, há uma relação desta com *experts* que estão do lado de fora do ambiente escolar. Esses *experts* são, nesse caso, os médicos. Preenche-se a Ficha de Bem-Estar da Criança, o que implica o fornecimento de dados e informações por parte da escola aos *experts*, na busca de um diagnóstico. Essa busca revela que detectar algum risco significa abrir possibilidades para seu gerenciamento. Ao solicitar a assinatura do médico, a escola recorre à legitimidade do saber, uma vez que "a referência ao saber possui uma função legitimamente indispensável na medida em que dá uma caução científica" (Castel, 1987, p. 108).

Enfim, assiste-se ao controle positivo da vida da criança, já que o progresso da sociedade depende do desenvolvimento saudável de cada indivíduo. Por conseguinte, a criança parece ser o objeto privilegiado da medicina, sendo a infância vista como fase específica e primeira de uma existência. Dos cuidados com essa etapa, dependem as outras etapas da vida. O que percebemos, com base nos materiais aqui analisados, é o quanto os campos da educação e da saúde estão inter-relacionados e implicados em uma relação de poder e saber. Para que essa relação seja produtiva, a inclusão de todos na escola e a regulação por estratégias biopolíticas desenvolvidas pelas políticas de saúde são "convenientes" para práticas de prevenção do risco social e para o controle da circulação da população.

Referências

ARIÈS, Philippe. *História social da criança e da família*. Rio de Janeiro: GUANABARA, 1981.

BUJES, Maria Isabel Edelweiss. *Infância e maquinarias*. Rio de Janeiro: DP&A, 2002.

CASTEL, Robert. *A gestão dos riscos: da antipsiquiatria à pós-psicanálise*. Tradução de Celina Luz. Rio de Janeiro: Livraria Francisco Alves Editora, 1987.

COSTA, Jurandir Freire. *Ordem médica e norma familiar*. 3. ed. Rio de Janeiro: Graal, 1989.

COSTA, Marisa Vorraber (Org.). *A escola tem futuro?* Rio de Janeiro: DP&A, 2003.

FERREIRA, Aurélio Buarque de Holanda. *Minidicionário Aurélio*. 2. ed. Rio de Janeiro: Nova Fronteira, 1989.

FONSECA, Cláudia. Família e criança: leis e mediadores na sociedade de classe. In: DORA, Denise Dourado (Org.). *Feminino Masculino: igualdade e diferença na justiça*. Porto Alegre: Sulina, 1997. p. 131-143.

FOUCAULT, Michel. *História da sexualidade1: a vontade de saber*. 9. ed. Rio de Janeiro: Graal, 1988.

FOUCAULT, Michel. O nascimento da medicina social. In: FOCAULT, Michel. *Microfísica do poder*. Rio de Janeiro: Graal, 1990. p. 79-98.

FOUCAULT, Michel. Segurança, território e população. In: FOUCAULT Michel. *Resumo dos cursos do Collège de France (1970-1982)*. Rio de Janeiro: Zahar, 1997. p. 81-86.

FOUCAULT, Michel. *Os anormais: curso no Collège de France (1974-1975)*. Tradução de Eduardo Brandão. São Paulo: Martins Fontes, 2001.

FOUCAULT, Michel. *Em defesa da sociedade*. São Paulo: Martins Fontes, 2002.

FOUCAULT, Michel. *Microfísica do poder*. 20. ed. Rio de Janeiro: Graal, 2004.

FOUCAULT. Michel. *Em defesa da sociedade*. São Paulo: Martins Fontes, 2005.

HALMENSCHLAGER, Vera Lucia da Silva. História e dimensões sociais da estatística para produção de conhecimento. In: *IX ENEM - Encontro Nacional de Educação Matemática*. Belo Horizonte, 2007. Disponível em: <http://www.sbem.com.br/files/ix_enem/index.htm>. Acesso em: 17 set. 2013.

KUHLMANN JR., Moisés. *Infância e Educação Infantil: uma abordagem histórica*. 2. ed. Porto Alegre: Mediação, 2001.

KUHLMANN JR., Moisés. A educação infantil no século XIX. In: STEPHANOU, Maria; BASTOS, Maria Helena Camara. (Org.). *Histórias e memórias da educação no Brasil*, v. 2: século XIX. 2. ed. Petrópolis: Vozes, 2005. p. 68-77.

MEYER, Dagmar Estermann. Educação em saúde na escola: transversalidade ou silenciamento? In: MEYER, Dagmar Estermann (Org.). *Saúde e sexualidade na escola*. Porto Alegre: Mediação, 1998. p. 5-17.

NETO, João Leite Ferreira. KIND, Luciana. Apontamentos sobre promoção da saúde e biopoder. *Saúde soc*, São Paulo, v. 18, n. 3, p. 456-466, 2009.

RAGO, Margareth. *Do cabaré ao lar: A utopia da cidade disciplinar: Brasil 1890-1930*. 3. ed. Rio de Janeiro: Paz e Terra, 1997.

Saúde e Educação trabalham em conjunto para facilitar acesso à informação. Disponível em: <http://www.santoantoniodapatrulha.rs.gov.br/003/00301009.asp?ttCD_CHAVE=135790>. Acesso em: 2 mai. 2010.

STEPHANOU, Maria. Uma forma de formação: médicos na escola profissional. *Véritas*, Porto Alegre, v. 42, n. 2, p. 291-306, jun. 1997.

TRAVERSINI, Clarice Salete; BELLO, Samuel Edmundo López. Numerável, o mensurável e o auditável: estatística como tecnologia para governar. *Revista Educação & Realidade*, Porto Alegre, p. 135-152, maio/ago. 2009.

A avaliação da aprendizagem como estratégia de inclusão escolar

Rejane Ramos Klein

A avaliação da aprendizagem constitui-se numa estratégia para incluir e manter todos na escola dita "inclusiva". Conforme já referi em outro momento (Klein, 2010a, p. 11), o termo *inclusiva* precisa ser acrescentado "[...] para marcar os tempos em que vivemos, caracterizado pela lógica da inclusão". Para tal argumento, mostro que, no deslocamento de ênfase da avaliação restrita à ideia de exames para a proliferação da avaliação da aprendizagem, preconizada por vários autores clássicos do século XX, no Brasil teve destaque certa crítica à chamada educação tradicional e à prática de exames escolares. Ganharam espaço nesse período, em nível mundial, as ideias embasadas no movimento de modernização pedagógica para enfatizar a necessidade de uma "escola para todos". A modernização pedagógica, já investigada em estudos anteriores, constitui-se a partir de princípios da Modernidade que almejavam expandir as funções escolares, flexibilizar o currículo e ampliar a avaliação da aprendizagem, de forma que todos pudessem ter acesso à escola (Klein, 2010b).

Em decorrência de algumas dessas condições históricas, analiso também a avaliação no contexto atual para mostrar que sua ampliação pretende regular e controlar diretamente as práticas escolares, a fim de garantir a circulação de todos nesse espaço da escola inclusiva. Argumento que os processos de ensino passaram a ser minimizados, em detrimento da ênfase na aprendizagem dos alunos, na medida em que se almejava garantir o acesso e a permanência de todos no contexto escolar. Enfatizo, ainda, que tal controle e regulação não se dão apenas em nível individual, do professor sobre o aluno, mas transcendem o espaço escolar para incidir nos processos que regulam a população de modo geral, a partir dos sistemas de avaliação.

Considerando-se os conceitos de *governamentalidade* e de *biopolítica*, anunciados nos estudos de Michel Foucault, é possível mostrar como convivem em nossas sociedades essas formas de governo, que agem tanto sobre o indivíduo quanto sobre a população. Conforme aponta Gadelha (2009), a tecnologia disciplinar do corpo-organismo, que incide sobre o corpo individual – distribuindo-o e compondo o seu espaço e tempo através de uma vigilância e normalização constante –, desloca-se para uma nova tecnologia política. Essa tecnologia irá "[...] centrar-se na vida, no 'vivo', ou seja, no fato de tomar por objeto, agora, o corpo-espécie da população" (Gadelha, 2009, p. 109).

Utilizo determinados textos de autores, tais como de Ferrièrre, Luzuriaga, Almeida Júnior e Anísio Teixeira, que enfatizaram a necessidade da passagem do sistema de exame para o processo de avaliação da aprendizagem. Tais textos mostram alguns efeitos desse mecanismo biopolítico, que tanto enfatiza a transformação nos processos de avaliação, atingindo o indivíduo, quanto se desloca para o âmbito coletivo ao atingir a todos através dos sistemas de avaliação. Essa passagem não significa uma ruptura, mas um deslocamento na forma de entender a aprendizagem do aluno, a qual passa a ser enfatizada no contexto contemporâneo, principalmente a partir dos anos 1990. A avaliação, então, é compreendida como um processo de caráter diagnóstico, progressivo e contínuo. Esse "novo" entendimento da avaliação está totalmente conectado à lógica de normalização e regulação através de índices que descrevem, direcionam e prescrevem o que a escola, seus currículos e seus professores devem fazer para garantir que todos os alunos possam "avançar" nessa escola inclusiva.

Do sistema de exames à avaliação escolar

Em termos educacionais no Brasil, a partir do século XX, nota-se a entrada e a circulação de ideias – que já vinham sendo disseminadas em inúmeros países – sobre a necessidade de a escola ser expandida para todos. Pode-se dizer que essa foi uma das bandeiras de luta do discurso liberal, que aparece desde o século XIX e que tinha como propósito principal a generalização da escola a partir de um modelo de referência. A escola de massas foi uma criação do Ocidente, intimamente ligada à construção do Estado-nação e materializada a partir de uma racionalidade de governo: mapas de territórios, censos das populações, legislações que cobrem as cidades, pessoas e setores da vida em sociedade e sistemas de taxas e de impostos. "Governar através dos números", como mencionou Nóvoa (2007), tem sido o objetivo de um raciocínio estatístico que se impõe e faz abandonar, progressivamente, uma matriz territorial para adotar uma matriz populacional.

Essa racionalização do Estado permite mapear as práticas sociais e governar a população de forma mais eficaz e econômica, mas não deixando de incidir sobre o indivíduo como objeto documentado, que pode ser descrito, conduzido e normalizado na sua própria individualidade. Tal racionalidade constitui-se a partir de diversos campos de saber, como medicina, psiquiatria, psicologia, economia, etc., na interface com o pedagógico, de modo que cada um possa ser conduzido a uma autorregulação. Conforme Ó (2003, p. 13), "desde os bancos da escola, o homem novo seria formatado nos ideais do humanismo, das luzes, do progresso, da autonomia e da responsabilidade pessoal". O mesmo autor aponta que a emergência e a consolidação da escola de massas podem ser entendidas como uma luta pela secularização do governo da alma e da necessidade de enquadramento das populações em risco ou em perigo moral. Nesse sentido, o trabalho de socialização escolar assenta-se em princípios disciplinares e disciplinadores (Ó, 2003).

É possível perceber que a escola não correspondia a princípios puramente educacionais, expandindo-se e atendendo às exigências colocadas por administrações estatais, que contavam com as tecnologias de governo como suporte para sua disseminação. Uma das formas de entrada, no Brasil, da necessidade de ampliação dos processos escolares deu-se através do Movimento da Escola Nova, que se tornou conhecido após a Primeira Guerra Mundial, especialmente a partir da década de 1920. Segundo Coutinho (2008), essa época pode ser caracterizada a partir de um conjunto de reformas educacionais com abrangência nacional que disseminaram novos métodos educativos, inspirados, principalmente, nos estudos do campo da psicologia sobre o desenvolvimento infantil. Com base nas ideias de Edouard Claparède, Adolphe Ferrière e Maria Montessori, entre outros, os movimentos de renovação da educação e do ensino no país entram principalmente através da Associação Brasileira de Educação, fundada em 1924. A associação assumiu a liderança de todos os movimentos de renovação do ensino no país, apoiando e promovendo a realização de palestras, debates, cursos e conferências, para isso convocando autoridades e especialistas nacionais e estrangeiros.

Além das conferências de educação encarregadas de fazer circular as noções pedagógicas modernas, Coutinho (2008) diz que o Convênio Estatístico entre o governo federal e os estados permitiu que se adotassem normas de padronização e aperfeiçoamento das estatísticas de ensino. Essas estatísticas facilitariam estudos e pesquisas na área educacional e assim poderiam mostrar o quanto a educação brasileira estava distante de promover o acesso a todos. Da mesma maneira, apostava-se em um movimento para dar visibilidade não só aos problemas educacionais, como também ao ideal pedagógico contido no Manifesto dos Pioneiros da Escola Nova. Com a criação do Instituto Nacional de Estudos Pedagógicos em 1938, sob a direção de Lourenço Filho, e da *Revista Brasileira de Estudos Pedagógicos* – principal órgão de divulgação do Inep –, em 1944, deu-se início a essa disseminação.

Dentre os princípios prevalecentes nesse manifesto, fundamentados em um conjunto de ações advindas de outros países, o caráter científico e educacional colocaria os problemas na pauta das discussões pedagógicas e políticas para a educação. Almejava-se combater a fragmentação das experiências pedagógicas e propor sua modernização com base nos avanços conquistados por nações mais desenvolvidas, como a França e, especialmente, os Estados Unidos (Gadelha, 2009). Dentre os inúmeros problemas educacionais, o analfabetismo, a partir dos anos 1940, foi o mais enfatizado em conferências e seminários internacionais promovidos pela UNESCO. No Brasil, numa época de ausência de critérios uniformes para a educação e de precariedade dos serviços censitários, os números do analfabetismo, apresentados por Almeida Júnior em 1956, apontavam taxas acima de 50%. A preocupação nessa época era vislumbrada, principalmente, pela questão do direito ou não ao voto do analfabeto. No entanto, o mesmo autor relaciona o analfabetismo com a repetência escolar, alegando que "a clientela retida só em fraca proporção aprende de fato a ler e escrever" (Almeida Júnior, 1959, p. 49).

A preocupação com o acesso de todos à escola, com a expansão da alfabetização, coloca paulatinamente a repetência e a evasão em um lugar de destaque dentro desse "[...] processo de cientificização da pedagogia brasileira, buscando orientá-la de acordo com os saberes e práticas da ciência moderna, notadamente da psicologia" (Gadelha, 2009, p. 189). Nesse contexto de modernização das práticas pedagógicas, os sistemas de exames, especialmente em relação ao ensino primário, começavam a despertar atenção. Na Conferência Regional sobre educação gratuita e obrigatória, na capital do Peru em 1956, por exemplo, ficou evidente o sentido das preocupações, mostrando que o fenômeno da reprovação na América Latina merecia cuidado devido aos prejuízos financeiros causados a alguns países. Cada aluno de curso primário custava ao Estado certa quantia por ano – quantia que correspondia ao cociente da divisão do orçamento desses anos de ensino pelo total da matrícula efetiva. No Estado de Minas, conforme mostrou Almeida Júnior em uma palestra lá proferida, gastaram-se em 1943 cerca de 120 cruzeiros por aluno. Como 186.223 crianças foram reprovadas, o prejuízo subiu a 22 milhões de cruzeiros. No mesmo ano, o prejuízo do Brasil, devido às reprovações primárias, totalizou 160 milhões de cruzeiros (Almeida Júnior, 1959).

Mostraram-se os números da reprovação e apontaram-se as consequências: "formação de classes heterogêneas quanto à idade, o desgosto da família, a humilhação da criança, a pouca ou nenhuma vantagem para o aluno" (Almeida Júnior, 1959, p. 105). De acordo com as ideias modernizadoras disseminadas nessa época, a partir das experiências realizadas em vários países, a reprovação era uma prática a ser evitada, pois exerceria influência negativa sobre a adaptação social e pessoal da criança ao seu ambiente (Almeida Júnior, 1959). Além disso, como aponta esse mesmo autor, a reprovação apenas possibilitava a estagnação dos reprovados nas séries iniciais do curso, onde envelheciam e ocupavam lugares destinados às novas gerações.

Esses argumentos, ora de ordem econômica e política, ora de ordem individual e pedagógica, podem ser analisados como parte de mecanismos biopolíticos que ganharam ênfase desde o Estado Novo, quando se preconizavam a construção e consolidação da nacionalidade brasileira. De acordo com Gadelha (2009), o receio era de que o Brasil pudesse constituir-se de forma fragmentada, sem uma unidade soberana e autônoma. Na direção da resolução desses problemas de fragmentação e falta de padronização das experiências pedagógicas, havia também a resistência das comunidades imigrantes em abandonar suas próprias maneiras de educação, tradições e costumes. Por um lado, isso dava condições para a repressão desses movimentos no regime militar do governo de Getúlio Vargas; por outro, a educação era convocada a entrar em cena, enfatizando com a juventude os aspectos de cunho cívico-educativo (Gadelha, 2009).

Dessa forma, a escola foi ganhando espaço e legitimidade como possibilidade de resolver os problemas sociais. Conforme apontou Teixeira (1997), a escola não se preocupava com os alunos que viessem a fracassar, pois era natural e aceito que apenas alguns seriam os mais capazes de continuar a carreira de estudos. Com o desenho dessa nova política educacional de escola para todos, de constituir uma cultura brasileira homogênea, passava-se a discutir a necessidade de dar acesso escolar igual a todos. Se a escola deve ensinar a todos, o problema do aluno reprovado, segundo Teixeira (1997, p. 166), inverte-se: "não significa êxito do aparelho selecionador, mas fracasso da instituição de preparo fundamental dos cidadãos, homens e mulheres, para a vida comum". Assim, tais questionamentos acerca da reprovação escolar direcionam a questão para o currículo e as formas de avaliação da aprendizagem dos alunos.

Almeida Júnior (1959, p. 111), citando a Inglaterra como exemplo, afirma que "as escolas foram estruturando seu trabalho de acordo com a estimativa das possibilidades e necessidades das várias crianças, pertencentes a grupos diferentes, ajustando o ritmo e a complexidade do ensino das matérias escolares ao aluno médio e ao aluno atrasado".

Desse modo, é possível perceber a disseminação do ideal escolanovista no país, traduzido especialmente pela aplicação dos conhecimentos científicos da psicologia para construir um sistema escolar moderno e eficiente, estando este de acordo com as necessidades dos alunos. Tal ideal seria pautado, de acordo com o Manifesto dos Pioneiros da Educação Nova, em 1932, pelo campo da biologia, quando se tratou das finalidades da educação; pela área da psicologia, quando se mencionaram as bases da Educação Nova; e, por fim, pela sociologia, ao se considerar o papel da escola (Coutinho, 2008).

Esses três campos mobilizavam, por diferentes autores de distintos países, os discursos que rechaçavam a escola tradicional em prol da Escola Nova, a qual defendia as aptidões naturais das crianças. Ferrière (1934, p. 63) sintetiza esses campos referindo-se aos programas e aos sistemas de exame; ele afirma que "os programas da escola actual estão, tanto como os exames, em contradição com as exigências da psicologia da criança". Tal contradição é evidenciada na fragmentação do saber, que, de acordo com o autor, se encontra longe da vida dos estudantes, bem como da vida dos adultos que julgam prepará-los. Ferrière (1934, p. 57) alerta para a necessidade de analisar o que supostamente estaria impedindo o progresso da educação em diversos países:

> Os que se interessam pela educação nova interessam-se especialmente pela questão dos exames, não por se oporem, em princípio, a qualquer meio de investigação quanto ao resultado dos estudos feitos, mas por estar averiguado que um sistema fixo de exames, baseado, como é quase inevitável, em velhos programas e velhos métodos, aniquila o esforço criador.

Na perspectiva de modernização e progresso da educação, os exames estariam reforçando entre os alunos uma memória superficial dos conhecimentos a partir de um raciocínio que poderia ser ensinado, sendo totalmente contrários à potência criadora e autoformadora. Almeida Júnior (1959) relembra como se realizava a avaliação da aprendizagem dos alunos no Brasil – fazendo-se exatamente da mesma forma como se fazia na Inglaterra no começo do século XX: em novembro de cada ano, inspetores saíam para as escolas armados de testes de conhecimentos para submeter os alunos à prova; os que não alcançassem determinados mínimos deveriam repetir o ano. O autor questiona se, "em vez de reprovar os alunos, não conviria reprovar os testes" (ALMEIDA JÚNIOR, 1959, p. 115).

Dissemina-se, assim, um conjunto de iniciativas como alternativas concretas contrárias aos sistemas de exames, a fim de solucionar os problemas educacionais, dentre eles, o da fragmentação das experiências pedagógicas. A partir da década de 1950 – principalmente com a participação do Brasil na Conferência Latino-Americana sobre a Educação Primária, Gratuita e Obrigatória, promovida pela UNESCO, bem como com os esforços de industrialização e desenvolvimento do país –, consolida-se a necessidade de reforma da escola pública. Considera-se uma série de iniciativas políticas, entre elas medidas mais incisivas para homogeneizar e regular o ensino e, dessa maneira, controlar o fluxo escolar. Pode-se perceber, através dessas iniciativas regulamentadoras, que o mecanismo biopolítico incide sobre práticas específicas, como a dos exames, para regular e controlar a população. A partir de uma preocupação individual, com o acesso de cada um à escola, há um deslocamento para uma preocupação mais coletiva, qual seja, a de homogeneizar o currículo escolar a fim de que todos possam acompanhá-lo, sendo ele formatado por parâmetros e necessidades sociais da época.

O motor dessas iniciativas era a necessidade de dar liberdade aos sistemas de ensino e também maior liberdade ao aluno em suas possibilidades de aprender, segundo Lemme (1932, p. 259), graças "aos progressos mais recentes da psicologia infantil que reivindicava maior liberdade para a criança, o respeito às características da personalidade de cada uma, nas várias fases de seu desenvolvimento, colocando o interesse como principal motor da aprendizagem".

A liberdade passa a ser um pré-requisito à aprendizagem. Só a partir da liberdade acreditava-se que poderia haver crescimento e desenvolvimento na escola. Lourenço Filho (1933) também via a liberdade como condição de extensão da vida, pura e simples. Nesses termos, respeitar a personalidade de todos permite a cada pessoa escolher e realizar aquilo que aprecia. Seria essa a função da liberdade que caracterizaria o estilo de vida democrática. No entanto, o que deveria ser apreciado já estava sendo regulamentado de antemão pelos sistemas educacionais e políticos.

Foucault (2008) analisa esse ideal de liberdade, relacionando-o com a questão econômica, como uma das condições do desenvolvimento das formas modernas de economia. Essa liberdade, segundo o autor, seria ao mesmo tempo ideologia e técnica de governo, devendo ser compreendida no interior das tecnologias de poder. A liberdade, para Foucault (2008, p. 63), nada mais é que

> [...] o correlativo da implantação dos dispositivos de segurança. Um dispositivo de segurança só poderá funcionar bem... se lhes for dada certa coisa que é a liberdade, no sentido moderno que essa palavra adquire no século XVIII: não mais as franquias ou os privilégios a uma pessoa, mas a possibilidade de movimento, de deslocamento, processo de circulação tanto das pessoas como das coisas.

Essa noção de liberdade mostra o quanto os princípios modernizadores estão envolvidos nos processos mais gerais de governo das populações ao atualizarem práticas que não se restringem apenas ao contexto escolar, possibilitando o acesso da população à escola, mas que se ampliam para manter todos incluídos na sociedade, ainda que em diferentes níveis de participação.

Portanto, a opção por formas de avaliar como possibilidade de maior acompanhamento do aluno, e não de sua exclusão da escola, começava a ser pautada nesse momento histórico. Desde o século XIX até os dias atuais, o sistema liberal tem se preocupado tanto com os sujeitos de direito e com sua liberdade de iniciativa quanto em gerir a população. Em outras palavras, essa forma de governamentalidade que advém do liberalismo, conforme argumenta Gadelha (2009, p. 139), aborda uma série de temas: "a constituição do mercado como lugar de produção de verdade [...] e sua relação com a limitação do exercício das forças estatais, a noção do interesse como operadora desse novo tipo de governamentalidade e a ampliação dessa nova racionalidade governamental".

Estabelecendo relações com o âmbito educacional, como destaca Luzuriaga (1961), nada mais pode ser entendido de forma fixa; deve-se buscar o interesse no desenvolvimento mental e nas características individuais do ser a educar, e por isso os programas de ensino devem sofrer adaptações, tendo como base o indivíduo. Nesse sentido, não seria mais possível medir todas as crianças pelo mesmo critério. Assim, o conteúdo também não poderia ser mais entendido como "massa morta de informações e notícias", devendo estruturar-se em forma de atividades práticas (Luzuriaga, 1961, p. 283). Com base nos estudos de Decroly, Luzuriaga (1961) afirma que o programa deve partir da ideia do que mais interessa à criança – que é ela mesma e depois o mundo, o meio que a rodeia. Assim, o interesse passa a ganhar grande destaque nas práticas pedagógicas. Por isso, o critério de classificação das crianças não poderia ser puramente cronológico, isto é, com base na idade biológica dos alunos. Luzuriaga (1961) ainda critica a classificação do aluno segundo o grau de instrução, por seu saber nas diferentes matérias escolares, porque seria justamente essa a finalidade dos exames. A alternativa apresentada por esse autor seria o critério psicológico, em que é possível considerar o desenvolvimento mental dos alunos mediante provas e testes mentais e também suas aptidões individuais, enfatizando-se que esta última possibilidade seria a mais acertada.

Trata-se de mecanismos biopolíticos pautados em saberes da psicologia que passaram a constituir a educação. Pode-se dizer que, a partir do deslocamento das formas de avaliar as aprendizagens escolares, dos exames para o processo de avaliação, houve a criação e a aceitação de novas práticas de regulação e controle. Tais práticas naturalizaram-se e passaram a ocorrer tanto no nível individual de cada aluno, que deveria ter acesso à escola e acompanhar o processo escolar, quanto em um plano coletivo, de gerir a população sob determinados princípios, entre eles os de mercado.

A proliferação da avaliação da aprendizagem como forma de garantir a inclusão de todos

Dos exames, que tinham por função primeira medir para classificar os alunos, vimos desenhar-se outro tipo de avaliação, que ampliaria significativamente seu papel. De acordo com os atuais especialistas em avaliação, que se pautaram nas ideias da modernização pedagógica, a função dos processos avaliativos deveria ser a de assegurar o caráter contínuo e permanente, pressupondo trocas constantes entre avaliador e avaliado, possivelmente implicando maior interação com as próprias famílias dos educandos, assim como incentivando maior autonomia dos indivíduos para desenvolver relações sociais mais democráticas e justas (Barreto, 2001).

É possível perceber, a partir desse conceito de avaliação, que sintetiza boa parte das concepções atuais sobre o tema, um alargamento conceitual, bem como uma expansão das próprias funções da escola. No plano individual, reafirmam-se pressupostos biopsicológicos, centrados no processo de aprendizagem do indivíduo, mas propondo-se um vínculo entre esse indivíduo e a sociedade, numa dimensão mais histórica das práticas sociais (Barreto, 2001). A avaliação passa a ocupar um lugar que, segundo Silva (2005, p. 45), transcende o estritamente pedagógico, que "[...] 'fala' sobre diferentes coisas e que conta, *a priori*, com a confiança conquistada pelos supostos saberes técnico-científicos que a sustentam". Esse alargamento dos processos de avaliação, ao mesmo tempo que permite um acompanhamento permanente da aprendizagem do aluno, amplia o campo de visibilidade das práticas pedagógicas escolares, possibilitando um controle maior de tais práticas. Em síntese, o que Barreto (2001) indica, considerando a vasta produção de estudos psicopedagógicos, é que os novos modelos de avaliação vêm sendo descritos a partir de seu caráter formativo, priorizando a qualidade em detrimento da quantidade e incentivando um olhar mais descritivo acerca dos mecanismos de aprendizagem e construção de conhecimento pelo aluno. Segundo o autor, o eixo desloca-se do produto para o processo da aprendizagem, acentuando-se o papel do erro e o caráter de diagnóstico da avaliação, a autorreflexão do aluno, assim como outras dimensões além da cognitiva. Se a avaliação se dá durante o processo de aprendizagem, ela passa a ser uma constante nas práticas pedagógicas, que, consequentemente, são mais vigiadas, tanto no plano individual quanto no coletivo.

Essa perspectiva que visa a individualizar o processo de avaliação e, ao mesmo tempo, visualizar todos tem merecido destaque em documentos que orientam as práticas avaliativas na escola. Nos Parâmetros Curriculares Nacionais (PCNs), por exemplo, que se intitulam como uma proposta aberta e flexível, sem a pretensão de servir de modelo homogêneo e impositivo para as práticas educacionais brasileiras, orienta-se que a avaliação deva ser entendida como

> Elemento integrador entre a aprendizagem e o ensino; conjunto de ações cujo objetivo é o ajuste e a orientação da intervenção pedagógica para que o aluno aprenda da melhor forma; conjunto de ações que busca obter informações sobre o que foi aprendido e como; elemento de reflexão contínua para o professor sobre sua prática educativa; instrumento que possibilita ao aluno tomar consciência de seus avanços, dificuldades e possibilidades; ação que ocorre durante todo o processo de ensino e aprendizagem e não apenas em momentos específicos caracterizados como fechamento de grandes etapas de trabalho (PCNs, 2000, p. 83).

Nessa perspectiva, a avaliação e a metodologia aparecem imbricadas em um mesmo processo. A avaliação possibilita a busca de informações sobre o aluno, servindo de ajuste e orientação para a intervenção pedagógica, ou seja, determinando como deve ser o processo de ensinar. Tal processo visa à reflexão contínua, tanto do professor sobre o que ensinou quanto do aluno sobre o que teria aprendido. Assim, a ênfase recai sobre a aprendizagem do estudante, que deve "tomar consciência" de suas dificuldades e possibilidades ao longo do período letivo, não mais apenas em um único momento. Trata-se de uma metodologia e de uma avaliação ativas que:

> busca[m] obter um conhecimento detalhado da experiência de vida, do vocabulário, dos hábitos e costumes das comunidades e indivíduos [...] os saberes recolhidos são disciplinados no processo mesmo de sua organização e problematização, sendo devolvidos, por sua vez, de modo a disciplinar e normalizar as consciências e as condutas dos/as educados/as (Traversini, 2003, p. 77).

Na legislação brasileira (LDBEN/9.394, de 20 de dezembro de 1996), podemos também observar esses princípios quando se pretende regimentar as práticas educacionais, considerando a lógica imperativa que visa a tornar universal a educação fundamental e a ampliar as oportunidades de aprendizagem para crianças, jovens e adultos. Essa lei pretende assegurar "a todos a formação comum indispensável para o exercício da cidadania e fornecer-lhes meios para progredir no trabalho e em estudos posteriores" (PCNs, 2000, p. 15). O objetivo de tal progresso no trabalho e nos estudos desse suposto cidadão pode ser analisado, conforme Gadelha (2009, p. 155), como duas formas de individuação: "[...] a primeira, moderna, objetivou um sujeito de direitos, que é também um sujeito 'psi', a segunda, contemporânea, por seu turno, vem objetivando algo distinto, um indivíduo microempresa".

Na seção I, Das Disposições Gerais, no artigo de número 23 da LDBEN/9.394, aparecem alguns critérios que regulamentam a verificação do rendimento escolar:

> a) avaliação contínua e cumulativa do desempenho do aluno, com prevalência dos aspectos qualitativos sobre os quantitativos e dos resultados ao longo do período sobre os de eventuais provas finais;
> b) possibilidade de aceleração de estudos para alunos com atraso escolar;
> c) possibilidade de avanço nos cursos e nas séries mediante verificação do aprendizado;
> d) aproveitamento de estudos concluídos com êxito;
> e) obrigatoriedade de estudos de recuperação, de preferência paralelos ao período letivo, para os casos de baixo rendimento escolar, a serem disciplinados pelas instituições de ensino em seus regimentos.

A forma como deve ser entendida a avaliação escolar na Contemporaneidade – como um processo contínuo e cumulativo, que possibilita avanços e aceleração, com aproveitamento de estudos anteriores, pressupondo práticas distintas (como um direito instituído) com os alunos que não conseguem acompanhar a turma – aparece diretamente vinculada à lógica atual de flexibilização do currículo, de ênfase na aprendizagem do sujeito como um processo por toda a vida, remetendo o escolar a práticas sociais ditas democráticas e inclusivas. Os estudos de recuperação aparecem como obrigatórios, já não dependendo apenas da vontade ou disponibilidade da escola ou dos professores. Nesse sentido, esse aluno não pode mais ser visto apenas e tão somente constituído pela normatividade "médico-psi", mas cada vez mais produzido por uma normatividade econômico-empresarial (Gadelha, 2009). Sua formação e sua educação agora passam a ter esse sentido amplo, o qual permite a competição medida pelo progresso e pelo avanço de cada um. Portanto, os alunos passam a ser avaliados de acordo com os investimentos que devem ser induzidos pelas instituições de ensino.

Além dessas novas práticas de avaliação, que se expandem em diferentes momentos do processo de aprendizagem do aluno e de diversas formas, podem-se relacionar as avaliações externas, chamadas de avaliações de larga escala. No Brasil, essas avaliações emergem a partir de 1990, com a criação do Sistema Nacional de Educação Básica (SAEB). Mais recentemente, vemos as mesmas iniciativas proliferarem nos estados, como é o caso do Sistema de Avaliação da Educação no Rio Grande do Sul (SAERS). Trata-se, segundo Barreto (2001), de medidas padronizadas de aferição de resultados da aprendizagem que advogam a importância da avaliação para indicar áreas vulneráveis em que é preciso intervir prioritariamente para melhorar a qualidade do ensino. Se a avaliação, no século XIX, pautava-se basicamente no exame como medida, sendo efeito do cientificismo e das políticas de controle da população, conforme aponta Silva (2005), estamos hoje pautados pelo sistema neoliberal, que preconiza diferentes formas de medir a eficácia das políticas públicas, as quais, com pouco investimento, almejam conseguir o máximo de resultados. Dessa forma, a avaliação aparece como instrumento de mudança das práticas escolares e constitui-se como uma estratégia para incluir todos. A avaliação torna-se uma das formas de controle sobre o rendimento dos alunos e sobre o trabalho do professor, com o objetivo de constituir sujeitos produtivos para esse tipo de sociedade e capazes de autogestão. Tudo isso é disseminado como o ideal não só para o sucesso dos alunos, mas também para o progresso, o desenvolvimento sustentável e o bem-estar de toda a sociedade.

A avaliação, ao ser tomada como um processo permanente de acompanhamento do aluno, e não mais de classificação e exclusão, continua priorizando o desenvolvimento cognitivo, mas expande-se, incidindo sobre os interesses e desejos dos sujeitos escolares. Transforma-os em um caso não só a ser medido, mas a ser comparado e acompanhado por um processo permanente de intervenção. Os professores, na medida em que também são subjetivados por processos de avaliação externa, constituem-se pelos discursos que enfatizam o indivíduo, colocando a aprendizagem de todos no centro do processo. Se o acompanhamento individual da aprendizagem do aluno não for o suficiente, apela-se para todo um aparato pedagógico, o qual exigirá encaminhamentos a fim de superar as dificuldades dos alunos. Podem-se citar como exemplos de tais encaminhamentos o reforço escolar, os projetos de atividades diferenciadas oferecidos pela escola, os núcleos de apoio psicopedagógico dentro ou fora do ambiente escolar, entre outros. É preciso manter todos no eixo da aprendizagem, talvez nem tanto de saberes, mas de habilidades e competências, que podem ser "ensinadas" não só na sala de aula propriamente dita. Essas habilidades e competências são priorizadas também nas avaliações de larga escala, assim como todo um mapeamento do perfil dos estudantes e das instituições de ensino. De acordo com Lopes (2009), a finalidade de posicionar os sujeitos dentro de uma determinada rede de saberes, de criar e conservar o interesse em cada um em particular, é estar de acordo com uma forma de vida no presente que nos leva a entrar e permanecer no jogo econômico do neoliberalismo.

Os resultados das avaliações são utilizados como possibilidade de constituir práticas de intervenção no contexto escolar. Portanto, os números resultantes não apenas classificam, descrevendo a situação de aproveitamento da aprendizagem de um aluno, de uma turma, de uma escola, de um município, de um Estado ou de um país, mas também, ao serem colocados em relação de comparação, em um *ranking*, acabam exercendo a função de modificar práticas, muitas vezes através de programas, a fim de reduzir ou aumentar tais números. O objetivo da redução ou do aumento dos índices visa à inclusão de todos no sistema educacional. Conforme Gadelha (2009), essa análise cada vez mais minuciosa e individualizante, registro permanente de tudo que se passa nos domínios educacionais, funciona através de uma lógica inclusiva. Tal lógica opera em duas dimensões, quais sejam, a norma disciplinar (âmbito micro) e a norma biopolítica (âmbito macro). Tais dimensões não se excluem, e sim possibilitam o controle tanto do indivíduo quanto da população através da disciplinarização da primeira e da regulamentação da segunda.

De acordo com Popkewitz e Lindblad (2006), os sistemas de avaliação, ao serem divulgados como sistemas de qualificação da educação, através da visibilidade dos baixos/altos rendimentos, estão também implicados na administração social da liberdade dos indivíduos. Em outras palavras, a administração "[...] deve tornar o mundo inteligível e calculável para intervenções políticas e sociais" (Popkewitz; Lindblad, 2006, p. 3). Busca-se medir o nível cognitivo de cada um dos alunos para hierarquizá-los dentro de uma curva de normalidade. A ideia é poder trazer um número cada vez maior de alunos para mais perto dessa curva. Para tanto, cruzar tais dados, mapeá-los e produzir outros são ações voltadas para o governo de todos e de cada um a partir de uma lógica inclusiva numa economia política.

É possível observar que hoje, com os múltiplos esforços para manter todos os alunos na escola em condições de aprendizagem, a denominação de "aluno incluído" – que servia anteriormente para denominar aquele que era encaminhado à escola especial ou que apresentava algum tipo de necessidade educativa especial na escola regular – se encontra de forma totalmente expandida e indiscriminada. Nas sociedades atuais – "sociedade de normalização", como Foucault a nomeia –, cruzam-se a norma da disciplina e a norma da regulamentação. O aluno com dificuldade de acompanhar os demais na aprendizagem ou mesmo aquele que apresentar algum comportamento que destoe da maioria pode ser considerado "aluno de inclusão". Tal aluno vai exigir da escola e do professor a constante revisão dos critérios de avaliação e daquilo que é considerado como média escolar.

Essa nova categoria de alunos, além de constituí-los como tal, também produz certa expansão do papel da escola, exigindo que a avaliação seja ampliada e assuma também novas funções na Contemporaneidade. Portanto, exige-se também uma curva mais próxima do normal, do mais favorável, do mais estudioso, do mais aprendente; nessa lógica, as aprendizagens tomam variadas formas e efetivam-se por toda a vida. A avaliação torna-se um processo muito mais frequente, muito mais alargado, pois a norma será sempre contingente. Dito de outra forma, as normas proliferam e incidem sobre o conjunto da população escolar, tornando naturais as diferentes e múltiplas posições de aprendizagem e regulando os desvios que possam prejudicar a economia política promovida por esse tipo de normalização.

Com essas possibilidades de análise da avaliação, que merecem mais discussões e aprofundamentos sobre suas condições históricas, pode-se perceber e problematizar as formas pelas quais os alunos ditos incluídos têm se constituído no presente. O processo de avaliação, em um âmbito micro ou macro, pode ser pensado como uma das principais estratégias para manter todos incluídos na maquinaria escolar, possibilitando o "bom" funcionamento do projeto de inclusão educacional.

Referências

ALMEIDA JÚNIOR. *E a escola primária?* Companhia Editorial Nacional. Atualidades Pedagógicas, v. 72. São Paulo: Companhia Editora Nacional, 1959.

BARRETO, Elba Siqueira de Sá. A avaliação básica entre dois modelos. *Educação & Sociedade*, ano XXII, n. 75, ago. 2001.

BRASIL, *Lei de Diretrizes e Bases da Educação Nacional*, número 9394/96.

COUTINHO, Karyne Dias. *A emergência da psicopedagogia no Brasil*. Porto Alegre: UFRGS, 2008. Tese (Doutorado em Educação), Programa de Pós-Graduação em Educação Faculdade de Educação, Universidade Federal do Rio Grande do Sul, 2008.

FERRIÈRE, Adolphe. *Escola por medida: pelo molde do professor*. Porto: Editora Educação Nacional, 1934.

FOUCAULT, Michel. *Segurança, território e população: curso no Collège de France (1977-1978)*. São Paulo: Martins Fontes, 2008.

GADELHA, Sylvio. *Biopolítica, governamentalidade e educação: introdução e conexões, a partir de Michel Foucault*. Belo Horizonte: Autêntica, 2009

KLEIN, Rejane Ramos. A escola inclusiva e alguns desdobramentos curriculares. In: KLEIN, R. R.; HATTGE, M. D. (Orgs.). *Inclusão escolar: implicações para o currículo*. São Paulo: Paulinas, 2010, p. 11-28.

KLEIN, Rejane Ramos. *A reprovação escolar como ameaça nas tramas da modernização pedagógica*. Tese (Doutorado em Educação), Programa de Pós-Graduação em Educação. Universidade do Vale do Rio dos Sinos, Unisinos, 2010b.

LEMME, Paschoal. O manifesto dos pioneiros da Educação Nova e suas repercussões na realidade educacional brasileira. *Realidade Brasileira de Estudos Pedagógicos*, Brasília, v. 65, n. 150, p. 255-72, mai./ago. 1984.

LOPES, Maura Corcini. Políticas de inclusão e governamentalidade. *Educação & Realidade*, n. 34, p. 153-169, n.2, mai./ago. 2009.

LOURENÇO FILHO, M. Bergstrom. *Introdução ao estudo da escola nova*. 3. ed. São Paulo: Edições Melhoramentos, 1933.

LUZURIAGA, Lorenzo. *Pedagogia*. 3. ed. São Paulo: Companhia Editora Nacional, 1961. (Original publicado em 1930).

NÓVOA, António. Governar através dos números. In: CANDEIAS, António; PAZ, Ana Luísa; ROCHA, Melânia. *Alfabetização e escola em Portugal nos séculos XIX e XX: os censos e as estatísticas*. Lisboa: Fundação Calouste Gulbenkian, 2007.

Ó, Jorge Ramos do. *O governo de si: modernidade pedagógica e encenações disciplinares do aluno liceal (último quartel do século XIX – meados do século XX)*. Lisboa: Educa, 2003.

PARÂMETROS CURRICULARES NACIONAIS: introdução aos parâmetros curriculares nacionais. Secretaria de Educação Fundamental. 2. ed. Rio de Janeiro: DP&A, 2000.

POPKEWITZ, Thomas S.; LINDBLAD, Sverker. Estatísticas educacionais como um sistema de razão: relações entre governo da educação e inclusão e exclusão sociais.

In: *Educação & Sociedade*, Campinas, v. 22, n. 75, ago. 2001. Disponível em: <http://www.scielo.br/scielo.php?script=sci_arttex&pid=S0101-73302001000200008&ln>. Acesso em: 21 abr. 2006.

SILVA, Adélia Mara Pasta da. *Vidas autônomas, almas controladas: avaliação como dispositivo de governamentalidade*. Dissertação de Mestrado, Faculdade de Educação da Universidade de São Paulo, 2005.

TEIXEIRA, Anísio. *Educação para a democracia: introdução à administração educacional*. Editora UFRJ, 1997.

TRAVERSINI, Clarice Salete. *Programa alfabetização solidária: o governamento de todos e de cada um*. Porto Alegre: UFRGS, 2003. Tese (Doutorado em Educação), Programa de Pós-Graduação em Educação, Faculdade de Educação, Universidade Federal do Rio Grande do Sul, 2003.

A invenção da criança normal: conhecimento, desenvolvimento e aprendizagem

Maria Cláudia Dal'Igna

O esquema predominante de racionalidade da pedagogia moderna enquadra a criança como podendo ser classificada através de estágios de desenvolvimento, de categorias psicológicas e morais do "eu" e de medidas racionais de rendimento. Estas classificações costumam ser apresentadas como intemporais e universais, vendo a criança em relação a elementos universais e a sistemas profissionais de conhecimento, e não mais nas interações face a face de suas comunidades, ou nas experiências culturais de seus grupos sociais
(CORAZZA, 1996a, p. 224).

Gostaria de destacar três ideias presentes na epígrafe que abre este texto. Primeira: a pedagogia moderna e seu esquema de racionalidade transformam a criança em sujeito-aluno(a) *raciocinante* e *em desenvolvimento*. Segunda: esse modo de pensar, classificar e compreender a *criança normal* é uma invenção da pedagogia moderna. Terceira: a noção de *criança-aluno(a)* também o é.

Ainda que, nesse excerto, a autora esteja se referindo de modo específico ao construtivismo pedagógico, o que me interessa salientar é o caráter não essencial e não natural das práticas pedagógicas, entre elas as que permitem classificar, medir e avaliar os desempenhos de *todas* as crianças.

Vou deter-me, neste texto, à problematização das relações entre a prática pedagógica e a produção da noção de criança (a)normal. Mais especificamente, examinarei as relações entre a institucionalização da escolarização obrigatória e a produção de técnicas que permitiram regular e produzir o sujeito-estudante normal – condições de possibilidade que tornaram possível a invenção e a naturalização dos conceitos de *conhecimento, desenvolvimento* e *aprendizagem.*[82]

[82] Para desenvolver minha argumentação, utilizo-me de um conjunto de análises realizadas na minha pesquisa de dissertação de mestrado (DAL'IGNA, 2005). A pesquisa, intitulada *"Há*

Tomando-se como base o pensamento de Michel Foucault, é possível afirmar que a educação escolar tem se constituído, desde sua institucionalização, em um espaço privilegiado para a concretização dos ideais do Iluminismo, estando profundamente envolvida na produção do sujeito moderno.

A maquinaria escolar moderna coloca em ação a *norma* e os processos de normalização, que marcam a normalidade e a anormalidade por meio de diferentes operadores. Nesse espaço, a criança será avaliada e classificada. As normas regulam as frações mais tênues da conduta e também aquilo que é inadequado a elas – os desvios (Foucault, 2000). Esse processo permite uma qualificação específica dos desempenhos, sem envolver uma separação entre o proibido e o permitido. Em vez disso, opera distribuindo-os entre o polo positivo e o negativo, atribuindo a cada desempenho um valor e definindo um padrão de normalidade para os processos de desenvolvimento e de aprendizagem.

Começo retomando, brevemente, as principais ênfases conferidas às discussões sobre norma, para em seguida examinar a relação entre escola e processos de normalização. Por fim, destaco algumas considerações acerca da produtividade de uma discussão sobre a produção de um padrão de normalidade – a invenção da *criança normal* – que permite classificar, medir e avaliar os desempenhos de *todas* as crianças.

Escola: espaço de produção da (a)normalidade

De uma perspectiva foucaultiana, passamos a entender a educação escolarizada como prática disciplinar de normalização e controle social – como espaço de produção – cujas operações de observação, de fiscalização e de medida têm a norma como referência. Porém, a norma não é tomada aqui como algo essencial, que existe em si mesma. As contribuições de

diferença"? Relações entre desempenho escolar e gênero, foi desenvolvida sob a orientação da Professora Dra. Dagmar Estermann Meyer, no âmbito da linha de pesquisa Educação, Sexualidade e Relações de Gênero do Programa de Pós-Graduação em Educação da Universidade Federal do Rio Grande do Sul (UFRGS). Nesse trabalho, analisei alguns dos modos como o gênero atravessa (é incorporado e mobilizado) e constitui o discurso pedagógico que, articulado com outros discursos, define e regula o que se entende por desempenho escolar nos anos iniciais de escolarização. Para compor o *corpus* de pesquisa, construí uma metodologia de investigação que intitulei de Grupo de Discussão, com professoras de anos iniciais das redes municipal e estadual de ensino da cidade de São Leopoldo/RS. Naquele momento, foi possível mapear alguns dos elementos constitutivos da noção de desempenho escolar: *conhecimento, comportamento* e *família*. O exame do conteúdo da noção de desempenho escolar permitiu-me também analisar como o gênero o atravessa e dimensiona.

autores como Foucault (2000), Bauman (1999), Canguilhem (2002) e Ewald (2000) são importantes para questionar o caráter natural atribuído a esse conceito. Canguilhem (2002, p. 211) assim explica a origem dos conceitos de norma e de normal: "norma é a palavra latina que quer dizer esquadro e *normalis* significa perpendicular [...]. Uma norma, uma regra, é aquilo que serve para retificar, pôr de pé, endireitar". Norma, aqui, é entendida como sinônimo de regra.

No princípio do século XIX, as relações entre a regra e a norma são ressignificadas. "Norma já não será um outro nome para regra, antes vai designar ao mesmo tempo um certo tipo de regras, uma maneira de as produzir e, sobretudo, um princípio de valorização" (Ewald, 2000, p. 79). Nessa perspectiva, o esquadro, como referência, é substituído pela média.

Como argumenta Foucault (2000), o poder da norma aparece através das disciplinas desde o século XVIII. O poder de normalização institui um conjunto de práticas que serão colocadas em ação em diferentes instituições disciplinares: escolas, prisões, hospitais, fábricas, quartéis.[83] Esse poder é mais anônimo e funcional, uma vez que, ao mesmo tempo, opera com uma medida comum que permite homogeneizar e diferenciar, incluir e excluir, classificar e normalizar. Os indivíduos são cada vez mais individualizados por fiscalizações, observações, medidas comparativas, desvios. Essa individualização normativa não tem exterior, o que significa dizer que a norma integra tudo. Nada nem ninguém está fora da norma, ainda que ela institua polaridades. Cada indivíduo é transformado em um caso seu. Ainda que o anormal seja o polo oposto do normal, ele não está fora da norma.

Assumir que as normas – que se pretendem democráticas porque imparciais e universais – são produções de um tempo e espaço possibilita seu questionamento e também uma ressignificação de sua valoração. Entendo que é importante indagar quais as marcas de poder que estão presentes nesse processo de normatização dos desempenhos. Poderíamos perguntar: *por que essas normas e não outras? De qual criança estamos falando quando fixamos um conjunto de normas em relação às quais os desempenhos são avaliados? Quem está incluído? Quem está excluído? Que práticas pedagógicas têm sido colocadas em ação considerando tais normas?*

[83] Sobre essa questão, Ewald (2000, p. 87) argumenta que, "a partir do momento em que a sociedade se torna normativa, as instituições – exército, escola, oficina, prisão – tornam-se redundantes umas das outras". Nessa mesma direção, Foucault (2000, p. 187) pergunta: "devemos ainda nos admirar que a prisão se pareça com as fábricas, com as escolas, com os quartéis, com os hospitais, e todos se pareçam com as prisões?".

Atribuir à norma esse caráter não natural, não essencial, possibilita problematizar o desempenho também a partir de uma perspectiva de invenção. Permite entendê-lo como um dos arranjos da maquinaria escolar moderna que colocam em ação a norma, que marcam a normalidade e a anormalidade por meio de diferentes operadores. Explicando melhor: visibilizar o caráter inventado da noção de criança normal e alguns dos pares binários em torno dos quais ela se organiza pode contribuir para repensar quais medidas – de ordem cognitiva, emocional, psicológica, sociológica, etc. – têm sido tomadas como referência para nivelar os desempenhos escolares.

Os modos de significar o desempenho escolar são regulados pelo que Walkerdine (1999, p. 145) denominou "sequência normalizada de desenvolvimento da criança". Tal ideia articula discursos da psicologia do desenvolvimento e da pedagogia centrada na criança, que estão implicados na produção de *saberes sobre a criança* e *saberes que a criança deve dominar*, o que permite às professoras[84] monitorar o desenvolvimento infantil – descrever seu desempenho, bem como organizar práticas pedagógicas de normalização dessa criança.

Um conjunto de práticas – técnicas de normalização – é colocado em ação pelas professoras, que estabelecem um princípio de valoração, um princípio normativo – aluno(a) aprendente – em relação ao qual *todos* os desempenhos são avaliados e hierarquizados. Como explica Silva (2000), o processo de produção de uma identidade considerada *a* norma oscila entre os movimentos que procuram fixá-la e os movimentos que procuram subvertê-la. Considerando esses dois movimentos, passo a analisar mais detidamente o processo de constituição da criança (a)normal.[85]

Escola: espaço de produção da criança (a)normal

No primeiro encontro realizado com as professoras, o planejamento e a proposição das atividades privilegiaram uma discussão que visibilizasse alguns dos seus entendimentos acerca do desempenho escolar de

[84] Neste texto, utilizo o termo *professora(s)* para identificar as professoras participantes da pesquisa (DAL'IGNA, 2005). Farei uma observação quando se tratar de professora(s) no sentido genérico.

[85] Foucault, durante a *Aula de 17 de março de 1976*, do curso *Em defesa da sociedade* (FOUCAULT, 2005), examina de forma mais detalhada a relação entre norma disciplinar e norma biopolítica, ressaltando que "a norma é o que pode tanto se aplicar a um corpo quanto a uma população que se quer regulamentar" (FOUCAULT, 2005, p. 302). Com base nos objetivos deste texto, optei por não detalhar a discussão realizada por Foucault sobre a noção de norma, os processos de normalização e as novas formas de governamentalidade. Sobre isso, ver: Foucault (2005) e Gadelha (2009).

seus alunos e alunas.[86] Ao final do encontro, foi solicitada a elaboração de uma produção escrita com base na seguinte pergunta: *quais aspectos são observados/considerados para descrever o desempenho escolar dos(as) alunos(as)*?

Deise – [...] Considero muito o crescimento de cada um, observo cada passo e as evoluções que eles estão demonstrando. Anoto tudo que é significativo (dificuldades e progressos). [...].

Quadro 1 - Produção escrita. Encontro I – 24 de maio de 2004

Daniela – [...] Sempre vi meu aluno como um todo. Logicamente o conhecimento é a base para a série seguinte, mas a participação da criança, o seu interesse, maturidade e crescimento cognitivo durante todo o ano serão fatores determinantes para a aprovação ou não daquela criança.

Quadro 2 - Produção escrita. Encontro I – 24 de maio de 2004

Carla – Para mensurar o desempenho escolar de um aluno, além do tradicional "ver o que ele sabe", eu conto muito com a sua participação, o que ele conseguiu alcançar (progredir) durante esse período avaliativo (esforço). Procuro ver onde ele é capaz de ir (capacidade), de apresentar. Dar alternativas para que ele possa se recuperar e demonstrar que ele é capaz. Sempre me lembrando de vê-lo como um todo, não só no aspecto cognitivo, mas em geral. Utilizo muito a observação [...] nas aulas.

Quadro 3 - Produção escrita. Encontro I – 24 de maio de 2004

Considerando o contexto em que foram produzidos os excertos em destaque, volto-me para alguns pontos que gostaria de explorar aqui.

[86] As falas e produções escritas das professoras são diferenciadas das citações pela sua inserção em quadros. Em alguns momentos, recorro a trechos das falas, inserindo-os no corpo do texto, identificados por aspas duplas e itálico. No que se refere à transcrição das falas, optei por adotar a escrita ortográfica, corrigindo as supressões de plural e ausência de concordância verbal e nominal, mas preservando algumas expressões regionais – quando estas não aparecem em excesso – que nos identificam como gaúchos e gaúchas. As supressões de trechos de fala são indicadas pelos colchetes. Adoto ainda o seguinte símbolo para indicar grandes supressões entre um excerto de fala e outro: *****. Por fim, esclareço que todos os nomes citados (das professoras, dos alunos e das alunas) são fictícios.

Começo destacando as seguintes palavras: *desenvolvimento*, *evolução*, *processo*, *crescimento* e *progresso*. No cotidiano escolar, essas palavras poderiam passar despercebidas, dada a naturalidade que adquiriram. Na medida em que a linguagem é entendida como um elemento constitutivo de práticas, tais palavras são analisadas tanto como produtos de determinados discursos quanto como produtoras dos objetos que supostamente descrevem. Elas são mobilizadas nas falas das professoras para descrever os desempenhos das crianças, mas, ao fazê-lo, participam ativamente da constituição desses(as) estudantes. Mas o que torna possível tal modo de descrição dos desempenhos? O que determina a existência de tais falas? Ou, perguntando de outro modo, quais discursos tornam tais falas possíveis?

A reflexão de Walkerdine (1999) sobre a psicologia do desenvolvimento fornece ainda outros fundamentos para esta análise. A autora argumenta que o par *psicologia/pedagogia*, ao mesmo tempo que está situado no interior de um conjunto de aparatos administrativos de regulação através da normalização, também é produtor de tais práticas. No campo educacional, poderíamos citar como exemplo a prática de observação e monitoramento do desenvolvimento infantil – uma *pedagogia centrada na criança*.

A observação/descrição é uma das práticas colocadas em ação pelas professoras, permitindo que cada individualidade seja observada, que cada passo, cada progresso e cada evolução sejam monitorados e que tudo possa ser registrado. Assim, explorar com as professoras documentos que continham descrições sobre os desempenhos dos(as) estudantes (pareceres, fichas de encaminhamento para reforço, diários de classe, entre outros) permitiu-me, por um lado, acessar alguns dos significados atribuídos ao desempenho escolar. Por outro lado, essa análise possibilitou considerar que tais instrumentos, além de materializarem significados sobre os(as) alunos(as) e seus desempenhos, participam de sua constituição.

Em um estudo sobre os pareceres descritivos, Corazza (1996b) estabelece uma relação entre a análise que Foucault desenvolve sobre a clínica e os saberes médicos e aquilo que ela chama de dispositivos de avaliação pedagógica (a observação, a autoavaliação e os pareceres descritivos). A autora afirma que existem similaridades no que se refere ao dispositivo da observação no saber clínico e no saber pedagógico. Nas suas palavras, é "necessário dar conta, dia após dia, do progresso da doença (na clínica), bem como do estado da criança-aprendiz (na sala de aula); no que se refere à sua evolução; ao aparecimento eventual de novos fenômenos; ao estágio de suas atitudes; aos efeitos da doença (na clínica) e aos efeitos do ensino (no desenvolvimento do/a aprendiz)" (Corazza, 1996b, p. 61)

Nesse mesmo estudo, Corazza (1996b) diz que, no contexto investigado (escolas integrantes das redes públicas municipal e estadual de Porto Alegre), os pareceres não são considerados instrumentos avaliativos que teriam como função avaliar as crianças, como as provas, testes e exames. Eles são entendidos como instrumentos de expressão dos resultados avaliativos.

No contexto de outra pesquisa já referida (DAL'IGNA, 2005), essa prática, cujo controle e cuja regulação são mais sutis e, por isso, mais funcionais, é significada pelas professoras de diferentes formas. Em uma das atividades realizadas, é possível perceber essa tensão. Ela consistia em discutir e analisar um conjunto de charges previamente selecionadas e tinha como objetivo desencadear uma discussão sobre os modos de avaliar das professoras. Gostaria de destacar uma das charges, extraída do livro *Com olhos de criança*, de Tonucci (2003):

(1978) A avaliação (2): o boletim para substituir as notas

Figura 1 - *A avaliação (2): o boletim para substituir as notas*

Na imagem aparece, em plano central, uma professora sentada à mesa, escrevendo em uma folha. Acima da figura da professora, é projetado um balão, simulando seu pensamento, que contém a imagem do número oito sendo desenhada/conformada por uma frase: "esta criança é aplicada e obtém bons resultados tanto na escrita como no oral". A partir dessa charge, a seguinte discussão foi produzida:

MC – O que vocês levantaram sobre essa questão?
Marta – Ali, ela [a professora da charge] estava construindo uma espécie de parecer descritivo, mas ela não se desvencilhou da nota. Ela imaginou um oito, mas... Eu vou ler: "Esta criança é aplicada e obtém bons resultados tanto na escrita como no oral". Então, assim, ela já tem a nota oito na cabeça. Então, ela relaciona o que seria um bom aluno com nota oito e aí ela coloca...
Sílvia – Ela não se desvinculou da nota...
Sílvia – E eu acho que é o que acontece. Como nós que, no município, temos a avaliação através de letras. Anos atrás, tinha colegas que colocavam S+, S-, quer dizer, o que é isso? É número quase, porque está colocando ali um valor na nota.
Marta – É. Até na semana passada, acho que fui eu mesma quem colocou o MS, o S e o I. Aí, eu perguntei: como é que eu saberia que o meu aluno é MS? Ah, não, se ele for superior a oito, de oito a dez, é MS, se ele acertou 80% da atividade, do trabalho, 79 até 50, é S.
Sílvia – Então, na verdade, é um valor...
Marta – Nós ainda não conseguimos, não é?
Luciana – É que se quantifica, só de formas diferentes...
Nádia – Para mim, este ano está sendo o contrário. Sempre tive 1ª série, e era sempre parecer descritivo, só. Agora eu peguei a 2ª série. Agora é com nota. Tão difícil! Às vezes, tem coisa que eu acho tão difícil tu dares uma nota. Eu prefiro já descrever como é que é o aluno...
Liane – E às vezes até os próprios pais entendem mais a nota do que o parecer. Eles têm a necessidade de que tu mostres a nota...
*****
MC – [...] Então a gente mais ou menos, agora, já teve uma ideia de todas as charges. Perguntando um pouco se vocês já vivenciaram alguma dessas situações, como que vocês lidaram com ela? E aí? Vocês se reconheceram em alguma delas? Em que medida?
Sílvia – Acho que principalmente ali, na questão da nota e do parecer. Acho que ali foi fundamental, porque eu acho que não tem quem não faça essa relação de parecer descritivo com nota. E, se mudar, vamos dizer, como no município, nós temos MS, S e I, se mudarem as letras no ano que vem, vai ser a mesma situação, nós vamos fazer o mesmo vínculo. Então, a mudança, na verdade, é mais simbólica...

Quadro 4 - Encontro II – 31 de maio de 2004

Em relação a essas falas, gostaria de fazer algumas considerações. Primeiro: ao contrário do estudo de Corazza (1996b), já mencionado, no que se refere às 1ª e 2ª séries do ensino fundamental,[87] os pareceres são significados e utilizados pelas professoras como um instrumento de avaliação que contém descrições sobre o desempenho escolar de cada aluno e aluna. Segundo: notas e conceitos são referidos como instrumentos de expressão dos desempenhos também utilizados nas escolas. Terceiro: pareceres, notas e conceitos não se complementam. Ou é parecer, ou é nota. Parecer associado com nota ou conceito é tido como problemático. Ao mesmo tempo que é difícil para as professoras expressarem os desempenhos em uma nota ou conceito, para as famílias o parecer tem essa função.

Tais considerações possibilitam-me argumentar que alguns discursos sobre avaliação também contribuem para significar de diferentes formas o desempenho escolar. Conforme Ferraz *et al.* (1994, [s.p.]), a nota está inserida no contexto de uma "avaliação normativa", que tem como finalidade classificar, hierarquizar e selecionar, ao contrário de uma "avaliação criterial", que "considera o aluno como ser singular e procura observar e analisar os processos individuais de aprendizagem".

Nessa mesma direção, Mizukami (1986) discute a avaliação a partir de abordagens do processo de ensino-aprendizagem. Segundo a autora, a avaliação, no contexto de uma "abordagem tradicional", visa a medir a quantidade e a exatidão "da reprodução do conteúdo comunicado em sala de aula" (p. 17). No contexto de uma "abordagem cognitivista", "o controle do aproveitamento deve ser apoiado em múltiplos critérios, considerando-se principalmente a assimilação e a aplicação em situações variadas" (p. 83). Para Mizukami (1986), numa "abordagem sociocultural", "a verdadeira avaliação do processo consiste na autoavaliação e/ou avaliação mútua e permanente da prática educativa" (p. 102).

[87] Após o período em que as pesquisas citadas foram realizadas (CORAZZA, 1996b; DAL'IGNA, 2005), a Lei nº 11.274, publicada em 6 de fevereiro de 2006, alterou a redação dos artigos 29, 30, 32 e 87 da Lei nº 9.394, de 20 de dezembro de 1996, que estabelece as Diretrizes e Bases da Educação Nacional, ampliando o ensino fundamental de oito para nove anos, com início aos 6 anos de idade. Essa legislação sugeriu, ainda, uma nomenclatura comum às múltiplas possibilidades de organização desse nível de ensino, qual seja: anos iniciais (1º ao 5º ano) e anos finais (6º ao 9º ano). Dessa forma, ressalta-se que: (a) a nomenclatura utilizada nas referidas pesquisas (1ª a 8ª séries) não está adequada à legislação vigente em razão do período de sua realização; (b) optou-se por manter tal nomenclatura para não descaracterizar o conteúdo das discussões desenvolvidas.

As professoras são sujeitos desses discursos sobre avaliação tão diversos e, por vezes, conflitantes. É em um contexto discursivo onde se articulam fragmentos de discursos sobre avaliação, tanto da psicologia do desenvolvimento quanto da educação popular, que as práticas avaliativas referidas se tornam possíveis. Assim, para avaliar o desempenho escolar, as professoras devem considerar não apenas o desenvolvimento cognitivo, mas todo o processo de desenvolvimento da aprendizagem; daí também o entendimento de que é preciso monitorar e descrever o desenvolvimento integral da criança, avaliá-la como um todo, considerando os aspectos cognitivo, afetivo e psicomotor. Becker (2003, p. 19), discutindo a teoria piagetiana e suas implicações para a prática pedagógica, afirma que o processo de construção do conhecimento depende tanto de uma estrutura (aspecto cognitivo) quanto "de um fator sinalizador ou disparador da ação: a afetividade" (aspecto afetivo).

As práticas de observação/descrição, respaldadas na ciência (e constituídas por ela), fixam algumas características como determinantes de um desenvolvimento saudável, do desempenho esperado para cada situação escolar, da sequência normalizada de desenvolvimento da criança. No interior de um dado regime de verdade, justifica-se a necessidade de normas científicas universais para avaliar os desempenhos escolares, as quais adquirem *status* de verdade nesse contexto, o que também dificulta seu questionamento.

Marcello (2003), em sua dissertação de mestrado, analisa as formas pelas quais o dispositivo da maternidade é operacionalizado na mídia contemporânea. De modo mais específico, destaco sua análise sobre as formas como diferentes modalidades maternas são tornadas objetos discursivos para a instauração de uma normatividade materna. Sua análise permite-me ampliar a reflexão sobre essa questão. Pode-se argumentar, por exemplo, que a instauração de um desempenho normativo pressupõe a produção de uma anormalidade da aprendizagem, a constituição de outra categoria – *as crianças que têm dificuldades, que têm problemas.* Esse processo de fixação de uma identidade como norma pressupõe processos de comparação e individualização constantes que permitem diferenciar e homogeneizar os(as) alunos(as) e seus desempenhos.

Como argumenta Ewald (2000), a norma permite igualizar os indivíduos, assim fornecendo uma medida. Ao mesmo tempo, ela também opera desigualizando-os, o que lhe permite medir os desvios. Nesse sentido, entendo que o que se define como desempenho escolar é significado em um processo de normatização que institui uma média

– norma – e os desvios, operação que permite dividir uma população de alunos e alunas (e todas as suas características) em aprendentes e não aprendentes.

Ainda como explica Ewald (2000, p. 111), "a norma torna visível sempre os desvios, diferenças, aquilo pelo qual nos distinguimos dos outros, ou até de nós mesmos" – tal como no processo de produção da identidade normal (Silva, 2000), já referido anteriormente, em que as diferenças são tornadas visíveis e a identidade normal tende a ser invisível. É possível afirmar que a identidade considerada normal – a criança aprendente –, que acaba funcionando como um dos princípios normativos reguladores dos desempenhos escolares, é constituída nesse processo de diferenciação que torna visível o desvio – criança não aprendente.

Considerando os pontos aqui destacados, pode-se afirmar que as *dificuldades de aprendizagem* foram constantemente referidas nas falas das professoras ao descreverem seus(suas) alunos(as). As discussões acerca do desempenho escolar muitas vezes operavam em torno de uma categoria homogênea e unitária – criança com dificuldades de aprendizagem – descrita de modo genérico. Vejamos como isso pode ser demonstrado nos quadros a seguir:

Daniela – [...] A gente detecta que a criança tem problemas. [...] Aquelas crianças que têm dificuldade de aprendizagem, normalmente, elas precisam de uma ajuda maior, de um apoio na escola, principalmente nas nossas [escolas], que são do Estado e não têm apoio nenhum [...].

Quadro 5 - Encontro I – 24 de maio de 2004

Sílvia – [...] No final do ano passado, aquelas crianças, assim que saíram da série com dificuldades, por exemplo, os que reprovaram na 1ª [...] já saem com pedido de reforço [...].

Quadro 6 - Encontro II – 31 de maio de 2004

Recorro aqui a um argumento sobre a norma já examinado na primeira seção do texto. Como expliquei, a principal função da norma é descrever para, a partir da descrição, produzir as diferenças. Considerando esse argumento, afirmo que, no processo de descrição constante das crianças e de seus desempenhos, as professoras mobilizam o princípio normativo – criança aprendente – em relação ao qual *todos* os desempenhos são avaliados e hierarquizados e, ao mesmo tempo, produzem as diferenças que são visibilizadas e significadas como anormalidades.

Deise – [...] A gente vê, assim, de cara, a criança que é estimulada em casa, ela vai. A criança que não é tende a ficar às vezes um pouco mais para trás [...].

★★★★★

Daniela – [...] A gente percebe, assim. É claro, aquela criança que recebe o apoio familiar e aquela criança que fica atirada, a mãe trabalha o dia inteiro, fica sozinho. [...]

★★★★★

Deise – Em pequenos detalhes, assim, desde a questão da higiene até a questão da organização do material escolar. Aquela criança que nunca vem com o material, sabe?

Quadro 7 - Encontro I – 24 de maio de 2004

A análise dessas falas leva-me a ressaltar duas questões. Primeiro: elas mobilizam noções que possibilitam problematizar a categoria – "as crianças que têm dificuldades, que têm problemas" – para fragmentá-la e multiplicá-la: "a criança que não é estimulada", "a criança que não recebe o apoio familiar", "a criança que nunca vem com o material", "a criança que não se organiza", expondo assim sua indeterminação, ambiguidade e instabilidade. Segundo: paradoxalmente, essa análise permite tanto multiplicar as formas de ser aluno(a) quanto visibilizar alguns dos processos de essencialização das identidades escolares. Tais processos, que envolvem operações concomitantes de homogeneização e diferenciação, reiteram a existência de uma criança que tem dificuldades de aprendizagem. Além disso, focalizam apenas um dos termos – com valor negativo – da relação constitutiva e constituinte dessa identidade, o que implica ainda manter o outro termo – com valor positivo – intocado e invisível.

Retomo aqui um argumento: a constituição da identidade supõe correlação de forças, movimentos de significação que posicionam os sujeitos em determinados lugares sociais e movimentos de significação que reivindicam outras posições para eles, subvertendo assim a fixidez da identidade. Numa perspectiva pós-estruturalista, tal fixação é uma impossibilidade, na medida em que entendemos que tanto a linguagem quanto a identidade estão sempre escapando e subvertendo os processos que tendem a fixá-las. Dessa forma, outras identidades rapidamente subvertem as categorias que pareciam descrevê-las, como se pode perceber na discussão abaixo:

Daniela – [...] Eu gostaria também de ouvir o que elas pensam [as outras professoras]. E quando acontece, assim, aquela criança que está quase, que tu tens dúvida, porque de dezembro a janeiro, quem alfabetiza sabe, em março, eles dão um salto. E aquela criança que está quase, sabe?

Sílvia – É, isso aí ocorre, e aí a gente procura trabalhar mais aquela criança, porque nós, no município, nós temos felizmente a classe de reforço no contraturno. Então, a gente oportuniza para a criança esse reforço, a gente conversa com a família, faz isso que a gente falou há pouco, de fazer com que a família auxilie, e também aí o conselho de classe é mais uma outra forma de a gente tentar fazer com que isso fique mais claro, e, se não ficar claro o suficiente, a gente até pode utilizar o recurso de deixar para, em março, fazer uma nova testagem com essa criança.
Daniela – ... avaliação...
Sílvia – [...] o que já ocorreu...
Nádia – Nós, no nosso colégio, no regimento, já consta: 1ª a 4ª série, quem não alcança até dezembro espera para março e, em março, faz nova avaliação.
Daniela – Esse que está quase?
MC – Faz nova avaliação com a possibilidade de progredir para a próxima...
Nádia – Isso. Se ele não conseguiu, ele estuda durante as férias. E a gente tem tido sucesso.
MC – É?
Sílvia – Casualmente, no ano passado, eu tive um caso desses. [...] Era uma criança que... A produção escrita dela era muito difícil, até porque ela tinha dificuldade na motricidade fina, mas ela chegou ao final do ano lendo muita coisa, lendo quase tudo. Então, a gente se reuniu, a gente pediu auxílio, a gente foi atrás, ela também tem atendimento lá no SEI [Serviço Especializado de Inclusão], e, quando chegou o final do ano, ela reprovou com interrogação, ou seja, para se esperar até março e ver o que ocorria. Quando chegou março, a gente colocou...

Ela foi para a turma de 1ª série onde ela tinha sido inscrita e realmente se viu que ela precisava frequentar novamente a 1ª série, até porque a questão do número, a questão da matemática, ela tinha uma série de dificuldades, então, se viu por bem deixar. Então, realmente, a gente viu que [...] tomou a atitude certa, porque a gente deu mais uma oportunidade de ela ter o período de férias para, de repente...

Daniela – Crescer...

Sílvia – Crescer, mas, como não aconteceu o crescimento que a gente achou que deveria acontecer para ela frequentar uma 2ª série, ela permaneceu na 1ª. Então, assim, está mais segura. A gente vê que ela precisava dessa caminhada de 1ª série de novo.

Nádia – Eu coloquei antes para minha colega aqui, para nossa colega... Eu e a minha colega da 1ª série. Eu alfabetizei também vários anos já no colégio. [...] A Cibele, ela também sempre quis. Aí, nós duas, lá, cada uma queria a 1ª série, e, para não brigar, a gente fez o seguinte: um ano ela pega a 1ª e continua a 2ª série, continuação da alfabetização. Eu defendo muito sempre isso, que a 2ª série é a continuação da alfabetização. Aí, ano passado, eu tive 1ª e, este ano, eu continuei a minha 2ª.

Deise – Com a mesma turma?

Nádia – Com a mesma turma.

Deise – Bah, isso é maravilhoso. E até aqueles alunos dúvida, tu consegues saber onde que parou para dar...

[...]

MC – A Liane ia falar uma coisa...

Liane – Na outra escola também [refere-se à outra escola em que trabalha, além da Escola Estadual, onde ela e Nádia são colegas], da 1ª série, a avaliação das crianças em dúvida, a gente faz um conselho. "Olha, dúvida". Um conselho de classe de 1ª a 4ª. Até para o professor avaliar, traz as provas daqueles de quem a gente tem dúvida e vê. É feito na outra escola também dessa forma.

Nádia – Deise, só que na nossa, lá, é difícil porque a gente só tem uma turma de 1ª série...

MC – De cada [uma turma de cada]?

Liane – E lá são mais...

Nádia – Eu acho que precisa ser um trabalho mais de trocar ideias.

Liane – E as crianças de 1ª e 2ª, só que ocorre isso. A criança está quase, eu já tive casos assim. A gente deixa um pontinho de interrogação, daí vem em março, passam por uma nova avaliação e, se tiverem êxito, vão para a série seguinte, senão, eles ficam. Aí, tem essa chance só de 1ª para 2ª. [...]

Quadro 8 - Encontro I – 24 de maio de 2004

A instauração de um desempenho escolar normativo, além de atuar na produção/identificação dos desvios, permite medi-los, classificando-os enquanto estados de anormalidade. Nesse processo de descrição dos desempenhos, constitui-se uma figura discursiva, o que Foucault (2002, p. 72) chamou de "indivíduo a ser corrigido". O autor explica que essa figura se engendra entre os séculos XVII e XVIII na articulação de instituições como família e escola, entre outras, que funcionaram como sistemas de apoio. Afirma, ainda, que essa figura se constituiu como um fenômeno corrente, difícil, pois, de ser identificado, na medida em que se encontra próximo da regra. Por fim, destaca que "ele [o indivíduo a corrigir] requer um certo número de intervenções específicas em torno de si [...]"[88] (Foucault, 2002, p. 73).

Se a criança aprendente é uma medida a ser alcançada por todos, o(a) aluno(a) dúvida é o ponto de interrogação que perturba a média. Ao mesmo tempo, porque ele está abaixo da média, ele precisa ser corrigido. Portanto, ele pode alcançar a média. Aqui entram em cena procedimentos que pretendem normalizá-lo. Com esse objetivo, as professoras encaminham esses(as) alunos(as) às aulas de reforço, aos laboratórios de aprendizagem, às salas de recurso, a serviços de apoio especializado, entre outros. Estabelecendo aqui uma analogia da criança aprendente com o conceito de "criança aprendiz" (Popkewitz, 2000), poderia dizer que essa criança é construída sistematicamente por medidas racionais de rendimento que a posicionam como objeto de saber permanente. Enquanto ela se constituir como aprendiz, poderá ser tutelada pela escola. Assim, pode-se argumentar que a multiplicação de possibilidades para descrever *as crianças que têm dificuldades* funciona mais como regulamentação das diferenças no interior da escola e menos como complexificação e pluralização das práticas pedagógicas.

Essa é uma possibilidade de significar/analisar o(a) aluno(a) dúvida, e eu gostaria ainda de explorar mais uma. É possível pensar que, na medida em que entendo que a norma não é absoluta e universal ou, como diz Ewald (2000), que seu valor reside no fato de não se situar fora do tempo, no processo de multiplicação das diferenças, a norma também é ressignificada. Ela é alterada e ampliada com o objetivo de controlar as diferenças que enuncia. No entanto, aí reside também a possibilidade de

[88] No curso intitulado *Os anormais*, Foucault (2002) desenvolve argumentos muito instigantes sobre o jogo entre incorrigibilidade e corrigibilidade que se estabelece em torno do indivíduo a corrigir, em que se constituíram mais tarde aqueles que ele denominou "anormais". Porém, dada a sua complexidade, deixo tal questão em suspenso, pois não poderia desenvolvê-la aqui de modo tão rápido e simplificado. Sobre essa questão, sugiro a dissertação de Arnold (2006).

analisar a constante reiteração da norma como espaço de resistência.[89] É porque os sujeitos resistem à norma, não estão assujeitados efetivamente e se atualizam nesse movimento permanente de relações de força que ela precisa ser alterada, ampliada, ressignificada. Assim, o(a) aluno(a) dúvida problematiza a norma (alfabetização alfabética) como uma das condições necessárias para a passagem da 1ª para a 2ª série, uma vez que as professoras argumentam que a 2ª série deva ser uma continuação da 1ª ou que se pode "*utilizar o recurso de deixar para, em março, fazer uma nova testagem com essa criança*".

Essas e outras enunciações sobre o desenvolvimento infantil e sobre o processo de aprendizagem operam na construção da noção de desenvolvimento considerado normal, natural e inevitável, mobilizada nas falas das professoras como uma noção natural e, por isso, passível de aplicação, não de questionamento. Uma noção que normatiza os processos avaliativos e regula os modos de descrever as crianças e seus desempenhos, prescrevendo como estes são ou devem ser, desconsiderando, assim, as marcas sociais, culturais e históricas que inscrevem as crianças em diferentes posições sociais. Burman (1999) discute e analisa alguns pressupostos da psicologia evolutiva, procurando desnaturalizá-los, submetendo-os a condições históricas de produção. Em uma das passagens de sua obra, ela se refere aos pressupostos do desenvolvimento:

> O desenvolvimento se converte em uma corrida de obstáculos, um conjunto de aros através dos quais é preciso saltar, concedendo prestígio social aos mais avançados, [...] ou a estigmatização, se o progresso se atrasa. Não seria de se estranhar, portanto, a situação marginal das meninas "com dificuldades de aprendizagem" [...] (Burman, 1999, p. 82, tradução minha).

Concordando com o argumento de Burman (1999), é preciso colocar esse e outros pressupostos sob suspeita, tensioná-los, questioná-los. É preciso questionar seu caráter natural e universal para examinar suas condições históricas de emergência e produção.

[89] Para Foucault (1995), as relações de poder são exercidas não diretamente sobre os sujeitos, mas sobre suas ações – *um campo de possibilidades*. É uma ação sobre outra ação, que se exerce sobre sujeitos livres e que produz efeitos, (re)ações. Sob essa perspectiva, a resistência funciona como uma (re)ação, como *outra ação de poder*. Como explica Veiga-Neto (2006), sob uma perspectiva foucaultiana, "sempre é possível exercer uma resistência, nesse caso entendida como uma (re)ação ou, se quisermos, como uma ação de contrapoder. Resistir a uma ação de poder significa problematizar tal ação, valendo-se, para isso, também do poder. Desse modo, a resistência a uma determinada ação de poder não é 'um outro do poder', mas simplesmente é – ou funciona como – 'uma outra ação de poder', em sentido inverso à primeira" (p. 22).

Com esse objetivo, pretendi discutir e analisar alguns dos significados atribuídos à noção de conhecimento, uma vez que esse parecia ser *o* elemento central no processo de avaliação e classificação dos desempenhos e, portanto, de constituição dessa noção. O exercício de desnaturalização que desenvolvi possibilitou-me expor o caráter de produção da noção de conhecimento, bem como explorar alguns jogos de poder envolvidos nos processos de produção e naturalização de uma prática. Além disso, considerar que a definição dessa noção envolve um processo de significação instável e indeterminado, sem um referente fixo e natural, permitiu-me afirmar que a noção de conhecimento é constituída tanto por esse processo de disputa de significação, envolvendo diferentes noções de conhecimento, quanto por um processo de diferenciação.

Explico melhor. A noção de conhecimento não pode ser compreendida fora de um sistema de significação que permita diferenciá-la de outras noções que não remetam a conhecimento. Silva (2000), analisando a linguagem como sistema de significação, destaca as contribuições de Jacques Derrida para esse modo de entender a linguagem. Junto com Derrida, ele argumenta que o signo é caracterizado pela diferença, ou seja, o signo carrega o traço da diferença, daquilo que ele não é. Tal entendimento permite-me argumentar que outros elementos participam da constituição da noção de conhecimento. No contexto da referida pesquisa (Dal'Igna, 2005), as professoras, ao afirmarem que "*o conhecimento é a base para a série seguinte*", mobilizaram um conjunto de elementos que não se referem à aprendizagem em estrito senso, mas que são considerados importantes para avaliar o desempenho. Entendo que eles não só compõem o conteúdo da noção de conhecimento como também participam da constituição da noção de desempenho escolar. Por isso torna-se importante analisá-los.

Referências

ARNOLD, Delci. *Dificuldades de aprendizagem: estado de corrigibilidade na escola para todos*. São Leopoldo, Unisinos, 2006. Dissertação (Mestrado em Educação)–Programa de Pós-Graduação em Educação, Universidade do Vale do Rio dos Sinos, 2006.

BAUMAN, Zygmunt. *Modernidade e ambivalência*. Rio de Janeiro: Jorge Zahar, 1999.

BECKER, Fernando. *A origem do conhecimento e a aprendizagem escolar*. Porto Alegre: Artes Médicas, 2003.

BURMAN, Erica. *La desconstrucción de la Psicología Evolutiva*. Madrid: Visor, 1999.

CANGUILHEM, Georges. *O normal e o patológico*. 5. ed. Rio de Janeiro: Forense Universitária, 2002.

CORAZZA, Sandra Mara. Construtivismo: evolução ou modismo? *Educação & Realidade*, Porto Alegre: FACED/UFRGS, v. 21, n. 2, p. 215-232, jul./dez. 1996a.

CORAZZA, Sandra Mara. Olhos de poder sobre o currículo. *Educação & Realidade*, Porto Alegre: FACED/UFRGS, v. 21, n. 1, p. 46-70, jan./jun. 1996b.

DAL'IGNA, Maria Cláudia. *"Há diferença"? Relações entre desempenho escolar e gênero.* Porto Alegre: UFRGS, 2005. 167f. Dissertação (Mestrado em Educação)–Programa de Pós-Graduação em Educação, Universidade Federal do Rio Grande do Sul, Porto Alegre, 2005.

EWALD, François. *Foucault, a norma e o direito.* 2. ed. Lisboa: Veja, 2000.

FERRAZ, Maria José. *et al. Pensar avaliação, melhorar a aprendizagem.* Lisboa: llE, 1994. Disponível em: <http://w3.des.min-edu.pt/download/apoio_curr/tema1/av_es/texto(15).pdf>. Acesso em: 20 dez. 2004.

FOUCAULT, Michel. O sujeito e o poder. In: DREYFUS, H. L.; RABINOW, P. (Orgs.). *Michel Foucault – Uma trajetória filosófica: para além do estruturalismo e da hermenêutica.* Rio de Janeiro: Forense-Universitária, 1995. p. 231-249.

FOUCAULT, Michel. *Vigiar e punir: nascimento da prisão.* 22. ed. Petrópolis: Vozes, 2000.

FOUCAULT, Michel. *Os anormais.* 2. ed. São Paulo: Martins Fontes, 2002.

FOUCAULT, Michel. *Em defesa da sociedade.* 4. ed. São Paulo: Martins Fontes, 2005.

GADELHA, Sylvio. *Biopolítica, governamentalidade e educação: introdução e conexões, a partir de Michel Foucault.* Belo Horizonte: Autêntica, 2009.

MARCELLO, Fabiana de Amorim. *Dispositivo da maternidade: mídia e produção agonística de experiência.* Porto Alegre: UFRGS, 2003. 180f. Dissertação (Mestrado em Educação)–Programa de Pós-Graduação em Educação, Faculdade de Educação, Universidade Federal do Rio Grande do Sul, Porto Alegre, 2003.

MIZUKAMI, Maria da Graça N. *Ensino: as abordagens do processo.* São Paulo: EPU, 1986.

POPKEWITZ, Thomas S. História do Currículo, Regulação Social e Poder. In: Silva, Tomaz Tadeu da (Org.). *O sujeito da educação: estudos foucaultianos.* 4. ed. Petrópolis: Vozes, 2000. p. 173-210.

SILVA, Tomaz Tadeu. A produção social da identidade e da diferença. In: SILVA, Tomaz Tadeu (Org.). *Identidade e diferença: a perspectiva dos estudos culturais.* Petrópolis: Vozes, 2000. p. 73-102.

TONUCCI, Francesco. *Com olhos de criança.* Porto Alegre: Artes Médicas, 2003.

VEIGA-NETO, Alfredo. Dominação, violência, poder e educação escolar em tempos de Impé¬rio. In: RAGO, Margareth; VEIGA-NETO, Alfredo (Orgs.). *Figuras de Foucault.* Belo Hori¬zonte: Autêntica, 2006. p. 13-38.

WALKERDINE, Valerie. Uma análise foucaultiana da pedagogia construtivista. In: SILVA, Tomaz Tadeu da (Org.). *Liberdades reguladas: a pedagogia construtivista e outras formas de governo do eu.* 2. ed. Petrópolis: Vozes, 1999. p. 143-216.

Que verdades sustentam o ensino fundamental de nove anos?

Rochele da Silva Santaiana

Aparentemente, pode-se supor que o ensino fundamental de nove anos[90] tenha sido pensado e implementado para o benefício único dos alunos. Porém, convido o leitor deste texto a pensar um pouco mais, a questionar que outras perspectivas, decisões e deslocamentos nas políticas públicas levaram à instituição do EFNA. Para isso, é importante pensar sobre aspectos econômicos e sociais que possibilitaram a constituição dessa política, considerando-se que discursos tomados como verdadeiros se tornaram tão potentes que sustentaram e sustentam verdades para sua efetivação no estado brasileiro.

Acredito que, para entender algumas condições que possibilitaram a implantação dessa medida educacional, seja importante retomar que a economia, a partir do século XVIII, se torna um campo de possibilidades de intervenção do Estado. Este, por sua vez, passa a preocupar-se com a população e suas variáveis: taxas de mortalidade, de nascimento, crescimento demográfico das regiões, campanhas de saúde, maximização da vida. Utilizando-se os estudos de Michel Foucault como referência, pode-se pensar que a ideia de população é norteadora para a efetivação das ações do Estado, na medida em que este a objetiva como um coletivo do qual se deve extrair as forças, aumentando sua potência produtiva de forma econômica e eficiente. Para isso, é necessário que uma tecnologia de poder se estabeleça – a biopolítica, "que lida com a população, e a população como problema político, como problema a um só tempo científico e político, como problema biológico e como problema de poder" (Foucault, 1999, p. 293).

[90] Doravante, utilizarei as iniciais EFNA quando me referir ao ensino fundamental de nove anos.

Tomando o exposto para pensar a Contemporaneidade, pode-se inferir que assim se gestaram e ainda se gestam as políticas públicas articuladas e implementadas pelo Estado, principalmente aquelas que se denominam políticas de inclusão e equidade social, como as de educação, saúde e habitação, entre outras. O Estado e outros organismos multilaterais (Organização das Nações Unidas, Fundo das Nações Unidas para a Infância, Banco Mundial) configuram determinadas realidades, constroem saberes sobre elas por meio de estatísticas e da economia, calculam riscos e planejam as intervenções.

Permito-me pensar, então, que a política do EFNA pode ser vista como uma forma contemporânea de governamento da população infantil, destinada a esses sujeitos em um primeiro momento, mas que tece teias bem mais abrangentes, dado seu caráter obrigatório de matrícula. Tal movimento ocasiona outras formas de as famílias relacionarem-se com a instituição escolar, que receberá seus filhos aos 6 anos.

Utilizo-me das palavras de Dean (1999, p. 11) quando ele afirma que "o governo implica qualquer tentativa de moldar, com qualquer grau de deliberação, aspectos do nosso comportamento, de acordo com um determinado conjunto de normas e para uma variedade de fins". Portanto, falar em governamentalidade e governo implica falar sobre como conduzir a conduta alheia (os outros) e como saber conduzir-se (o eu), o que pode ser conseguido por meio das ações de uma política pública, que atravessa questões legais, propostas e índices de alfabetização e escolarização e, sobretudo, a noção de que todos devem agora ser incluídos na escola de ensino fundamental.

O ensino fundamental de nove anos

O debate sobre o EFNA[91] é, e provavelmente continuará sendo, uma constante no cenário educacional brasileiro. Embora pareça que, em 2006, a implementação dessa normativa de inclusão tenha surgido

[91] O ensino distribuído em oito séries nem sempre existiu: ele foi inventado em um determinado período em que as políticas nacionais e internacionais assim o exigiam. As políticas públicas educacionais são reconfiguradas conforme as necessidades sociais e econômicas de cada tempo. De acordo com a Lei nº 4.024, de 20 de dezembro de 1961, que fixava as Diretrizes e Bases da Educação Nacional, a modalidade que hoje conhecemos como a do ensino fundamental compreendia, em 1961, o primário e o ginásio. Curioso é constatar que a possibilidade de o primário estender-se de quatro a seis anos permitia que o período total do que conhecemos como ensino fundamental não fosse somente de oito anos, mas podendo estender-se até nove. Vivemos, então, a reinvenção de uma política que outrora já fora adotada em nosso país.

inesperadamente[92] nos sistemas estaduais e municipais, a ampliação dessa etapa de oito para nove anos não consiste em uma novidade completa. Pode-se, ainda, inferir que tal investimento veio fortalecer uma política mais abrangente de educação e escola para todos.

Legalmente, a possibilidade do EFNA já estava instituída, mas essa medida, mesmo sendo apontada na gestão do então presidente Fernando Henrique Cardoso, por meio da Lei Federal nº 10.172, de 9 de janeiro de 2001, o Plano Nacional de Educação só tomou um novo patamar de discussões na gestão do presidente Luís Inácio Lula da Silva. Durante o ano 2004, o Ministério da Educação (MEC) empenhou-se em trazer à tona o assunto e em transformá-lo em um debate nacional. Paulatinamente, foi-se discutindo a inclusão de crianças com 6 anos no ensino fundamental, tornando obrigatório o ano correspondente à pré-escola, em vez de acrescentar outra série, posterior à 8ª. No mês de fevereiro de 2004, o Ministério da Educação organizou uma série de encontros regionais em cidades brasileiras com o objetivo de propiciar diálogo sobre as implicações de a obrigatoriedade escolar iniciar-se aos seis anos. A permanência do aluno na escola e a diminuição da evasão e dos índices negativos da alfabetização (repetências consecutivas na 1ª série) foram, e continuam sendo, argumentos importantes do MEC para a implementação do EFNA. Em 16 de maio de 2005, é sancionada a Lei nº 11.114, que altera os arts. 6º, 30, 32 e 87 da Lei nº 9.394, de 20 de dezembro de 1996, a LDB, com o objetivo de tornar obrigatório o início do ensino fundamental aos 6 anos de idade. Nesse mesmo ano, em 3 de agosto, o Conselho Nacional de Educação publica a resolução nº 03, que define normas nacionais para a ampliação do ensino fundamental para nove anos de duração. Em 6 de fevereiro de 2006, é sancionada a Lei nº 11.274, que dispõe sobre a duração de nove anos para o ensino fundamental, com matrícula obrigatória a partir dos 6 anos de idade, além de estabelecer prazo até 2010 para os municípios e Estados implementarem a obrigatoriedade em suas redes de ensino.

As informações aqui citadas sobre a implantação do EFNA, bem como as divulgadas por meio de relatórios e orientações, servem como

[92] Quando me refiro à questão do inesperado, é por ter a experiência, como supervisora de uma Secretaria de Educação, do quanto foi aparentemente surpreendente e até mesmo conflituoso para boa parte dos professores o aumento da escolaridade obrigatória para nove anos de ensino fundamental. Porém, não só em meu meio profissional, como também em muitos seminários cursados no próprio PPGEdu/UFRGS e em encontros dos quais participei, como o Fórum Gaúcho de Educação Infantil, a temática do EFNA sempre foi motivo de muitos debates e embates.

táticas para a mobilização dos sujeitos e governos a favor da política pública proposta. Pode-se pensar que tal política seria realizada mesmo diante da discordância de alguns, mas o poder sempre se faz mais produtivo, como problematizam os estudos foucaultianos, quando exercido entre sujeitos livres, autônomos, capazes de decidir o que é melhor para sua educação. O EFNA assim se apresenta no cenário educacional, estando a serviço e benefício dos sujeitos da educação e da sociedade em geral, cabendo destacar que a alteração de oito para nove anos de escolaridade obrigatória abarcou todos os sujeitos de todos os sistemas, integrantes de redes municipais, estaduais ou particulares. No entanto, é preciso entender que, dentro desse universo, o EFNA objetivava alcançar um segmento populacional específico – os mais pobres.

Uma política de inclusão social

Nos discursos que instituíram o EFNA, existe um imperativo de educação para todos, articulado com a racionalidade econômica neoliberal em que vivemos. O neoliberalismo, que impera no contemporâneo, não é simplesmente um substituto das práticas liberais. Efetivamente, ele representa "um discurso de governança, precisamente potente por causa de sua capacidade de combinar a economia, o social e a política em nome da escolha racional como princípio de legitimidade" (Peters; Marshall; Fitzsimons, 2004, p. 83). As práticas neoliberais realizam um vasto investimento não só em intervenções puramente econômicas, como também naquelas que atingem o sujeito e as formas de ele se ver como cidadão de direitos, deveres e, principalmente, escolhas. Sua incidência objetiva a constituição do sujeito contemporâneo, "numa sociedade em que os consumidores, e não os produtores, são considerados a força propulsora da prosperidade econômica" (Bauman, 2008, p. 100).

Embora o neoliberalismo tenha se utilizado de boa parte das ideias do liberalismo, sua grande diferença, como apontam Saraiva e Veiga-Neto (2009), é que, enquanto o liberalismo tinha como natural a liberdade individual e de mercado, a governamentalidade neoliberal "intervirá para maximizar a competição, para produzir liberdade para que todos possam estar no jogo econômico" (Saraiva; Veiga-Neto, 2009, p. 189). Ou seja, os sentidos produzidos pelo mercado neoliberal, bem como as subjetividades dos sujeitos, são constantemente fabricados a partir de princípios de eficácia, eficiência e equidade. Para tanto, é mobilizada uma multiplicidade de estratégias, a fim de constituir subjetividades imersas nessa lógica. A educação torna-se um campo de governamento de condutas onde tais estratégias podem ser operacionalizadas por meio das práticas escolares.

Para isso, é vital que os sujeitos estejam na escola, iniciando mais cedo seu percurso, atingindo uma grande coletividade, como proposto no EFNA.

O importante, agora, é que todos tenham acesso à escola e nela permaneçam, e a inclusão é o mote das orientações. Inspirada em Foucault, fiz-me o questionamento sobre "a que se deve obedecer, a que coação estamos submetidos, como de um discurso a outro, de um modelo a outro se produzem efeitos de poder?" (Foucault, 2006b, p. 227).

Durante um longo período, fomos incitados a naturalizar a ideia de um ensino fundamental de oito anos,[93] mas agora existe uma rede discursiva operacionalizada por vários enunciados, buscando legitimar o EFNA. Amparo-me em Foucault quando este argumenta:

> Há efeitos de verdade que uma sociedade como a sociedade ocidental e hoje se pode dizer a sociedade mundial, produz a cada instante. Produz-se verdade. Essas produções de verdade não podem ser dissociadas do poder, ao mesmo tempo porque esses mecanismos de poder tornam possíveis, induzem essas produções de verdades, e porque essas produções de verdade têm, elas próprias, efeitos de poder que nos unem, nos atam (Foucault, 2006b, p. 229).

Assim como não somos tão autônomos quanto pensávamos ser, as políticas públicas também não o são. Ao ser implementado, o EFNA, por meio dos discursos que colocou em circulação,[94] procurou subjetivar os sujeitos da educação, buscando naturalizar suas ações de forma a serem tomadas como "a verdade", ficando com isso isentos de suspeitas.

Ao enunciar-se como uma política de inclusão de cunho social, é válido dizer que o EFNA se alinha a uma lógica na qual as fronteiras são rompidas (Sardagna, 2006). A universalização do ensino fundamental, agora iniciando aos 6 anos de idade, norteia uma proposta de educação em que é inaceitável que haja crianças fora da escola. Tais discursos são bastante difundidos e defendidos por órgãos internacionais, tais como UNESCO, UNICEF e Banco Mundial, entre outros.

Como instituição gestada na Modernidade, a escola comprometeu-se e ainda se compromete com o projeto de constituição de cidadãos regulados e assujeitados ao discurso neoliberal. São sujeitos parceiros com uma aparente

[93] No ano de 1971, nomenclaturas e mudanças são efetivadas pela Lei de Diretrizes e Bases da Educação Nacional, criando o ensino de 1° e 2° graus. Dessa lei, merece ser destacado o Artigo 18, que institui a educação nacional do 1° grau, compreendendo os anos iniciais e finais em oito anos de duração, o que só veio a ser alterado com a implantação do EFNA.

[94] No decorrer da escrita, será possível ver alguns desses discursos por meio dos fragmentos dos materiais do Ministério da Educação que utilizei para análise.

liberdade de escolha – liberdade que não diz respeito somente a questões financeiras, mas que também descentraliza o poder aparente sobre a vida dos sujeitos. No entanto, liberdade, no Estado neoliberal, assim como em qualquer Estado, não dispensa controle, regulação e governamento, pois, nessa lógica econômica e política, "o governo dos sujeitos possibilita que estes participem em sociedade de forma competente para competir melhor fazendo suas próprias escolhas e aquisições" (Veiga-Neto, 2000a, p. 2000).

Não é por acaso que existe uma proliferação de políticas de inclusão na sociedade contemporânea. Busca-se não somente gerar uma sensação de segurança ao abarcar todos na escola, mas também governar a constituição de sujeitos que possam efetivamente inserir-se no mercado neoliberal, do capital e do consumo. O Estado, ao dissolver-se em inúmeras práticas e ações que incidem sobre a população, através de dispositivos não só disciplinares, como também de segurança, procura prevenir e controlar riscos por meio do investimento em uma biopolítica educacional de inclusão.

> Mais especificamente, procuraremos mostrar que – independentemente do seu eventual caráter humanista ou progressista e como acontece, aliás, com qualquer política pública moderna – as políticas de inclusão escolar funcionam como um poderoso e efetivo dispositivo biopolítico a serviço da segurança das populações. Em outras palavras, coloque-se apenas no plano discursivo ou de fato materialize-se no plano das práticas concretas, ao fim e ao cabo a inclusão escolar tem em seu horizonte a diminuição do risco social (Lopes; Veiga-Neto, 2007, p. 949).

Minimizar o risco que uma população pobre, analfabeta e sem acesso à educação e à saúde pode gerar no coletivo de um país é uma das preocupações do governo. Isso se materializa por meio de políticas na área educacional que trazem em suas práticas efeitos que vão "reconfigurando a escola, e seu entorno, cada vez mais voltado ao social" (Klein, 2007, p. 158). Visualizo na política do EFNA essa lógica ao apontar a importância da educação para a soberania e o desenvolvimento sustentável de uma nação.

As ações do MEC respondem a uma ideia básica: é hora de o Brasil enfrentar os desafios que a educação com qualidade exige. Isso significa, necessariamente, compreender a educação como instrumento central na construção de um projeto soberano de nação, baseado no desenvolvimento sustentado e na igualdade de oportunidades dadas aos seus cidadãos.

Quadro 1 - *Cadernos do MEC*, jun. 2006, p. 2

A educação é o meio, a escola, a maquinaria que efetivamente constituirá cidadãos que possam ter igualdade de oportunidades. Isso me remete aos princípios de uma sociedade neoliberal, onde somente aqueles que conseguem gerir sua vida econômica, inserir-se no mercado de trabalho e consumir podem realmente participar dos processos de escolha e seleção. O projeto de Estado defendido por uma lógica neoliberal procura "preparar competências para atuar em um mundo marcado pelo mercado e pela competição" (Veiga-Neto, 2000a, p. 207). Os que estão fora, à margem, tornam-se uma massa populacional não controlada, o que pode ser perigoso para o Estado. É mais produtivo e útil incluir as crianças de 6 anos no ensino fundamental e propiciar-lhes os benefícios sociais que a escola dispõe – benefícios que, muito mais que sociais, são reguladores de condutas desejadas.

> Atender às crianças a partir de seis anos é uma medida democratizante para colocar na escola uma população que, caso contrário, permaneceria à margem do processo de escolarização nessa faixa etária, uma vez que os sistemas de ensino tendem a não conseguir suprir toda a demanda existente. Quando a matrícula é registrada no Censo Escolar, o aluno passa, automaticamente, a ser beneficiado nos anos seguintes pelas políticas públicas, como recebimento do livro didático, merenda escolar, entre outros programas do MEC.

Quadro 2 - *Cadernos do MEC*, jun. 2006, p. 8

> Entrando mais cedo na escola, as chances de sucesso na trajetória escolar serão maiores. Um passo importante para a diminuição das desigualdades sociais no país. A lei prevê um prazo de transição até 2010 para que os sistemas de ensino adotem o fundamental de nove anos, incluindo a criança com seis anos de idade nas escolas. A iniciativa visa elevar a escolaridade das crianças, especialmente daquelas sem acesso à educação infantil, e levar mais cedo para a escola as que estão em situação de risco social.

Quadro 3 - *Cadernos do MEC*, jun. 2006, p. 4

Objetiva-se, com isso, a permanência do aluno na escola, principalmente porque não se está falando de qualquer infância, mas da infância pobre. É necessário incluí-lo, pois o imperativo da proposta de uma escola que atenda a todos é exatamente o de mobilizar esses sujeitos para que se sintam parte desse espaço e mostrar-lhes o quanto podem beneficiar-se dele. Cabe observar que a população que não é absorvida pelos sistemas de ensino é aquela que não conseguiu vagas nas escolas de educação infantil, que, em sua grande maioria, funcionam em tempo integral. O ensino fundamental é organizado em quatro horas diárias, portanto, com maior número de vagas e absorção da população infantil. Sabe-se que, em termos econômicos, investir na ampliação do ensino fundamental[95] é uma medida mais econômica do que propiciar tal investimento na educação infantil, dado seu caráter integral; além disso, por atender crianças de 0 a 5 anos, a educação infantil precisa de muito mais profissionais, estruturas de apoio, alimentação, entre outras necessidades que a tornam onerosa.

Em contrapartida, haverá uma melhor administração do Estado e, por consequência, de forma mais econômica, pois os alunos que frequentam a escola, além de estarem incluídos no sistema educacional, serão mais bem vigiados e controlados, receberão alimentação, noções de higiene, valores, proteção ao meio ambiente, prevenção à violência, entre outros. Se fizermos uma pequena incursão no site do Ministério da Educação, é possível conhecer diversos projetos destinados à escola de ensino fundamental que perpassam essas áreas.

Por meio de inúmeras estratégias, a escola põe em funcionamento práticas de ordenamento social. Essas estratégias, materializadas em ações desenvolvidas na ordem do pedagógico, provam como as campanhas sociais e educacionais vêm se sustentando mutuamente. A condução das condutas da população infantil em situação de pobreza e vulnerabilidade social será mais bem regulada e gerida também de forma econômica. Em termos biopolíticos, será o caso, sobretudo, de "otimizar se vocês preferirem um estado de vida" (Foucault, 1999, p. 294).

No ambiente escolar, é possível a efetivação de múltiplas práticas que procuram tanto "alcançar os corpos em suas ínfimas materialidades quanto imprimir-lhes o mais permanentemente possível determinadas disposições sociais" (Veiga-Neto, 2000b, p. 11-12). A diferença é que agora se fez a escolha de que esse investimento de poder e saber iniciará, em larga escala, mais cedo, aos 6 anos de idade, para que a

[95] O investimento está se dando também no aumento do tempo e permanência do aluno na escola, como acontece no Programa Mais Educação, instituído pelas Portarias Normativas Interministeriais de nº 17 e 19 de 24 de abril de 2007, publicadas no *Diário Oficial da União* de 26 de abril de 2007. Tal programa institui a escola de tempo integral, sendo que os alunos terão no contraturno atividades culturais, de esporte, lazer, saúde e aprendizagem, entre outras. Em 2010, a meta do MEC é expandir recursos, número de escolas e estudantes, atendendo dez mil escolas públicas.

população infantil vá logo se familiarizando com os preceitos sociais que nossa sociedade contemporânea exige. Foucault enfatiza em seus escritos que "o governo dos homens exige daqueles que são dirigidos, para além dos atos de obediência e de submissão, atos de verdade" (Foucault, 1997a, p. 101). Entendo que nesse pensamento de Foucault esteja implicada a ideia de que os sujeitos venham a proferir essa verdade como a sua verdade. Os atos de verdade que o EFNA põe em circulação são os de que existe uma margem populacional infantil em situação de risco social e que, para que tal situação não piore com o decorrer dos anos, é necessário que o Estado implemente, agora, uma política de universalização do ensino fundamental aos 6 anos como forma de garantir a essa população condições sustentáveis de vida. Incluir essas crianças na ordem escolar torna-se, então, uma medida de controle do risco social.

Gerenciar o risco é fundamental

Para o país, "o risco social gera altos custos e torna uma parcela da população dependente do Estado para resolver seus problemas" (Traversini, 2003, p. 109), e é importante que os índices de analfabetismo e a baixa escolaridade sejam controlados. Ao aumentar a obrigatoriedade escolar, com o início aos 6 anos, investindo na educação da infância, é provável que o EFNA procure gerenciar os riscos sociais presentes e futuros que sujeitos sem escolaridade possam vir a gerar nas suas comunidades.

A noção de risco tem se alterado historicamente, antes de se tornar, na Contemporaneidade, "uma necessidade diária enfrentada pelas massas" (Sennett, 2005, p. 94). Em sua tese de doutorado, Traversini (2003) aponta que os estudos, na perspectiva da governamentalidade, mostram que a "administração do social",[96] principalmente se pensarmos na emergência da economia relacionada à população como atribuição de um bom governo, gerou a necessidade de "um governo de tudo e de todos, evidenciando uma preocupação com cada indivíduo e a população como um todo" (Dean, 1999, p. 20). Administrar o social e gerenciar o risco fazem parte de uma racionalidade econômica de governo.

> Dessa forma, o governo implica saúde, bem estar, prosperidade, felicidade da população. A noção de população é crucial para

[96] Estudos de autores como Ewald (2000), Dean (1999) e O'Malley (1996) tematizam tal questão.

> a definição dos fins do governo do Estado. Mas, ao mesmo tempo, o governo precisa tornar-se econômico. Para governar adequadamente, garantir a felicidade e prosperidade da população, é necessário governar através de determinado registro, o da economia (DEAN, 1999, p. 20).

Nesse sentido, o governo do Estado precisa ser econômico, tanto no uso de suas atribuições e poder quanto no sentido de controle fiscal. Por isso, gerenciar riscos sociais tornou-se uma prerrogativa de um Estado que procura extrair da população a potência produtiva e, com isso, minimizar situações que possam gerar despesas ligadas às áreas da segurança, da saúde e da educação. A conceituação que atribuímos atualmente à palavra *risco* se estabelece na Modernidade, em função da emergência da noção de população. Nas sociedades antigas, a "produção da insegurança não estava relacionada com a responsabilidade humana" (Traversini, 2003, p. 111), mas com o sobrenatural: crenças, feitiçarias, costumes.

Na Modernidade, com a ascendência do capitalismo, "calcular lucro e perda futuros, e, portanto, risco" (Giddens, 2005, p. 31) torna-se um processo contínuo. Pode-se dizer, então, que "risco é um conceito moderno. Pressupõe decisões que tentam fazer das consequências imprevisíveis das decisões civilizacionais decisões previsíveis e controláveis" (Beck, 2006, p. 5). As decisões que precisam ser tomadas levam em conta a noção de população como conjunto de sujeitos que precisa ser gerenciado, de forma a evitar "elevadas despesas para o Estado" (Traversini, 2003, p. 111). Prevenir e controlar os riscos que se gestam no interior de uma população – tais como analfabetismo, doenças, pobreza, violência – demandou a invenção de estratégias para diminuir a sensação de insegurança.

A responsabilidade pelo controle do risco é humana, e é aí que se dá o verdadeiro duelo "entre a ideia de que alguém é responsável e a ideia de que ninguém é responsável" (Beck, 2006, p. 7). Vejo que os discursos que se engendram no EFNA procuram sensibilizar a população e responsabilizá-la para que o programa realmente se implante de forma satisfatória, pois ele visa a benefícios para a própria população, já que "o exercício da gestão democrática deve ter como princípio a construção das políticas públicas em conjunto com os atores sociais nelas envolvidos". Os "atores sociais" são mobilizados a verem a escola como parte do seu viver, da sua comunidade. Por meio da escola e de seus movimentos, é possível reconstruir nas comunidades o que lhes falta.

A sociedade urbano-industrial levou ao obscurecimento a vida da comunidade, entendida como aquele antigo espaço de relações solidárias entre seus moradores. Assim, hoje, também a escola está inserida e constituída em um bairro, uma cidade, com suas histórias, geografias e instituições, com seus movimentos sociais, políticos e culturais. A renovação pedagógica vivenciada em muitas escolas brasileiras nos últimos anos tem transformado o entorno da escola também em escola, ou seja, está gestando a reconstrução daquela antiga comunidade.

Quadro 4 - MEC. *Orientações Gerais do Programa*, jul. 2004, p. 12

A comunidade precisa estar articulada à escola, até mesmo para ser constituída como tal. De acordo com O'Malley, "os programas políticos focalizam o fazer algo a respeito de um objeto praticável" (1996, p. 194), e os objetos praticáveis do EFNA são a universalização do acesso da criança de 6 anos no ensino fundamental, menor evasão e maior permanência dos alunos nas instituições escolares. Por esses motivos, mobilizar as comunidades para a importância da escola é fundamental para que, em longo prazo, essa implementação alcance uma universalização em todos os níveis de ensino, principalmente quanto à permanência do aluno na escola.

O EFNA constrói e articula um tipo particular de controle e poder, uma forma de governamento que as sociedades neoliberais aprenderam a exercer com excelência. Trata-se de "um poder preocupado com o bem-estar da população e a saúde de cada um em particular, um poder que se reveste de bondade e sincera dedicação a toda a comunidade, mas que não tem condição de exercer-se senão munindo-se de toda informação sobre cada grupo" (Fischer, 1999, p. 44). Ele exerce o governamento da população infantil e de cada cidadão adulto que irá se constituir, gerando, com isso, um controle do risco social futuro.

Empregar de forma eficaz o tempo da criança, de modo que a ela se assegure uma aprendizagem ampla, está na gênese da ideia de "salvação" que a escola oferece, principalmente para as classes sociais desfavorecidas econômica e socialmente. Aqui cabe um importante destaque: ao se falar de um tempo eficaz, está se falando também de uma economia funcional desse tempo no espaço escolar.

A escola funciona pautada em ordenamentos temporais – basta pensar nos horários de entrada, merenda, recreio, na distribuição de disciplinas e atividades ao longo de uma manhã ou tarde, nos horários de saída, no tempo necessário para uma criança adaptar-se à escola, no tempo para se alfabetizar, em que momento do ano se saberá que um aluno estará apto para prosseguir em uma série seguinte, entre tantos outros exemplos. Todas essas variáveis constituem o tempo de um aluno na escola, tempo definido por Veiga-Neto como um tempo subjetivado:

> O tempo subjetivado é muito mais do que isso: ele permite tanto um controle minucioso sobre os movimentos do corpo quanto uma mais eficiente articulação entre esse corpo e os objetos que o circundam. A importância disso para as práticas escolares é muito grande, indo desde o treinamento de héxis corporal até o melhor uso dos objetos, do domínio dos movimentos até a otimização das habilidades individuais (Veiga-Neto, 2000b, p. 17).

Desse tempo subjetivado, que, segundo o autor, se institui e se organiza pela nossa ação, é que se pretende o melhor aproveitamento da aprendizagem dos alunos. O tempo escolarizado e obrigatório que as orientações do MEC almejam deve evitar desperdícios e otimizar a permanência do aluno na escola. Sabendo-se que uma boa parcela das crianças não frequenta a educação infantil, isso nos faz pensar que a obrigatoriedade do ingresso aos 6 anos no ensino fundamental se torna uma forma eficaz de constituir cidadãos que sejam visibilizados pelo governamento e que tenham seu corpo economicamente perpassado pelo poder disciplinar, o qual conforma seus corpos e suas ações. É importante lembrar também que o ensino fundamental de nove anos se torna um campo de incidência do biopoder por atingir estrategicamente uma coletividade maior da população infantil, constituindo de determinada forma esses sujeitos da educação e tornando-os talvez mais afeitos à sociedade neoliberal.

Contemporaneamente, podemos pensar que o investimento do biopoder procurará, com esse novo empreendimento nos sujeitos infantis, propulsionado por essa política, "mobilizar uma multiplicidade de dispositivos, solicitar, incitar, investir na vida" (Lazzarato, 2008, p. 50). O investimento potencializado da ordem disciplinar no aluno durante décadas, agora surge no que, talvez, se possa chamar de um novo ordenamento vital, mais presente e evolvente por se preocupar com o engajamento coletivo da infância, com a produção de sujeitos aprendentes para a vida, cada vez mais cedo, por meio desta que podemos chamar de uma estratégia biopolítica de escolarização. No EFNA, faz-se necessária também uma individualização dos sujeitos quando são trazidos para dentro da escola, onde seu tempo e sua permanência podem ser cotidianamente acompanhados. As orientações do MEC ressaltam a importância de toda a comunidade escolar, reafirmando que o sucesso das políticas educacionais é compromisso de todos.

Os legisladores, certamente, não tiveram a intenção de minimizar a função educativa da instituição escolar. Antes, lembraram a todos os agentes sociais – pais, professores, gestores e especialistas – que o processo educacional não está restrito àquela instituição. Pelo contrário, justamente pela sua constituição de confluência de diversos saberes é que a escola tem reafirmada a sua vocação de ser polo gerador e irradiador de conhecimento e cultura, contribuindo para reconstruir a organização da comunidade pelos seus próprios atores.

Quadro 5 - MEC. *Orientações Gerais do Programa*, jul. 2004, p. 12

Uma sociedade onde cada indivíduo cuida de si, responsabiliza-se por sua segurança, sua saúde, seu bem-estar, passa a ser efetivamente uma população mais econômica para o Estado. O papel da escola, defendido pelo MEC, torna-se importante, pois se insere em uma lógica que entende que as aprendizagens adquiridas nessa instituição contribuirão para a organização das comunidades de seu entorno. Ao que parece, a escola reafirma, então, sua vocação de ser detentora de um saber-poder, de uma cultura que é legítima e que deve ser irradiada para os que nela ingressarem.

O Estado implementa as políticas públicas, mas, para que elas tenham sucesso, todos devem sentir-se responsáveis por ela. Gerenciar o risco torna-se uma tarefa do Estado, mas muito mais eficiente e econômica se os indivíduos "protegerem-se das circunstâncias adversas" (O'MALLEY, 1996, p. 198). O aumento da escolaridade está sendo oferecido, e cabe à sociedade responsabilizar-se pela permanência das crianças na escola.

A produção discursiva que circula no programa que propõe o EFNA ampara-se em objetivos como sucesso na trajetória escolar, diminuição de risco social e aumento da qualidade da educação no país. Esses enunciados trazem consigo significados imersos em relações de poder sobre quem precisa ser gerenciado: a infância em situação de risco social. Cabe examinar por quais mecanismos tal risco será administrado, destacando-se o EFNA como um deles e a escola como a instituição que operacionalizará esse processo, por meio de uma política de inclusão social.

É importante pensar que no EFNA espera-se não só uma melhoria na qualidade educacional, mas também uma tentativa de solução dos problemas de ordem social, que, sabemos, são grandes em nosso país. Em função disso, faz-se toda uma relação discursiva entre educação e inclusão social por meio de legislações e orientações pedagógicas demandadas para a implantação do EFNA. Lopes (2007) alerta-nos que a "invenção da inclusão ganha *status* de verdade e de realidade quando começa a ser produzida nas narrativas, quando começa a circular em diferentes grupos como uma bandeira de luta, quando começa a ganhar forma de lei" (LOPES, 2007, p. 15-16), que é o que acontece e está se legitimando no EFNA. É desejável que todos estejam incluídos, pois estar incluído é estar apto a viver e ser um sujeito de um mundo globalizado; mesmo que tal verdade não se efetive, somos mobilizados a acreditar nela. Isso consiste em reconhecer, como feito pelo MEC, que o mundo globalizado e os Estados-nação atuais continuam reafirmando sua "prerrogativa essencial de soberania básica: o direito de excluir" (BAUMAN, 2005, p. 454). Os excluídos – a população pobre que está à margem da sociedade de consumo – não só são onerosos para o Estado, uma vez que aumentarão suas despesas com políticas compensatórias, como também não serão consumidores ativos. Tornam-se o que Bauman conceitua como "refugo humano".

> Numa sociedade de consumidores, eles são os consumidores falhos – pessoas carentes do dinheiro que lhes permitiria ampliar a capacidade do mercado consumidor, e que criam um novo tipo de demanda a que a indústria de consumo, orientada para o lucro, não pode responder nem "colonizar" de maneira lucrativa. Os consumidores são os principais ativos da sociedade de consumo, enquanto os consumidores falhos são os seus passivos mais irritantes e custosos. A população excedente é mais uma variedade de refugo humano (BAUMAN, 2005, p. 53).

Uma das formas de o país gerenciar os riscos que o "refugo humano" pode gerar é investir no acesso e na permanência das crianças na escola, perpassando, por essa medida, uma qualificação do processo de alfabetização. Ao argumentar sobre a importância do contato da criança com a escrita antes dos 7 anos, o EFNA não só afirma que isso promoverá uma vantagem educacional como generaliza a ideia de que todas as crianças de segmentos populares não costumam ter nenhum contato com um ambiente alfabetizador e de letramento antes de ingressar no ensino fundamental.

A ampliação do Ensino Fundamental para nove anos constitui uma política nitidamente comprometida com a inclusão e a eqüidade. Crianças oriundas de segmentos populares da sociedade são as que têm, em geral, maior dificuldade de acesso à escola na faixa etária de seis anos. Como o primeiro contato dessas crianças com a escrita muitas vezes ocorre apenas ao ingressar na escola, se deixarem de ser atendidas nessa fase e entrarem na escola apenas aos sete anos, certamente estarão em situação de desvantagem em relação às demais.

Quadro 6 - MEC. *Orientações Gerais do Programa*, jul. 2004, p. 8

Ao que parece, o MEC defende a ideia de que o sucesso da alfabetização nos anos iniciais não se encontra atrelado às propostas pedagógicas desenvolvidas pelos professores, mas, sim, ao tempo de escolarização da infância. O sentido prescrito aqui seria o da aquisição da escrita e da leitura por meio de uma única agência: a escola. Não existe menção aos usos sociais da leitura e da escrita feitos pelas crianças antes mesmo de seu ingresso na instituição escolar. Apontar que as crianças de classes populares não possuem nenhum ambiente que propicie alguma situação de contato com materiais escritos ou com a tentativa de escrever em si é generalizar uma situação como forma de justificar a implantação de uma medida pública em todo o país.

A consolidação de uma biopolítica educacional

A governamentalização do Estado permitiu o desenvolvimento da biopolítica. Tal política tem a vida e seus fenômenos, tais como saúde, natalidade, mortalidade, como preocupações vitais. O Estado começou a se dissolver em inúmeras práticas e políticas que incidem sobre a população por meio de dispositivos não só disciplinares, mas também de segurança, como forma de prevenir e controlar riscos.

Segundo Gadelha, é possível "posicionar a educação como fator presente e ligado à problemática da biopolítica" (2009, p. 172). Portanto, é possível pensar no EFNA como uma estratégia biopolítica destinada a um segmento da população que é atingido por ela em larga escala: a população infantil em vulnerabilidade social. Contudo, para além disso, o caráter obrigatório da matrícula aos 6 anos influi na vida das famílias, que não mais podem optar. Elas são, por força de um dispositivo legal, obrigadas a matricular suas crianças no ensino regular e convidadas a se sentirem responsáveis pelo sucesso dessa nova etapa.

É de suma importância que o EFNA, assim como tantas outras ações posteriores a ele, se consolide, pois ele atravessa uma ideia maior: a instituição de melhores índices e padrões de qualidade que gerem sujeitos mais ativos, aprendentes e saudáveis que possam inserir-se no mercado de trabalho. Vivemos em um tempo em que a "capacitação e a formação educacional e profissional dos indivíduos aparecem como elementos estratégicos a serem investidos por essa nova modalidade de governamentalidade" (Gadelha, 2009, p. 150). Na lógica neoliberal, todos devem estar incluídos, com liberdade de escolha, desde que saibam e tenham aprendido a fazer as escolhas certas – e a escola torna-se uma instituição potencial para que isso realize-se. A educação torna-se um campo de governamento de condutas onde tais estratégias podem ser operacionalizadas por meio das práticas escolares instituídas, por exemplo, por um ensino fundamental de nove anos.

A obrigatoriedade de ingressar aos 6 anos de idade no ensino fundamental certamente foi o dado mais perturbador nessa política, segundo pais, professores e especialistas. É importante ter presente que a frequência de crianças com 6 anos na primeira série é uma prática que já ocorria nas escolas, amparada por muitos sistemas de ensino. Então, talvez, a obrigatoriedade colocada em lei é que realmente tenha trazido para o debate nacional a fragilidade de certas crenças, ideais e perspectivas do que compete à educação infantil e ao ensino fundamental, ressaltando, mais uma vez, a importância das políticas públicas destinadas a uma ou outra etapa da educação básica.

É possível constatar, mesmo que provisoriamente, que a questão da inclusão se apresenta como uma estratégia eficaz de governamento dos sujeitos infantis e de implementação dessa política pública. Ela promove uma garantia de que não só as crianças de segmentos mais privilegiados economicamente se encontrarão no espaço institucionalizado da escola, porque mesmo estas têm de passar por ela não só para aprender conhecimentos escolares, mas também para serem cidadãs. Independentemente da forma como cada criança aprende a se ver como sujeito de direitos e deveres, a se tornar um cidadão autônomo, ativo, participativo da vida econômica, todos passam pela escola, embora com perspectivas futuras diferentes. Mesmo que a educação não ocorra só na escola, esta é fundamental para o governamento das populações.

O intuito com a pergunta que intitula este artigo foi demarcar que certos discursos sobre infância, educação e comunidades são articulados, se retroalimentam e vêm somar-se ao discurso instituído de que, no espaço escolar, todos devem ser incluídos e nele permanecer. Tais discursos tonaram-se tão verdadeiros que sustentam e continuarão a sustentar a ideia de que o melhor para a infância em vulnerabilidade social é estar na escola – melhor para ela e para a sociedade, verdade balizadora de outras tantas políticas que envolvem a inclusão escolar. O que procurei com esta escrita foi apontar um pequeno conjunto de verdades que sustentam o EFNA.

A questão que se coloca, então, é que a infância pobre, que está à margem das condições de vida consideradas produtivas pelo Estado neoliberal, pode, sim, representar um risco social futuro; portanto, faz-se necessária uma maior regulação em sua vida. Ao se promover a lógica da inclusão para todos, ou de que todos devem estar na escola, reforça-se o discurso de que os que passam pela instituição escolar terão melhores condições de prover suas vidas futuras. Mesmo que o EFNA aparente inserir-se em uma lógica de proteção à infância em situação de risco, existe um alinhamento deste a outras tantas políticas internacionais que pretendem que todos se sintam responsáveis pela educação das crianças, assumindo coletivamente um compromisso pelo desenvolvimento do país.

Constituir esses sujeitos, já desde a infância, com mais habilidades, mais flexibilidade para mudanças e novas experiências, de forma que possam articular-se melhor em sociedade, pode torná-los mais empreendedores. É possível conjecturar que esse investimento possa produzir um aluno mais ativo, mais envolvido, mais responsável pelo seu sucesso não só no futuro, mas no presente, principalmente como garantia de segurança e de possibilidade de participação no jogo do consumo. Porém, não podemos nos esquecer de que, além da função primordial da escola quanto às questões da aprendizagem, ela, por atender grandes coletivos, foca também as práticas de socialização, em que o aprender a conviver com os outros remete a uma ideia de cuidado com a vida em sociedade. Isso torna a escola uma instituição fundamental para o governamento dos sujeitos, pois ela possibilita o investimento em cada um e em todos os envolvidos na educação.

Ao final desta escrita, em que discuti algumas das verdades que sustentaram e ainda sustentam o ensino de nove anos, vale questionar: ainda é possível pensar que o EFNA foi implantado apenas para garantir a qualidade da educação das crianças?

Referências

BRASIL. Lei nº 4.024, de 20 de dezembro de 1961. Estabelece as Diretrizes e Bases da Educação Nacional. Disponível em: <http://www.fc.unesp.br>. Acesso em: 15 fev. 2008.

BRASIL. Lei nº 5692 de 11 de agosto de 1971. Estabelece as Diretrizes e Bases da Educação Nacional. Disponível em: <http://www.prolei.inep.gov.br>. Acesso em: 12 fev. 2008.

BRASIL. Lei nº 10.172, de 09 de janeiro de 2001. Dispõe sobre o Plano Nacional de Educação - PNE.

BRASIL. *Ampliação do Ensino Fundamental de nove anos: relatório do programa*. Brasília, jul. 2004.

BRASIL. Ministério da Educação e Cultura - MEC. *Ensino Fundamental de nove anos: orientações gerais*. Secretaria de Educação Básica, Departamento de Políticas de Educação Infantil e Ensino Fundamental, Coordenação Geral do Ensino Fundamental. Brasília, jul. 2004.

BRASIL. Lei nº 11.1114, de 16 de maio de 2005. Altera os artigos 6º, 30, 32 e 87 da Lei nº 9.394 de 20 de dezembro de 1996, com o objetivo de tornar obrigatório o início do Ensino Fundamental aos seis anos de idade.

BRASIL. *Cadernos do MEC*. Assessoria de Comunicação Social sobre os principais Programas da Secretaria de Educação Básica. Brasília, jun. 2006.

BRASIL. Lei nº 11.274, de 6 de fevereiro de 2006. Altera a redação dos artigos 29, 30, 32 e 87 da Lei nº 9.394 de 20 de dezembro de 1996, que estabelece as diretrizes e bases da educação nacional, dispondo sobre a duração de 9 (nove) anos para o Ensino Fundamental, com matrícula obrigatória a partir dos 6 (seis) anos de idade.

BRASIL. *3º Relatório do Programa: ampliação do Ensino Fundamental para nove anos*, maio 2006.

BAUMAN, Zygmunt. *Vidas desperdiçadas*. Rio de Janeiro: Jorge Zahar, 2005. *A sociedade individualizada: vidas contadas e histórias vividas*. Rio de Janeiro: Jorge Zahar, 2008.

BECK, Ulrich. Incertezas fabricadas. IHU on-line - Sociedade de Risco: o medo na contemporaneidade. *Revista do Instituto Humanitas Unisinos*, São Leopoldo, n. 181, 22 maio 2006. Disponível em: < http://www.unisinos.br/ihu>. Acesso em: 15 mar. 2007.

DEAN, Mitchell. *Governmentality: Power and Rule in Modern Society*. Tradução de Ricardo Uebel. London: Sage, 1999.

EWALD, François. *Foucault: a norma e o direito*. 2. ed. São Paulo: Vega, 2000.

FISCHER, Rosa Maria Bueno. Foucault e o desejável conhecimento do sujeito. *Educação & Realidade*, Porto Alegre, v. 24, n. 1, p. 39-59, jan./jun. 1999.

FOUCAULT. *Do governo dos vivos. Resumo dos cursos do Collège de France (1970-1982)*. Rio de Janeiro: Jorge Zahar, 1997a.

FOUCAULT, Michel. *Em defesa da sociedade*. Aula de 17 de março de 1976. São Paulo: Martins Fontes, 1999.

FOUCAULT. Poder e Saber. In: MOTTA, Manoel Barros de (Org.). *Michel Foucault: estratégia, poder-saber. Ditos & Escritos*; IV. 2. ed. Rio de Janeiro: Forense Universitária, 2006b.

GADELHA, Sylvio. *Biopolítica, governamentalidade e educação. Introdução e conexões a partir de Michel Foucault*. Belo Horizonte: Autêntica, 2009.

GIDDENS, Anthony. *Mundo em descontrole: o que a globalização está fazendo de nós*. 4. ed. Rio de Janeiro: Record, 2005.

KLEIN, Rejane Ramos. Voluntariado e os processos de in/exclusão na escola. In: LOPES, Maura Corcini; DAL'IGNA, Maria Cláudia. *In/exclusão nas tramas da escola*. Canoas: Ulbra, 2007.

LAZZARATO, Maurizio. Biopolítica/Bioeconomia. *Poder, normalização e violência: incursões foucaultianas para a atualidade*. Rio de Janeiro: Autêntica, 2008.

LOPES, Maura Corcini; VEIGA-NETO, Alfredo. Inclusão e governamentalidade. *Educação e Sociedade*, Campinas, v. 28, n. 100 - Especial, p. 947-963, out. 2007.

O'MALLEY, Pat. Risk and Responsibility. In: BARRY, Andrew; OSBORNE, Thomas; ROSE, *Nikolas. Foucault and Political Reason: Liberalism, Neo-Liberalism and Rationalities of Government*. Chicago: The University of Chicago Press, 1996.

PETERS, Michael; MARSHALL, James; FITZSIMONS, Patrick. Gerencialismo e política educacional em um contexto global: Foucault, neoliberalismo e a doutrina da autoadministração. In. BURBULES, Nicholas; TORRES, Carlos Alberto (Orgs.). *Globalização e educação: perspectivas críticas*. Porto Alegre: Artmed, 2004.

SARAIVA, Karla; VEIGA-NETO, Alfredo. Modernidade líquida, capitalismo cognitivo e educação contemporânea. *Educação e Realidade*, Porto Alegre, v. 34, n. 2, maio/ago. 2009.

SARDAGNA, Helena Venites. *Políticas de educação para todos: em sintonia com o mundo global*. 2° SBECE: Seminário Brasileiro de Estudos Culturais e Educação. Canoas: Ulbra, 2006. (CD-ROM).

SENNETT, Richard. *A corrosão do caráter: consequências pessoais do trabalho no novo capitalismo*. 9. ed. Rio de Janeiro: Record, 2005.

SILVA, Tomáz T. *Teoria cultural e educação: um vocabulário crítico*. Belo Horizonte: Autêntica, 2000.

TRAVERSINI, Clarice Salete. *Programa Alfabetização Solidária: o governamento de todos e de cada um*. Porto Alegre: UFRGS, 2003. Tese (Doutorado em Educação)-‑Programa de Pós-Graduação em Educação, Faculdade de Educação, Universidade Federal do Rio Grande do Sul. UFRGS, Porto Alegre, 2003.

VEIGA-NETO, Alfredo. Educação e governamentalidade neoliberal: novos dispositivos, novas subjetividades. In: PORTOCARRERO, Vera; CASTELO BRANCO, Guilherme (Orgs.). *Retratos de Foucault*. Rio de Janeiro: Nau, 2000a.

VEIGA-NETO, Alfredo. Espaços, tempos e disciplinas: as crianças ainda devem ir à escola? In: CANDAU, Vera Maria (Org.). *Linguagens, espaços e tempos no ensinar e aprender*. Rio de Janeiro: DP&A, 2000b.

Sobre as autoras

Carine Bueira Loureiro é doutoranda em Educação no Programa de Pós-Graduação em Educação da Universidade do Vale do Rio dos Sinos (Unisinos). Mestre em Ciência da Computação pela Pontifícia Universidade Católica do Rio Grande do Sul (PUCRS), graduada em Matemática pela mesma instituição. Atualmente é professora em regime de dedicação exclusiva do Instituto Federal de Educação, Ciência e Tecnologia do Rio Grande do Sul (IFRS). Foi professora da PUCRS Uruguaiana, professora substituta na Universidade Federal do Rio Grande do Sul (UFRGS) em 2006 e dos cursos da área de Tecnologia e Licenciatura em Matemática da Universidade Luterana do Brasil (Ulbra). <loureirocarine@gmail.com>

Elí T. Henn Fabris é doutora e mestre de Educação pela UFRGS e licenciada em Pedagogia pela Universidade de Passo Fundo (UPF). Professora do Programa de Pós-Graduação em Educação e do curso de Pedagogia da Unisinos. Integra a linha de pesquisa Formação de professores, Currículo e Práticas Pedagógicas (Unisinos). As pesquisas que desenvolve abordam os seguintes temas: formação inicial com foco nas práticas de iniciação à docência, às relações entre escola e produção das diferenças; práticas pedagógicas, desempenho escolar e relações entre as mídias contemporâneas e a docência. Coordena o Grupo de Estudo e Pesquisa em Inclusão (GEPI/Unisinos). <fabris2000@uol.com.br>

Helena Venites Sardagna é mestre e doutora em educação pela Unisinos e graduada em Pedagogia pelo Centro Universitário Feevale. É professora do curso de Pedagogia da Universidade Estadual do Rio Grande do Sul (UERGS), atuando também como coordenadora do curso de Pedagogia da Unidade de Osório/RS e coordenadora institucional do Parfor da UERGS. Tem experiência na área de Educação, atuando principalmente nos seguintes temas: currículo escolar, educação especial/inclusiva, formação pedagógica de docentes. É integrante do Grupo de Estudos e Pesquisa em Inclusão (GEPI/Unisinos). Atualmente desenvolve pós doutoramento vinculado à linha de pesquisa Filosofias da Diferença e Educação do Programa de Pós-Graduação em Educação da UFRGS e pesquisadora participante no Observatório da Educação 2010, coordenado pela Professora Drª Sandra Mara Corazza. <sardagn@terra.com.br>

Iolanda Universina Montano dos Santos é doutora e mestre em Educação pela UFRGS. Professora do curso de Pedagogia das Faculdades Integradas São Judas Tadeu (FSJT). Especialista em Supervisão Educacional pela Faculdade Porto-Alegrense (FAPA). Licenciada em Ciências Sociais pela PUCRS, com experiência profissional na área da Educação Infantil, Anos Iniciais do

Ensino Fundamental e na supervisão educacional da rede pública de Porto Alegre/RS. É integrante do Grupo de Estudos e Pesquisas em Currículo e Pós-Modernidade (GEPCPós/UFRGS) e do Grupo de Estudo e Pesquisa de Inclusão (GEPI/Unisinos). <imontano@via-rs.net>

Kamila Lockmann é doutora e mestre em Educação pela UFRGS. Licenciada em Pedagogia com habilitação em Supervisão e Administração Escolar (Licenciatura Plena) pela Universidade Feevale. Atualmente é professora do Instituto de Educação da Universidade Federal do Rio Grande (FURG). Tem experiência na área de Educação, trabalhando principalmente com os seguintes temas: inclusão escolar e social, formação de professores e práticas pedagógicas. Atuou como professora no ensino fundamental, como supervisora escolar na rede municipal de ensino de Novo Hamburgo e como professora em cursos de especialização em Educação. Participa do Grupo de Estudos e Pesquisas em Currículo e Pós-Modernidade (GEPCPós/UFRGS), do Grupo de Estudo e Pesquisa em Inclusão (GEPI/Unisinos) e do Núcleo de Estudo e Pesquisa em Educação da Infância (NEPE/CNPq/FURG). <kamila.furg@gmail.com>

Mara Marisa da Silva é mestre em Educação pela Unisinos; graduada em Pedagogia pela Universidade Regional Integrada do Alto Uruguai e das Missões, especialista em Planejamento e Gestão da Educação pela mesma universidade e especialista em Educação Especial e Escola Inclusiva pela Uniasselvi. Atualmente atua como professora convidada dos cursos de pós-graduação em Educação pela Faculdade Portal; professora convidada para trabalhos de extensão na área de formação de professores e assessoria pelo Instituto Superior de Educação (ISEI), Coordenadora da Escola Municipal de Educação Infantil Jardim dos Sonhos (Ivoti). Tem experiência na área de Educação, atuando principalmente nos seguintes temas: projeto político-pedagógico; aprendizagem; desenvolvimento infantil; família, infância, inclusão, formação docente, currículo. <mara.silva@pop.com.br>

Maria Cláudia Dal'Igna é doutora e mestre em Educação. Professora do curso de Pedagogia e do Programa de Pós-Graduação em Educação da Unisinos (São Leopoldo/RS), vinculada à linha de pesquisa Formação de Professores, Currículo e Práticas Pedagógicas. É pesquisadora do Grupo de Estudo e Pesquisa em Inclusão (GEPI/Unisinos) e do Grupo de Estudos de Educação e Relações de Gênero (GEERGE/UFRGS/CNPq). Atua nas áreas de educação básica e educação superior, principalmente com os seguintes temas: formação de professores; currículo; gênero; fracasso escolar; relação família-escola; inclusão escolar. <mcdaligna@hotmail.com>

Maura Corcini Lopes possui doutorado e mestrado em Educação pela UFRGS; especialista e graduada em Educação Especial pela Universidade Federal de Santa Maria (UFSM). Realizou estudos de pós-doutorado na Universidade de Lisboa. Pesquisadora de Produtividade em Pesquisa N2-CNPq. É professora do Programa de Pós-Graduação em Educação da Unisinos, orienta mestrado e doutorado. As pesquisas que desenvolve abordam os temas da inclusão, do currículo, das diferenças na escola e da educação de surdos. Coordenadora do Grupo Interinstitucional de Pesquisa em Educação de Surdos (GIPES/CNPq) e vice-coordenadora do Grupo de Estudo e Pesquisa em Inclusão (GEPI/Unisinos). <maurac@terra.com.br>

Morgana Domênica Hattge possui graduação em Pedagogia pela Unisinos, especialização em Gestão Educacional – Administração, Orientação e Supervisão pela Faculdade de Taquara (FACCAT), mestre em Educação pela Unisinos e doutoranda em Educação pela Unisinos. Atua como professora dos cursos de Pedagogia e demais licenciaturas no Centro Universitário Univates. Tem interesse em pesquisa, especialmente nos seguintes temas: gestão educacional, políticas educacionais, inclusão, currículo e formação de professores. Possui experiência docente em escolas regulares em todos os níveis (educação infantil, ensino fundamental, ensino médio, educação de jovens e adultos e ensino superior). Membro integrante do Grupo de Estudos e Pesquisa em Inclusão (GEPI/Unisinos). <morganahdomenica@yahoo.com.br>

Priscila Provin é mestre em Educação, possui especialização em Educação Especial e graduação em Pedagogia pela Unisinos. É professora do curso de Pedagogia e professora/coordenadora do curso de especialização em Educação Inclusiva da mesma universidade. Integra o Grupo de Estudos e Pesquisa em Inclusão (GEPI/Unisinos). Suas pesquisas envolvem os temas da in/exclusão na escola e na universidade, currículo, diferença e formação de professores. <pprovin@unisinos.br>.

Rejane Ramos Klein possui doutorado e mestrado em Educação pela Unisinos; possui graduação em Pedagogia pela mesma universidade. Realizou estudos (doutorado sanduíche) na Universidade de Lisboa. É docente no curso de graduação em Pedagogia presencial e na modalidade à distância. Coordena um Curso de Extensão na área da Inclusão; um Programa de Educação e Ação Social (EDUCAS); e um Programa Institucional de Bolsa de Iniciação à Docência (PIBID). Apresenta experiência docente também na área da educação básica na rede pública, onde atuou como professora dos anos iniciais e como coordenadora pedagógica da Educação de Jovens e Adultos (EJA). Integra o Grupo de Estudo e Pesquisa em Inclusão (GEPI/Unisinos) e vem desenvolvendo estudos sobre a temática de avaliação, currículo e inclusão escolar. <rrklein@unisinos.br>

Rochele da Silva Santaiana é mestre e doutoranda em educação pela UFRGS, encontra-se vinculada ao Núcleo de Estudos sobre Currículo, Cultura e Sociedade da referida universidade, tendo como interesses de pesquisa educação integral, infância, práticas pedagógicas e articulações com as políticas públicas. Tem atuado como docente em cursos de especialização *latu sensu* e no Programa de Formação Pedagógica de Docentes da UERGS desde 2012. <rochelesant@gmail.com>

Tatiana Luiza Rech é doutoranda em Educação pela UFRGS, mestre em Educação pela Unisinos, licenciada em Pedagogia Anos Iniciais do Ensino Fundamental e em Pedagogia nos Anos Iniciais do Ensino Fundamental com ênfase em Educação Especial, pela Universidade de Santa Cruz do Sul (UNISC). Tem se dedicado a estudar a emergência da inclusão educacional no Brasil, bem como algumas políticas de inclusão e possíveis articulações entre Educação e Mercado. É integrante do Grupo de Estudos e Pesquisas em Currículo e Pós-Modernidade (GEPCPM/UFRGS) e do Grupo de Estudos e Pesquisas em Inclusão (GEPI/Unisinos). <tatianarech@yahoo.com.br>

Vanessa Scheid Santanna de Mello é mestre em Educação pela Unisinos e graduada em Pedagogia pela mesma instituição. Integra o Grupo de Estudos e Pesquisa em Inclusão (GEPI/Unisinos) e o Grupo Interinstitucional de Pesquisa em Educação de Surdos (GIPES/CNPq). Desenvolve trabalhos vinculados aos temas: inclusão escolar, educação de surdos, comunidade e cultura surda. Tem experiência docente na educação infantil e no ensino superior. <vanessascheid@hotmail.com>

Viviane Klaus é doutora e mestre em Educação pela UFRGS. Licenciada em Pedagogia pela Unisinos. Coordenadora dos cursos de Pedagogia (presencial e na modalidade a distância) e do curso de Pedagogia Parfor na Unisinos. Professora do curso de Pedagogia dessa mesma universidade. Pesquisadora do Grupo de Estudo e Pesquisa em Inclusão (GEPI/Unisinos) e do Grupo de Estudos e Pesquisas em Currículo e Pós-Modernidade (GEPCPós/UFRGS). <viviklaus@unisinos.br>

Este livro foi composto com tipografia Bembo ST e impresso
em papel Off Set 75 g/m² Gráfica Paulinelli.